有機体的広告論

デジタル社会に向けてのもうひとつの広告思想

小泉秀昭

八千代出版

はしがき

有機体的広告論とは、創造的な広告活動を行うための、これまでとは異なる広告に対する思想／考え方、そしてそれを基にした広告手法である。その考え方は、この社会に関わる多様な事柄を取り入れ、その思考の中でひとつの考えに統合していくプロセスを意味する。多様な事柄とは、今現在、そして最新の情報だけではなく、過去・未来そして量的・質的などの垣根を外し、得られる情報すべてを意味する。その中心にあるのは、消費者ではなく実際に生きる「人」である。特に本著の前半の部分は思想的なことが多く、理解しにくいものがあるかもしれない。しかし、5章以降の各論で本著を通し私が何を伝えたいかが理解できると思う。ぜひ本著から新たな創造的な広告の扉を開けて欲しい。

本著を書いている2021年は前年からの新型コロナウイルス感染症（COVID-19）の禍で全世界的に大きな失意の中にある。2年前には全く考えられない状況である。恐らくこの禍が収束したとしても、この社会、人々の生活は大きく変化をするだろう。このような大きな変化は100年ぶりかもしれないが、実はこの世の中は常に変化している。2年前は3年前と変わらない生活を送っていたと考えがちだが、実はそのようなことはない。

広告に目を向ければ、コロナ禍が起こる前の2019年には、それまで第1位のテレビ広告費はインターネット広告費に抜かれている。このように社会は常に変化し、その変化の中に私たちは生き続けているのである。広告界は、新聞広告費がテレビ広告費に抜かれた1975年と比較しても大きな変化を見せている（電通「日本の広告費」）。変化を見せていると、他人事のように書いたが、私を含め広告界に関わる人、これから目指そうとする人々は広告に対する考え方を大きく変えていかなければいけない時期に差しかかっている。

本著では、私が考えるもうひとつの広告の考え方・思想、すなわち「有機体的広告論」を提示する。それらは、アルフレッド・ノース・ホワイトヘッド（Alfred North Whitehead）、ウィリアム・ジェイムズ（William James）、チャールズ・サンダース・パース（Charles Sanders Peirce）、そしてメアリー・パーカー・フォレット（Mary Parker Follett）といった過去の思想家の考えに基づいている。1章でも述べるが、常に変わり続けるこの社会ではあるが、それらは過去からのプロセスの中にある。すなわち過去を消し去ることはできず、過去を土台として成り立っている。したがって、インターネット広告が隆盛の今日、再度マス・メディア広告を中心として築き上げられてきた広告論を見直し、その上で今後もつべき広告思想を提案する。

その中心になる言葉は「創造」である。本著の基本的命題は、「いかに創造的な広告活動を行うか」ということである。

インターネット広告は、運用型広告の増加から、その技術・ノウハウは細分化され、益々自動化の方向に進んでいる。従来の広告界は、これまでのマス・メディア広告で培ってきたノウハウも大切であると感じつつも、それをどう次の世代につないでいくのか、あるいはデジタル・メディアとの差別化／融合をどう行うかに悩んでいる。このような状況だからこそ、単なるテクニックのみではなく、「広告知」ともいうべき、広告思想を整理・検討し、それに基づいた新たな広告論／手法を提示すべきと考えた。

本著の前半では、ホワイトヘッドやプラグマティズムといった過去の思想からの整理を行い、これまでの広告界でいわれてきた視点とは全く異なる考え方を提示している。例えば、KPI といった単一の指標だけに捉われず、多くの情報データから最適な解を発見すること、送り手と受け手という主客の関係からの脱却、この瞬間のひとつの調査データからの考察ではなく、プロセスとしての分析・発想の必要性などである。これらの考え方を整理した後、各論として、研究者のみならず実務家が興味をもつであろう「アート思考からつながる有機体的思考」「インサイトを発見するための方法」「広告取引の新たな方向性の提示」などを述べる。

先にも述べたが、全体を通してのテーマは創造的な広告をどう生み出していくかである。

尚、あえて第3部で広告取引という専門的な内容を取り上げたのは、インターネット運用型の広告の増加と共に、アドベリフィケーション（11章注2参照）というようなことが重視され、単にCPAといった基準の取引ではなく、より質を重視するサービスが広告会社に求められると考えたからである。そのために有効となる過去の取引の手法および、今後求められる内容を整理する。

本著では、表現やメディア、取引、教育と幅の広い領域をカバーしているが、各論で述べることは、これまでの広告論の文献では取り上げてこられなかった内容である。ぜひ、これまでの広告論のフィルターを外し、お読み頂きたい。

研究者のみならず、デジタル・メディアの中で迷いをもっている若手広告担当者、デジタル・メディアに対峙している総合系の広告代理店、そして今後広告業界に進むことを考えている学部生にも読んで頂きたい。

第1部では、上述した有機体的広告論とはどのようなものか、まず1章ではホワイトヘッドのプロセス思想から検討を加えている。2章では、パースを中心としたプラグマティズムを整理する。直観の否定やアブダクションなど実務にも有益な考えが多く述べられている。また3章では、経営組織論で著名なフォレットの「対立」と「統合」の概念を取り上げた。特に広告取引の分野に有効と思われる。この3名をあえて取り上げたのは、彼らの思想が「創造」ということを前提にしたものであるからだ。これらは、これまでの広告論にはあまり見られない、哲学的・思想的整理である。

私は広告プランを作る時には、その企業の理念・思想をまず理解してからスタートするべきだと考えている。相手の思想を理解せずに、前に突き進むことは無謀な行動以外の何ものでもない。但し、実際実務に携わっている方で、すぐ目の前の課題に取り組みたい方は、第1部を飛ばし、興味のある章からお読み頂くことでも構わない。前半の3章は多少読むことに骨が折れるかもしれない。その分各論では、具体的で分かりやすい内容を心がけた。但し、ぜひ時間のある時に前半の3つの章、そして、本著の基本的な考え方である有機体的広告論の思考法を整理した4章に目を通して頂きたい。

第2部では、各論として、広告戦略・表現戦略・メディア戦略について書いている。5章では、従来から語られている広告戦略論について、なぜそのようなステップを踏むべきか、そしてどうそれを考えるべきかを手法ごとに整理している。6章として広告表現の整理を行っている。本著では、創造的広告に焦点を当てているため、非常に特化した考え方を述べている部分がある。当然ながら、広告活動に求められているのは、すぐに売り上げに結びつくこと、投資効率を高めることでもある。多様な広告表現を整理し、広告の機能別の分類を実際の広告の事例を基に述べている。このことにより、創造性が求められる広告活動／広告表現がより明確になると考えた。

7章と8章では消費者インサイトに焦点を当てた。実務の方々とプロジェクトを行うと、必ず出る言葉がインサイトであり、これをどう見つけていくかということが大きな課題となっている。7章ではリサ・フォーティーニ＝キャンベル（Fortini-Campbell, 2001）の著書、*Hitting The Sweet Spot* を整理、消費者インサイトを見つけるための力をどう身につけていくかについて、具体的なトレーニング方法を整理している。8章では、4章でも触れた消費者インサイトからヒューマン・インサイトの発想をもつべきであることを、他のインサイト論と比較しながら述べる。

9章から12章までは、メディア・プランニングについての章である。9章で定義やこれまでの研究を整理した。10章は、デジタル・メディアのプランニングにも有益と考えられるマス・メディアのメディア・プランニングについて、日経広告研究所から1989年版から2018年版まで出された『広告に携わる人の総合講座』（1989〜2007年）、『基礎から学べる広告の総合講座』（2008〜2014年）、『広告コミュニケーションの総合講座』（2015〜2018年）のメディア・プランニングの章を年度別に考察し、メディア・プランニングの重要と思われる概念について、デジタル・メディアのプランニングを意識しつつ解説を行っている。11章は、有機体的広告論における創造的なメディア・プランニングとはどのようなものか、特に質的なメディア・プランニングに焦点を当てて述べている。12章は、スポーツ・イベントのスポンサーシップの事例から、有機体的広告論で必要と考える人々との接し方をエンゲージメントと共視性という概念と共に見ている。

第3部は、広告取引について述べる。ここで取り上げる取引とは、主に広告主と広告会社で行われるものを指す。13章では、デジタル時代となった現在、なぜ広告取引に注目をするかについて、インターネット広告の取引に触れながらその必要性を整理する。14章では、これまでのマス広告、特にテレビ広告の取引について欧米との広告取引の違いについて述べている。15章で、特に広告主から支払われる報酬に焦点を当て、日本であまり行われていないシステムについての解説を行う。それらを受けて16章では、3章のフォレットの思想をベースに今後求められる広告取引について、具体的な手法を交え述べることにした。

補講として広告教育について1章付け加えた。それは、広告界を今後も創造的で躍動的なものとするために、若い力がどうしても必要であると考えたからである。主に大学における広告教育について述べてはいるが、企業の社員研修にも役立つものと考える。また教える側だけでなく、学ぶ側の学生にとっても、いかに広告を学んでいくべきかのヒントとなるものと考える。

多少、取り扱う範囲が広く、また特化していると感じる方もおられよう。しかし私が長年広告と寄り添い、共に歩んできた中で、創造的な広告活動を行うためにもって欲しいと思う思想、そして学ぶべき事柄を特に厳選して述べたつもりである。本著が、創造的な広告活動のヒントとなれば幸いである。

2022年3月

著　者

目　　次

第２部　有機体的広告戦略論

第１部　有機体的広告論の思想

1 章

有機体的発想、プロセスの重要性（ホワイトヘッドの思想から）

私は具体的な広告活動を行うためには、まずその人の骨や筋肉になるものが必要だと思っている。それが広告に対する考え方である。私が特に興味をもった3つの思想について紹介したい。ひとつはイギリス出身のアルフレッド・ノース・ホワイトヘッド（Alfred North Whitehead）の「有機体の哲学」、そして2つ目は米国思想の「プラグマティズム」である。プラグマティズムの中でも特にウィリアム・ジェイムズ（William James）とチャールズ・サンダース・パース（Charles Sanders Peirce）を中心としている。そして、3つ目は、メアリー・パーカー・フォレット（Mary Parker Follett）の「統合」の考え方である。これら3つの考え方を基に、私は新たな広告思想である「有機体的広告論」を生み出した。

1章の目的は、ホワイトヘッドの「有機体の哲学（Philosophy of Organism）」[1]を基に、これまでとは異なるひとつの広告に関する考え方を述べることである。まずはホワイトヘッドの「有機体の哲学」を概観し、その主要概念を広告論に置き換え考えてみる。本章では、総論的な広告への考え方が中心となる。広告実務に関わる具体的な「広告表現戦略」「広告メディア戦略」「広告取引」等は5章以降になる。私が、ホワイトヘッドの「有機体の哲学」の著作を何冊か読み、それらの思想に影響を受け導き出した、オリジナルの考え方が「有機体的広告論」である。もしホワイトヘッドの「有機体の哲学」に興味があれば入門書も出ているのでぜひ読んでもらいたい[2]。ホワイトヘッド

1　「有機体の哲学」は、ホワイトヘッドが『過程と実在』の序文（Whitehead, 1927-1928＝1984, i）でこの言葉を使用している。

2　例えば、中村昇，2007，『ホワイトヘッドの哲学』（講談社選書メチエ）講談社．では、ホワイトヘッドの主要概念を比較的平易な言葉を使い解説を行っている。

の著作は、これまで読んだ本の中でも一番というくらい難しい本であった。しかし何度か読み続ける中で、不思議な力を感じるのがホワイトヘッドの考え方だ。但し、本著は、ホワイトヘッドを研究するものではないため、明らかに誤った解釈と感じるところもあるかもしれない。それらの指摘に対しては真摯に受け止めたい。但し、ホワイトヘッドの基本的な考え方では、すべてモノ／コトは生成消滅しており、「創造」を重視しているとある。間違いも含め前に進むことも進歩につながるのではないかと考える。ホワイトヘッドの『過程と実在』が出版された1927年に提示された「有機体の哲学」が、「広告論」という世界の中で、「有機体的広告論」という新たなものに変化をしたと考えて欲しい。

本章におけるホワイトヘッドの思想の整理では、具体的には、「コト(Events)」「客体的（Objective)」「エポック的時間（Epoch)」「創造の必要性(Creativity)」「統合（Integration)」「方法論としての思弁哲学（Speculative Philosophy)」などに関して、新たな考え方を、広告論を例にあげ述べる。

1．広告論の定義

有機体的広告論の基本的な考え方を述べる前に、本著での広告論の定義およびその課題、そしてそこから出てくる現代広告論における哲学・思想の必要性について書いていきたい。余談になるが、定義づけや必要性を明らかにすることは大変重要である。それは社会に出てからの報告書や企画書でも同じである。定義づけを行うことで、この書類は誰に読んでもらいたいのか、何に関心がある人が読むべきかが明確になる。また、何のために必要なのかを理解してもらうことによって、読み手の理解が促進される。仕事を行う上でぜひ誰のために、何の目的でこの書類を作るのかは明確にして欲しい。

「広告」といっても、その範囲は多岐にわたる。また、その定義も、複雑さを増している。そもそも広告の起源は、古代エジプトでパピルスに「奴隷を捕まえてくれた者にはお礼を払う」と織物師が書いたものであるといわれている（高桑，1981，p.3)。この広告の中に「最上の布を織っている店」であることも訴えられており、現在の商業広告に通じるものがすでにこの時代からあったことが分かる。また、江戸時代以前にも「のれん」や「引き札」など、広告と呼ばれる商業的なコミュニケーション手段は数多く見ることができる(八巻, 1992)。このように、広告は古代より多くの人々が関わりをもち、多様なアイデアと共に考えられ行われてきた。

しかし、本著では、広告の定義を以下の2点を含むものを中心としたい。①有料であること、②何かの媒体を用いるものである[3]。それらは、印刷技術の発明、新聞・雑誌といったマス・メディアの登場がひとつの転換期となり、またその広告を専門に扱う広告代理店[4]の登場がここで扱う広告論にとって大きな節目となった。一般的には商業広告と呼ばれるものであるが、それは広告全体にも通じるものと考える。

2．広告の今日的課題

ここ数年、広告の問題点が多く指摘されているが、テレビ・メディアが誕生した比較的早い時期にそれを指摘している研究者もいた。例えば、メディア論で著名なマーシャル・マクルーハン（McLuhan, 1964＝1987, p.233）は、『メディア論』の中で、「広告は、意識的な消費を前提にしているものではない。広告は潜在意識にたいして睡眠効果を及ぼすための（ことに社会学者にはこの効果が著しいようだ)、識閾下の阿片のようなものとして用意されている」と警鐘

3　Moriarty et al.（2019, p.65）は、米国での一般的な広告のテキストである *Advertising & IMC: Principles and Practice*（第11版）の中で、「広告とは、特定のスポンサーを購入者と結びつけ、製品に関する情報を提供し、顧客のニーズとウォンツの視点から製品の特徴を述べるために、マス・メディアとインタラクティブ・メディアを使用して幅広い視聴者に届く有料の説得力のあるコミュニケーションである」と述べている。

4　広告会社は、これまで広告代理店と呼ばれてきた。Hower（1949）の文献でもAdvertising Agencyという言葉で表現されており、広告主の代理で、広告業務を行う企業の総称として使われてきた。近年、広告代理店の業務の拡大から、広告代理店自身も広告会社という呼称を使う場合も多い。本章では、広告代理店と広告会社を併用している。広告会社は、広告代理店より広い意味を有している場合が多いが、その章の文脈に合う使い分けを行う。但し、基本大きな差がないことをご理解頂きたい。

を鳴らしている。

もちろん、広告は経済的・文化的にも多くの意味をもっている。一般的に広告費が使われると、商品の値段が高くなると考えられがちだが、大量生産に伴い広告を行うことで商品の値段が下がる場合もある。また、新しい文化が広告から生まれ、人々が今の文化を読み取るカルチャーリーディングも行われているといわれている（小泉，2018a）。何より、現代の人々の生活に欠くことのできない、インターネット上のSNS等が無料に使えるのも、広告の価値ともいえる。インターネットやSNSについて触れたが、広告会社を取り巻く環境も大きく変化を続けている。

2−1．広告メディアとプレーヤーの変化

電通（2021）の調査によれば、2020年度の日本の総広告費は、6兆1594億円といわれ、そのうちの36.2％がインターネット広告費、テレビ広告費は25.0％と第2位を占めている。インターネット広告は前年比105.9％と以前ほどでないが依然大きな伸びを示している。2000年のインターネット広告費は全体の1％程度で、20年余りの間に、想像を超えるような大きな広告メディアへと成長した。商業広告が200年もたたないうちに急速に発展したが、インターネット広告はわずか20年で広告メディアの第1位まで上り詰めてしまったわけである。

そして、もうひとつの変化は、それを行う企業そして人々の変化だといえる。これまで広告代理店の広告マンが、広告業務の多くの部分を担ってきた。しかし、インターネット広告の伸びから、欧米では総合コンサルティング会社系の広告会社が大きな売り上げを占めている。全世界の売上総利益を見ると、いくつかの広告代理店が含まれるホールディング・グループのWPPグループが依然第1位にいる。しかし単独の広告会社ネットワークの売上総利益では、第1位がAccenture Interactive、第2位がPwC Digital Servicesとなっている（『広告・マーケティング会社年鑑2019』，2018，pp.800-801）。それらは、これまでの広告代理店というよりは、親会社が分析を得意とする総合コンサルティング会社である。そのことは、当然彼らが広告表現の分野より広告メ

ディア、特にインターネット広告の量的な分析に精通していることを意味している[5]。日本でも、総合広告代理店に勤務していた人材が、それら総合コンサルティング会社系広告会社に移り業務を行っている事例が多いと聞いている。そこでは、データ分析の専門家やその他の分野からの人、あるいは新しく採用された人々が業務を行っている事例も多く見られるようである。それが何を意味しているかといえば、200年弱であっても、その期間に培われてきた「広告知」が、十分に引き継がれぬままに、広告産業が変革の時期を迎えているということである[6]。長年マス・メディアを中心に業務を行ってきた総合広告代理店の広告マンたちにとって、日々目まぐるしく変化するデジタルデータを使った広告業務を1から学ぶことはたやすいことではない。これまで広告業界を支えていた人々がもつ「広告知」を次の世代が引き継ぎにくい環境がひとつの課題といえる。

2-2．アドフラウドや裏広告など、インターネット・メディアの課題

当然ながら、そのような変化の中で、多くの問題が噴出し始めている。雑誌の記事やテレビ番組でも取り上げられている、アドフラウドや裏広告がそれらの事例といえる[7]。これらは、詐欺行為であり犯罪である。直接的には日本の広告代理店が意図的に関わっていることはないはずである。しかし、広告主とそれらの間で業務を行うのは広告代理店で、その確認の不十分さや知識のなさが原因のひとつともいえる。また、過去からの蓄積のなさ、短期的な利益の追求など、彼らの根本的な広告活動への姿勢、思想の欠如が原因のひとつであると私は考える。

5　RTB（Real Time Bidding，注14参照）をはじめ、大量の広告を瞬時に最適に配分する処理能力が近年重視されており、Accentureをはじめとする経営コンサルタントは、財務分析をはじめとする計量分析やAIなどの他分野の専門知識を蓄えており、これらこれまでのノウハウが大きな競争力となっていると考えられる。

6　「広告知」は、単に技術的な広告知識のみにとどまらず、その思想的な背景も含む概念である。「広告知」については、小林（2004）を参照されたい。

7　2018年9月4日のNHK『クローズアップ現代＋』では、裏広告の現状を実名で取り上げている。また2017年12月23日号の『週刊東洋経済』「ネット広告の闇」はアドフラウドなどインターネット広告の抱える問題点を端的に整理している。

加えて、インターネット広告が伸び続ける中、それがもつ広告メディアとしての根本的原因も考えなければならない。テレビ・メディアは許認可制で、誰でもそれらに参入できるわけではない。また新聞メディアやその他のマス・メディアも、一定の規模の設備と資金を必要とする。したがって、一定数メディア企業が増えたとしても、それ以上の数に増加することは考えにくい。一方、インターネット広告の世界では、個人で特段の専門的知識がなく非常にわずかな費用でも比較的容易にWebサイト等を作ることができる。ある意味アイデアが優先され、良い意味では、創造性豊かな新たな文化を生み出し続けているメディアといえる。しかし、広告メディアという視点であれば、鼠算式に増え続けるために、広告表現を載せる媒体数は日々増え続け、そのひとつ当たりの価値は低くなる。そのために、いかに人的な労力をかけずに、効率良く広告表現をターゲットと呼ばれる潜在顧客に届けるかが重要となるわけである。

テレビをはじめとするこれまでのマス広告メディアの業務であれば、その都度ビークル[8]をひとつひとつ吟味してきた。しかし、インターネット広告においては、広告出稿作業を機械で行わせ、あらかじめ設定した指標、例えばCPA（Cost Per Acquisition／ターゲット顧客一人当たりの到達コスト）といったものを決められた費用の中でいかに高めるかがメディア・プランニングの中心となっている。当然ながら、インターネット広告業務も日々高度に複雑化しているため、このような単純な話ではないという反論もできる。しかし、インターネット広告の技術が進歩すればするほど、ある意味コンピューターに任せる部分が増え、ブラックボックス化する状況であるともいえる。これまでテレビなどマス・メディアは、実際の購買とは異なる過去のデータを使ってのメディア・プランニングであった。デパート王で、広告／マーケティングの先駆者といわれるジョン・ワナメイカー（John Wanamaker）は、「使った広告

8　広告論においては、テレビや雑誌全体をメディアと呼び、個々の番組や個々の雑誌をビークル、あるいは銘柄媒体と呼ぶ。ビークル（Vehicle）とは、英語で「伝達手段」を意味するが、媒体のタイプの中で、具体的な個々の媒体名を指していう用語である（『広告用語辞典』，1997）。

費の半分は無駄だが、問題はどちらの半分が無駄か分からないことである」（Moriarty et al., 2019, p.193）と述べたが、マス広告の効果という点では不確かな部分が多く見られてきたことも事実である。一方、ターゲットとなる消費者に直接広告を見せることのできるインターネット広告においても、分析方法の高度化から、闇の中を手探りで仕事をしている状況ともいえる。また、そこで働く広告代理店のメディア・プランナーも、プログラマー的な業務となり、今後は単に数字を打ち込みスイッチを押すオペレータになってしまうのではないかと危惧する。

インターネット広告の伸びに歯止めをかけることは、当面できない状況である。当然ながら、これまでに書いた詐欺的行為を起こさない施策も求められるが、それを扱う、広告主、広告代理店、そして媒体社の者たちにとって、これまでとは異なる新たな考え方・思想をもつべき時が来ていると私は考えている。AI をはじめ、テクノロジーの進歩は素晴らしい。しかしそれを扱うのは人間である。扱い方を学ぶと同時に、広告とはどういうものであり、何のために使うのかといった、基本的な思想・広告知をもたなければならない。それがなければ、さらに不適切な広告活動が蔓延し、最終的に広告不要論に行き着くのではないかと考える。

その広告知は、ひとつの広告を取り巻く「宇宙観」ともいえる。私はその宇宙観について、「有機体的広告論」と呼びたい。全くの造語であるが、その基盤となっているのはイギリスの数学者・物理学者であり哲学者であるホワイトヘッドの「有機体の哲学」である。次に、ホワイトヘッドとはどのような人物であり、「有機体の哲学」とはどのようなものか、そしてそこから考えられる「有機体的広告論」の思想はどのようなものかを述べることにする。

3．ホワイトヘッドとは

ホワイトヘッドは、1861 年イギリスで生まれ 1947 年に亡くなった。田中（1998, pp.11-29）は、彼のことを「七つの顔をもつ思想家」と評している。①数学的論理学者、②理論的物理学者、③プラトニスト、④形而上学者、⑤プロセス神学の創始者、⑥深い意味でのエコロジスト、⑦教育者にして文明批評家である。特に数学的論理学者としては、バートランド・ラッセル（Bertrand Russell）と共に『プリンキピア・マテマティカ』を執筆し、この分野において大きな業績をあげている。多面性をもつ思想家であるが、市井（1980, p.7）も指摘するように、数学者から始まり、論理哲学者、科学哲学者、形而上学者へと進化を遂げていった。

彼が、「有機体の哲学」を表した『過程と実在』を執筆したのは、60歳を過ぎてからである。1924年にロンドン大学の応用数学の教授を定年退官し、米国のハーバード大学の哲学教授として招聘されて以降、『科学と近代世界』『観念の冒険』など次々と哲学に関する著書を出版している（貫, 2008, pp.152-153）。

ジョン・E・スミス（Smith, 1963＝1980）は、著書『アメリカ哲学の精神』の中でパースやジェイムズと共に米国における5人の哲学者の一人として、イギリス出身のホワイトヘッドの思想について述べている。パース、ジェイムズといえば、米国のプラグマティズムを代表する哲学者であるが、ホワイトヘッドは、プラグマティズムの哲学者ではない。しかし、その思想は通じるものがある。『過程と実在』の序文には「私はまた、ベルグソン、ウィリアム・ジェイムズそしてジョン・デューイに大いに負うところがある」（Whitehead, 1927-1928＝1984, pp.iii-iv）とも述べられている。特に私はホワイトヘッドの思想はパースの思想に通ずるところが多いと考えている。この点については、2章で述べることにする。したがって、プラグマティズムに通じる思想といえなくもないのであるが[9]、ホワイトヘッドの「有機体の哲学」は「プロセス哲学」と呼ばれ、独自の思想であり、その思想を体系化した人物がホワイトヘッドである。

ホワイトヘッドの著作、特に『過程と実在』は英語で書かれた哲学書の中

9　石田（2014, p.55）は、「ホワイトヘッドの象徴理論―C・S・パースとの比較から―」において、ホワイトヘッドとパースは両者とも主体と環境の連続性を強調するなど、哲学上の類似点もかなり認められるが、心的なものが自然の中で占める位置については多少異なる立場を取っていると指摘している。

で最も難解であると多くの研究者が指摘している[10]。したがって、そのこともあり哲学の専門家を除きあまり知られてはいない。しかし、現代フランスを代表する思想家・哲学者である、ジル・ドゥルーズ（Deleuze, 1988＝1998）も『襞』の中で1章を使い、ホワイトヘッドの思想に高い評価を与えている。

國分（2018, p.7）は、スピノザ哲学の難解さについて以下のように述べている。「スピノザの場合、OS（オペレーション・システム）が違うからだ。頭の中でスピノザ哲学を作動させるためには、思考のOS自体を入れ替えなければならない」。私にとってホワイトヘッドの哲学はまさに新しいOSを入れなければいけないものであった。ホワイトヘッドの哲学書、特に『過程と実在』は難解であることは上述したが、それはホワイトヘッドの著作には多くの概念を説明するために、これまでとは異なる意味をもつ言葉が、頻繁に使われているためとも考えられる。またその著作によってそれらの言葉が成長し続け、変化しているといっても過言ではない。ホワイトヘッドの文献に見られる多くの聞き慣れない言葉は、私にとっては紐が絡み合い、こぶができているイメージである。その紐が絡んだこぶをときほぐすことは非常に面倒だが、ある意味独特の媚薬のようなものに感じた。ひとつの絡んだ塊をときほぐした時の快感もあるが、その塊は実は他の言葉にも関係をもつため、本著の中では何度も繰り返し語られることとなる。それは、ホワイトヘッドの思想を理解するためには致し方ないことだと思って欲しい。それこそが「有機体の哲学」、すべてのコトがつながり、ひとつのコトを作り上げているということともいえるのである。

ホワイトヘッドについて業績を含め述べてきたが、現在、日本でもホワイトヘッドの思想を研究するための学会、「日本ホワイトヘッド・プロセス学会」もあり、すでに40年の歴史をもっている。多くの研究者がその思想を探求している。

次節より、ホワイトヘッドの「有機体の哲学」から着想した「有機体的広告論」の概念について、少しずつ述べていくことにする。

10　Smith（1963＝1980, p.208）、山本（2011, p.123）、中村（2007, p.6）などにその指摘が見られる。

4．「有機体的広告論」の主要概念

「有機体的広告論」を明らかにしていくわけであるが、その考え方がこれまでの広告論とは大きく発想の転換を求めることもあり、詳細を述べる前に、ここではそれらを簡単に整理することにする。その後、次節でそれぞれについてどのような意味があるかを述べることにする。

1）広告論、および広告業務で取り扱うものは、「モノ」と考えず「コト／出来事」であると認識する。すなわち、すべて変化を続けており、過去に起きたことと全く同じことは起きない。

2）主体と客体という意識を捨て去ること。広告の送り手である広告主や広告代理店が、広告によって受け手である消費者の心理を変化させる、あるいは広告を発注する側として広告活動を行う広告代理店を管理し、思い通りに動かすなどの発想は捨てるべきである。

3）時間は、「非連続の連続」として捉えるべきである。今は、過去とは異なるが、その影響から今がある。したがって、過程／プロセスを検討することは今を明らかにする上で価値がある。

4）すべての「コト／出来事」は、統合のプロセスにある。一見関係をもたない「コト／出来事」であっても、影響を受けている可能性はある。逆にそれら数多い要素を見ることで、最終的な「今」を見つけることができる。またひとつひとつバラバラの解ではなく、調和の取れ統合された最終形を検討すべきである。

5）創造・冒険の必要性を重視し、投資効率だけを求めるのではなく、広告の新たな創造性をいかに発揮できるかに挑戦すべきである。そのためにも、効率と同様に冒険という飛躍が必要となる。

6）方法論としての思弁哲学の重要性。データの波に飲み込まれ、技術の進歩に平伏すのではなく、それをいかに使いこなすかを、常に思考し、論理を組み立てることを心がけるべきである。そして深く考えるためにも、多くの広い情報に接するべきである。

5.「有機体の哲学」と「有機体的広告論」

5-1．モノではなくコトすなわち過程と実在

「有機体の哲学」を理解する上で、まず発想の転換をすべきと考えることは、「モノ」を「コト」と考えることである。

ホワイトヘッドの「有機体の哲学」の中核をなす著作は『過程と実在』である。このタイトルのみでは、何を伝えたいのか理解できない。しかし、実はこの「過程」と「実在」こそが、「有機体の哲学」の根本にある思想なのである。ホワイトヘッドによれば、「過程（プロセス）」とは「コト」を意味している。すべてのものは、「モノ」ではなく「コト」であると指摘している。

私たちは、一般的にモノという言葉で何かを言い表している。例えば、広告物、広告コピー、また今この文章を打ち込んでいるキーボードや道の石ころもモノである。それらすべてのモノは、変化をし続けているというのが、ホワイトヘッドの考え方なのである。それらは、一見全く変化をしていないように見える。しかし、何十年何百年の間には、その石も少しずつ風化し形を変えているのも事実である。また広告ポスターもわずかずつ色焼けし、見た目も変えていく。したがってモノは、実は常に少しずつ変化を続けている「コト」だと考える頭の転換が「有機体の哲学」を理解する上には求められる。確かに実際に手に取れるモノはその様相を変えるため、理解しやすいのであるが、広告コピーやブランドといった一見手に取れない「モノ」はどう考えれば良いのだろうか。ホワイトヘッドの考えでは、これらの「モノ」も実は常に変化をしている「コト」であると述べている。

比喩的な表現であるが、広告論の分野においても、「ブランドが成長する」「変化する」という言い方をするが、それに通じるものがある。ブランドの製品自体は一見変わらないように見える。しかし、それを消費する人々の頭の中では、変化を繰り返し、そのブランドを使用し、知ることで消費者も変化させているのである。このことは、グラント・マクラッケン（McCracken, 1988＝1990）の『文化と消費とシンボルと』で言及された「意味移転効果」す

なわち文化的意味は人を介して移動するという考え方をさらに拡張し、文化にとどまらずすべてのモノの意味が他のモノに移動し、また入り込んでいると理解すべきだということに通じている。

ホワイトヘッドは、モノ的な発想を捨て、コトという見方で思考すべきと述べている。彼はこの「コト」を初期には「出来事」と呼び、『過程と実在』では「現実的実質」と呼んでいる。尚、以下では、理解を促すために「コト」を「コト／出来事」と表記することにする。

「有機体的広告論」として、この考えを広告に応用すれば以下のことを指摘できる。広告に携わる者は、モノの発想を捨て、すべてが「コト／出来事」であるという考え方をもつべきである。すなわち送り手である広告主や広告マンは、自社の製品や自社ブランドを変わらない「モノ」と理解するのではなく、形相が必ずしも変わらないとしても常に「コト／出来事」として変化し続けていると考えるべきなのである。またそれら自社の製品やブランドが単に他者に影響を与えているだけではなく、消費者をはじめとする他者から影響を受け続けているのである。共に変化を続けているのである。したがって、単なる送り手という視点から脱却する必要があることをここでは指摘したい。

「有機体的広告論」の各論はまた別の章で詳しく述べるが、私が考える「モノ」と「コト／出来事」に関する広告分野での事例を述べることにする。

デジタル広告の広告評価指標を分かりやすく述べれば、CPA といった、ターゲット顧客一人当たりの到達コストなどで分析することがある。あるいはテレビ広告であればGRP（Gross Rating Point／延べ視聴率）といったものが指標となる。これは、当該サイトをクリックした「コト／出来事」ではあるが、ひとつのものだけに焦点を当てた「単一指標」である。私は、それはわれわれがその広告の効果をひとつの「モノ」として扱っていると考える。一方、デジタル広告でも数年前「アトリビューション」という考え方が提示された（田中他，2012）。端的に述べれば、１回のクリックの前にその人がどのようなものを見て、どうそのクリックに至ったかを分析をするという考え方である。それは、ひとつのCPAという数値ではなく、広告活動のプロセスを念頭に多様な要素が絡み合い、最終的なひとつのクリックに至るという過程／プロセスを意識した分析と考えられる。最終的に当該サイトをクリックした消費者も多くの影響をその生活というプロセスの中で受けているのである。クリックをした消費者もまた、次の時点では他の者に影響を与える新たな側面を見せている[11]。またブランド自身も流れの中から影響を受け成長し続けているのである。ここでは、「モノ」ではなく「コト／出来事」としてすべてを見る考え方を指摘した。十分な理解が難しい部分もあると思うが、その点は後の節に譲り、次にそれにも関わる主体と客体という概念について触れることにする。

5−2．主体と客体

「有機体の哲学」における発想の転換の２つ目は、主体と客体の概念を捨てるということである。

ホワイトヘッドも、実はイマヌエル・カント（Immanuel Kant）以前の多くの哲学者に影響を受けていると述べている。但し、ルネ・デカルト（René Descartes）やカント、そして比較的類似した思想をもつアンリ・ベルクソン（Henri-Louis Bergson）やジェイムズであってもその主体という概念はホワイトヘッドの考えとは大きく異なっている[12]。

例えば、デカルトであれば、徹底的に疑うことを行い、夢かもしれないとしてすべてのものを疑った。そして辿り着いたのが、「わたしは考える、ゆえにわたしは存在する（ワレ惟ウ、故ニワレ在リ）」（Descartes, 1673＝2001, p.46）。

11　サイト上の購入者のレビューやどれだけの人々が購入したかなどの数値は次の消費者の購入を後押しするものといえる。

12　ホワイトヘッドは、『科学と近代世界』の中で、数学・物理学と共に、多くのこれまでの思想の考察を行っており、そのような過去の思想家の考察から、自らの思弁哲学を生み出している。特にカントの『純粋理性批判』を何度も読み込んでいるが、カントの思想にしても、「有機体の哲学」とは逆の考え方と指摘している（Whitehead, 1927-1928＝1984, p.152）。またドナルド・シャーバン（Sherburne, 1966＝1994）は『「過程と実在」への鍵』の中で、ホワイトヘッドと他の哲学者（デカルト、デイヴィッド・ヒューム、ジョン・ロック、カントなど）の違いをホワイトヘッドの著作から集め、考察を行っている。

すなわち、すべてのものは疑えるが、その疑いをもって考えている私の存在自体は疑うことができないものであるという結論に達したのである。すなわち、疑っている自分自身が主体で、そこを起点に考えを進めているわけなのである。

通常、ある人物が他の人に影響を与える場合には、与えた人が主体となり、与えられた人、影響を受けた者は客体となる。しかし、それだけだろうか。何らかの話を主体が客体にし、影響を与えたとしても、それと同時に、影響を与えられた者／客体側・話を聞いている側の表情や身振りなどから主体・話をしている者も影響を受けていると考える方が自然である。したがってその瞬間、主体が客体でもあるわけである。これが1対1で起こるわけで、すべての者はあらゆる者から影響を受け、また影響を与えている。この世界全体の人々は、すべてが主体でもあり客体でもあるわけである。これがホワイトヘッドの有機体という世界観なのである。

ホワイトヘッドは、人だけに捉われず、生命をもたない、道端に転がる石ころでも主体にも客体にもなりうると述べている。この部分は、理解しにくいが広告やブランドを擬人化することはよく行われており、一定の理解は可能と思われる。ホワイトヘッドは、主体としての人間中心的な考え方を否定し、自然・環境などすべてのものが関わり合いをもって初めて存在しているという考え方を提唱している。ブランドであろうとも広告主であろうとも、主体と同時に客体、影響を受けるものであるという考え方を常にもち続けなければならない。

広告論で考えれば、消費者行動研究の分野があげられる。刺激反応型の包括モデルであるハワード＝シェス・モデルなどは、明らかに刺激を与える主体と、それを受け知覚および学習を行い、反応をする客体として捉えている。当然ながら、ホワイトヘッドの考える思想で検討すると複雑になり、分析を行うことはできなくなるために、ある意味単純化、簡略化して分析を行うことになる。しかしホワイトヘッドは、前にも書いたように「モノ」の発想から「コト／出来事」として見ることを推奨しており、ホリスティック（総体的）に全体として世界を捉えることを推奨していると考えられる。その意味では、消費者行動の分野では、私の考える「有機体的広告論」は、解釈学的な消費者行動分析に近いものだといえる。

尚、このように刺激反応型理論や消費者情報理論の不十分な側面を指摘したが、それらをすべて否定しているのではない。「有機体的広告論」では、ひとつの「モノ」で判断を下すのではなく、あらやる側面を吟味し、その上から「思弁／思考」という方法で、結論を導き出すことを勧めている。

これまで、「モノ」と「コト／出来事」、そして「主体」「客体」の考え方を整理した。次に「有機体の哲学」のキーワードである、過程／プロセスに関する概念の「非連続の連続」について述べることにする。

5-3．非連続の連続、エポック的時間

有機体的広告論における3つ目の発想の転換は、時間に関する考え方である。一般的な発想でいえば、時は流れるものであり、1時間は60分、1分は60秒と決められた時間である。何年何月何日に何が起こったと話すことができる。しかしホワイトヘッドは時間に関して「非連続の連続」という概念を提示しており、通常の時間の概念とは大きく異なる考え方をもっている。

そこに至る理由は、彼が数学者であり物理学者であるという側面から来ている。相対性、あるいは量子論といったテーマについて『科学と近代世界』でそれぞれ別の章でも述べている。ホワイトヘッドの考えを、間違いを恐れず簡潔に述べれば、何億光年か遠い宇宙に存在する星がもし爆発したなら、われわれがその爆発を見ることができるのは、何億光年か先のことであり、今われわれが見ているその星は、何億光年か前の姿なのである。何億光年の彼方の星で、少しずつ地殻が変動し爆発していくものについて、遠く距離を置いて、同じ星の光としてわれわれは感じ取っているわけである。しかしそれは瞬間ごとに形を変えわれわれに届いているのである。それが正しいとして、それであればすぐ近くにあるものであってもわずかであるが過去のものをわれわれは見ているという考えで、ホワイトヘッドは整理を行っている。そして量子論の立場からこれらの何億光年という時間は輪切りにされたもの、すなわち非連続であるが、われわれはそれを連続して体験しているとしてい

る[13]。これをホワイトヘッドは、「エポック（Epoch）」という言葉で表している（Whitehead, 1925＝1981, p.171）。

時間に関する哲学といえば、フランスの哲学者ベルクソンが有名である。ベルクソンは、純粋持続という概念を提示している。ホワイトヘッドの「有機体の哲学」は、ベルクソンの考えに非常に近いものである（中村，2007, p.144）。一方、ホワイトヘッドはこの時間の捉え方に関して、ベルクソンとは決定的な違いがあるとビクター・ロー（Lowe, 1962＝1982, pp.234-235）は指摘している。ローによれば、ベルクソンにとって時間は持続であり、区切ることができない連続したものであるとしている。私のイメージであるが、ベルクソンの時間の世界は、薄い霧が広く覆っている世界と思われる。前も後ろも無限に続き、決して区切りがないもの、すなわち連続体である。ホワイトヘッドは、連続ではあるが非連続であるという理解が困難な説明を行っている。「コト／出来事」は、発生し、そして次の瞬間に消える。それが常に繰り返されているのである。したがってひとつの「コト／出来事」はつながって流れているものではなく、非連続の状態が続いているのである。生まれて消えることは、私のイメージでいえば、波が海岸に打ち寄せることと置き換えることができると思う。ひとつの波が打ち寄せると、すぐに次の波が打ち寄せる。見ていると同じ波に見えるがひとつひとつの波は高さも、大きさも異なる。また海に漂う波ではない。それは、限りなく連続しているからである。

この考え方は、これまでと大きく異なる点であるといえ、広告戦略で消費者のインサイトを検討する上で非常に有益である。すなわち、分析を行う時、消費者の行動がひとつの点で固定されるものではなく、少しずつ変化している「不連続の連続」であるというように消費者行動を捉えるべきだと考えられるからである。この点については、5章の「有機体的広告戦略開発」としてさらに詳しく指摘したい。

また、ホワイトヘッドは、そのひとつの非連続の厚みは異なっているとも

13　「相対論」「量子論」のホワイトヘッドの理解については、『科学と近代世界』の7章8章を参照されたい。筆者は物理学の素養がないため、この点についての詳しい説明がないことについてはご容赦頂きたい。

述べている。これまでにも書いた通りモノではなく、「コト／出来事」の厚みであるといえる。『科学と近代世界』では、コトを出来事とし、「出来事とは、諸相を抱き入れ統一体をなす。パターン化することである」と述べている（Whitehead, 1925＝1981, p.163）。前にも書いたがこのひとつの非連続のものをホワイトヘッドは、この時間の本質であるものとしてエポックと呼んでいる。尚、唯一無二で生成消滅するがわれわれがそれを全く違う「コト／出来事」に感じられないのは、過去からのパターンを継承しているからである。前の「コト／出来事」が少しずつ変化して、生まれ続けているのである。

また、ホワイトヘッドは非連続の連続、すなわち「過程／プロセス」を大切にしており、現在は過去とは異なるがそのパターンが変化して出来上がっていると認識している。逆にいえば、過去に起こったことと、全く同じことは起こらないということを意味している。

このような時間の捉え方を、広告論で考えれば、帰納法的な発想に固執した調査では、限界があることを指摘できると思う。すなわち購買行動の調査をして、なぜその行動を取ったかを聞き、必ず同じ行動を取ると考えることはできないのである。当然ながら、確率が高いということで、そのような情報データを意思決定に用いているが、それがいつしか、過去のことが必ず起きるかのような錯覚をもち、作業を続けている者が多いことも事実といえよう。ホワイトヘッドは帰納法的な思考については、多くの場所で否定的な意見を述べている（例えば、Whitehead, 1925＝1981, pp.58-59）。それにも増して、上述したエポックの概念を考えることで、より創造的な広告表現を生み出せるのではないかと私は考えている。すなわち、時間、プロセスというものを念頭にした戦略／表現開発である。これについては、5章で整理したい。

ここまでをまとめてみれば、有機体的広告論における時間というのは、非連続であるが、連続したもので、非連続でひとつひとつの出来事の厚みは異なるものが、パターンとして常に生まれては消えるということを繰り返している。

そして、これらの「非連続の連続」が続くことが過程であり、この過程こそがホワイトヘッドの思想の根幹をなすのである。

5-4．価値あるモノとしての創造そして冒険

ホワイトヘッドの思想の基本は、モノではなく「コト／出来事」が常に生成消滅し、それが唯一無二であることである。「コト／出来事」が生まれることが創造であり、ホワイトヘッドは、創造が非常に重要であることを『観念の冒険』の中で語っている。

「〈前進〉か、それとも〈退廃〉かが、人類に提供される唯一の選択である。純粋に保守的なものは宇宙の本質に逆らっているのである」（1933＝1982, p.379）とも述べている。別の個所でも、反復や因習に彼が嫌悪感をもっていることが読み取れる。「冒険がなければ、文明は完全に崩壊する」（1933＝1982, p.385）とさえ述べているのである。この創造、冒険に価値を設けることは広告活動を考える者にとって、常に念頭に置くべきではないかと考える。これまでにも述べた通り、広告活動において、効率と創造の問題がある。特に最近のデジタル・メディアを中心としたメディア・プランニングでは、例えばRTB[14]など人的な手間を減らし、いかにコスト効率を上げるかが重視されているように思われる。もちろん、コスト効率を高める仕組みを作り出すことも、創造的であるといえるのだが、ホワイトヘッドは上述の通り多くの場所で帰納法的な考え方を批判しており、過去のデータを基に論理を組み立てることではなく、新たな冒険、創造に価値を求めている。私は、広告活動は効率を高めるだけの活動ではなく、創造的な活動であると信じている。それこそが広告活動が存在する社会的意味と考えるからである。

ホワイトヘッドは冒険、創造について価値を見いだしているのだが、それが単にやみくもに前に進むことを意味しているわけではない。『観念の冒険』の「第 17 章　美」において、「〈美〉の完全性は、〈調和〉の完全性と定義され、〈調和〉の完全性は、細部における、そして最終的総合における〈主体的形式〉の完全性ということで定義される。また、〈主体的形式〉の完全性は、『〈力強さ〉』ということで定義される」と述べている（1933＝1982, p.348）。主

14　Real Time Bidding の略で、インターネット広告の単価をオークションによりリアルタイムで決める方式。マス・メディア広告を含め、これまでは事前に単価を決める方式が大半であった。

体的形式とは、「情動、価値づけ、目的、好み、忌避、意識など」であり、ホワイトヘッドの「コト／出来事」に他の「コト／出来事」が入る時[15]に、与件として用いるものである。また、〈主体的形式〉の完全性は、〈力強さ〉であると定義していて、この力強さは重厚さに依存するとも述べている（1933＝1982, p.348）。ホワイトヘッドは、「現実的存在」「抱握」などの彼独自の概念を基に、創造が行われるプロセスを論理的に丁寧に述べている。

このことを広告論に置き換えれば、短期的な利益に走り、プラスチック・ワード[16]を用いて、広告主や消費者を幻惑するような短絡的なプランではなく、企業、消費者、社会などすべてのステークホルダーにとって調和の取れた、重厚な広告プランを行うことの必要性と読み取ることができる。長きにわたり、広告実務に携わり、そして多くの広告マンと接する中で感じることは、広告業務において、非常に単純化され目を引くような新しいワードを用い、広告主を説得しようとする光景が多く見られた。それらのすべてを否定するのではない。素晴らしい理論もあるが、その中には単にこれまでの考えの焼き直しとも思えるようなものがあるのも事実である。確かに広告主は分かりやすく、そして新しい魅力的な言葉を好む。しかし、それを使う広告マンは、時にそれが絶対の真実であり、その理論を用いればすべてが正しく広告キャンペーンを行えるかのように説明を行うこともある。果たして、そのようなことが認められることなのだろうか、私は疑問を感じている。

尚、そのキーワードとなるのは「統合」である。ホワイトヘッドの「有機体の哲学」では、多が一を形成するという考え方として読み取れる。前述の生成消滅する「コト／出来事」は、ひとつのことから生み出されるのではな

15　ホワイトヘッドは、コト／出来事が他のコト／出来事を結びつくことを「感受」という言葉で概念化しており、それはベクトルのようなものであると述べている。したがってここでは、あえて「入る」という表現を用いた。

16　プラスチック・ワードとは、「意味のあいまいなままに、いかにも新しい内容を伝えているかのように思わせる言葉」（『デジタル大辞泉』）を指す。元々は、言語学者のウヴェ・ペルクゼンの著書の中で使われた言葉であるが、広告界では、小林保彦が「『プラスチック・ワード』化する広告・マーケティング語のゆくえ」という寄稿の中で、それがもつ危険性を的確に指摘している（小林，2018）。

い。多くの「コト／出来事」が、それに向かい進入し影響を与えてその「コト／出来事」が生み続けられるのである。

したがって、有機体的広告論では、効率のみを追うのではなく、またひとつの情報・データから結論を導き出すのではなく、多様な「コト／出来事」を吸収し冒険とも取れる創造的なプランを生み出すことが重要となる。そしてそれは一部のステークホルダーのみが益をもつ、不調和なものでなく、重厚で長期的に行うことのできるものである。次項では、統合の意味についてさらに述べることにする。

5-5．すべての「コト／出来事」を統合するプロセス

ホワイトヘッドの『過程と実在』の8章「象徴的関連づけ」の中に、統合(Integration)という言葉が出てくる。私は、ホワイトヘッドの思想において、この統合という考え方は大きな意味をもつものと考えている。ホワイトヘッドの文献上では、この統合の考え方に近い言葉として「抱握」[17]という概念があると私は理解している。しかしながら、ここではより理解しやすくするために「統合」という言葉を用いる。また、ホワイトヘッドの思想に大きく影響を受け、経営管理の分野で大きな貢献を果たしたフォレット(Follett, 1941＝1972)の文献にも、その中心として「統合」という考え方が用いられている。私は、フォレットがホワイトヘッドの思想を、経営管理の文脈で言い換えたものと考えている。これについては、3章で詳しく述べることにする。

多くの「コト／出来事」が別の「コト／出来事」に影響を与え、何らかの段階にある「コト／出来事」があるとする。ホワイトヘッドの考えでは、影響を与える「コト／出来事」は無数にあり、そのすべての影響を与えることがすなわちプロセスであり、私はそのプロセスが「統合」であると考えている。

広告を例にして述べれば、ひとつの広告表現、ブランドも、この瞬間のこ

17　「抱握」については、「関係性の具体的事実」と述べられているが(Whitehead, 1927-1928＝1984, p.36)、非常に難解な概念であり、『過程と実在』の第3部すべてでその概念を述べているほどである。詳しくは『過程と実在』の第3部を参照されたい。

の状態に至るには様々なものの影響を受けている。広告表現も一人のクリエイターが作成しているが、そのクリエイターもそれまでのその商品の歴史、競合の活動、消費者の気持ち、あるいはその日に起こった社会の事件にもわずかかもしれないが影響を受け、その広告表現が出来上がっている。例えば、2011年3月11日に発生した東日本大震災は、その前と後でクリエイターをはじめ、広告に携わる人々に何らかの影響を与えたことは否定できないと考える。

したがって、すべての広告業務は、そのひとつのモノだけで単独で存在しているのではなく、多くのモノの影響を受け出来上がっていると考えるべきなのである。これが「有機体的広告論」の基本的考え方である。もちろん、広告表現以外の、広告戦略、広告取引などすべてに関わる。

広告論の文脈では、IMC（Integrated Marketing Communication／統合型マーケティング・コミュニケーション）という概念がある。基本的に消費者の視点で、そのマーケティング・コミュニケーションを考え直すものである。この考えから、当該ブランドが消費者と接する表現／コンセプトを統一する考えや、ブランド・コンタクト・ポイントを重視する考えが唱えられたものと考えることができる。ブランド・コンタクト・ポイントとは、消費者が接するすべての当該ブランドの接点を洗い直し、検討することである。しかし、この考えはあくまで当該ブランドの直接的接点である。例えば、自動車のブランドなら、広告表現にとどまらず、街角のディーラーの看板、駐車されている車のマークなどである。しかし、私が考える「有機体的広告論」における「統合」はより範囲が広く、一見当該ブランドや広告表現とは関わらない要素も影響があり、検討すべきという考え方である。具体的には後の章で述べるが、例えば、戦略開発においては、当該ブランドや競合などに限らず、社会の出来事や人々の過去からの生活をも検討すべきという考え方である。また、大胆な発想であるが、広告戦略を立案する時に、まずはブランドや当該製品カテゴリーのことを一度忘れること、そこから離れることこそが創造的なプランを作り出す大きなポイントだと考えている。このことについては4章の「ロジカル・デザイン・アート思考から有機体的思考」で詳しく述べたいと思う。

5−6．方法論としての思弁哲学／まずは考えること

「有機体的広告論」の考察の基盤になる方法論は、ホワイトヘッドが述べている「思弁哲学」である。ホワイトヘッドは「思弁哲学」を、『過程と実在』の1章を使いその重要性を述べている。『過程と実在』の書き出しは、以下の通りである。「この連続講義は、思弁哲学の試論にあてられている。その最初の課題は『思弁哲学』を定義し、それを重要な知識を生み出す方法として擁護することでなければならない」と述べている（Whitehead, 1927-1928＝1984, p.3）。

「思弁」という言葉はあまり使わない言葉である。まずはその定義を見ていくことにする。「思弁」とは「経験に頼らず、純粋な論理的思考だけで、物事を認識しようとすること」（『デジタル大辞泉』, 2012）とあるが、『岩波哲学・思想事典』（1998, p.679）では、「現在ではしばしば、非現実的な考え方や空理空論のことを指すが、原義は古代ギリシアに遡る。〈中略〉近世に入ると、ベーコンやデカルトに認められるように、科学と関わる哲学にとって中世的思弁は場を失っていく〈以下省略〉」となっている。

前述したが、ホワイトヘッドは元々数学における第一人者で、物理学者でもある。その思弁哲学は論理的であり、経験を基盤としている。

上述した書き出しに続いて、以下のようにも述べている。

> 思弁哲学は、われわれの経験のすべての要素を解釈しうる一般的諸観念の、整合的で論理的で必然的な体系を組み立てようとする試みである。〈中略〉こうして哲学的構図は整合的で論理的であるべきであり、そしてその解釈に関して、適用可能であり、十全であるべきである。ここで「適用可能な」が意味するのは、経験のいくつかの事項がこうして解釈されうることであり、「十全な」が意味するのは、このような解釈のなしえない事項は皆無だということである（Whitehead, 1927-1928＝1984, p.3）。

ここでいう、「適用可能な」とは、デカルトに代表される「合理論」に通じる、理性的で論理的に説明されることを意味していると考えられる。また

「十全」とは、超越的存在を否定し、フランシス・ベーコンの経験論のような誰しも経験でき理解できることを意味していると思われる。ホワイトヘッドの記述でも神は語られるが、絶対的な存在ではなく、すべてを論理的に整合されたものにするために、最初の前提として「神」を置いていると私は考えている[18]。しかし、ホワイトヘッドはデカルトやベーコンについて『科学と近代世界』などで明確にその問題点を指摘している。したがって、単純な合理論や経験論ではないことは明らかである。

さて、もう少し分かりやすく彼の考えを述べている個所を引用したいと思う（Whitehead, 1927-1928＝1984, p.6)。「発見の真実の方法は、飛行機の飛行のようなものである。それは特殊な観察の地盤から出発する。それは想像的一般化という希薄な空中を飛行する。そして合理的解釈によって強められ、改めて、観察するために、再び着陸する」。

これを見ても分かるように、経験的情報を否定しておらず、また単なる空理空論でないことが分かる。

また、短い著作ではあるが、『理性の機能』の中で、「思弁的〈理性〉」という言葉で、以下のようにも述べている（Whitehead, 1929＝1981, p.63)。

> 思弁的〈理性〉は、その本質において、方法によって拘束されることはありません。その機能は限定された推論を越えて一般的推論への洞察をめぐらせ、あらゆる方法を越えて把握されるしかないような事物の本性内で調整されるべきものとして、すべての方法を理解するところにあります。〈中略〉思弁的な〈理性〉はいろいろな方法を尋ね続け、それに休息を与えることはいたしません。

思弁法といえば、思考のみで論理を組み立てるように考えられるが、その前提として多くの「コト／出来事」が、統合されその中での思考が行われる

18　神の位置づけに関しては、「〈神〉は究極的限定力であり、〈神〉の存在は非合理性である」とも述べている（Whitehead, 1925＝1981, p.240)。詳しくは、『科学と近代世界』11章を参照されたい。

ことが大切である。近年、計量データを用いたモデル分析等も重視されている。あるいはビッグデータに関してAIを用いて最適解に到達することも進展している。しかし誤解を恐れず述べれば、モデル分析においても、取り上げる変数を増やせばある程度の当てはまりは向上する。また結局、どの変数を用いるかは、人間の思考に依存しているのである。同様にAIで用いた回答であっても、どのデータをAIに読み込ませるのか、得られた答えをどう解釈するかは現状、人間の思考の役目である。通常の広告業務では、そこまで精度の高い調査ではなく、ひとつの量的調査をすべて正しいと判断し、決断を下すことも少なからずあるのではないかと考える。データの入手方法が飛躍的に向上し、それを処理するコンピューターの進歩が著しいのは事実である。しかしそれが逆に、私たちの思考を停止させ、コンピューターで出されたことを盲目的に信じ、広告活動を行う時代になりつつあるのではないかと考える。

上記も踏まえ、私はこれらの考えを整理し、有機体的広告論の思考方法を以下のように整理したいと思う。

① ひとつの方法／データ（例えば、単一のひとつの量的調査など）で結論を出すことはしない。
② あらゆる情報（量的調査、質的調査、既存データなど）に触れる。
③ その上で、深く深く考察を行う。
④ それは、何らかの目的を前提としており、仮説を出し続ける作業ともいえる。
⑤ その仮説について、検証を行い、すべてに矛盾がなく、筋が通る状況を目指す。

特に⑤については、理解が難しい部分があると思うが、ホワイトヘッドも「思想の自由を求めて止まぬ激情的な要求は、思弁的〈理性〉を宗教的直観に深く結びつける一つの貢物であります」と述べている（Whitehead, 1929＝1981, p.63）。このことについては、インサイトの発見方法の7章・8章でさらに詳しく考察を行いたいと思う。

尚、この考え方は、記号論、そしてプラグマティズムで著名なパースのアブダクションの考えに通じるものがあると考える。それについては、次章で述べたいと思う。

むすび

この章では、まず現代の広告産業が置かれている厳しい状況を、特にインターネット広告の影響を中心に指摘した。その上で、広告業界に携わる人々すべてが新たな広告に関する思想をもつべきであることを述べた。その上で、イギリスの思想家ホワイトヘッドの「有機体の哲学」を整理し、広告論の文脈において、独自の「有機体的広告論」の概念を提示した。「主体と客体」の概念を捨てる、モノ的発想を「コト／出来事」として捉えるなど、従来の広告論の概念から大きく逸脱した思想であり、また、私の文章力のなさを含め、多くの研究者・実務家には理解が困難なものかと思う。有機体の哲学は、常に変化し続ける考え方である。そのようなことからも、このような考え方をひとつのヒントとして新たな広告思想を考える機会となればと思う。

また、本章では、ホワイトヘッドの思想を基に、「有機体的広告論」の解釈を行ったが、より具体的な施策の検討レベルでは、さらに別の思想も組み込む必要があると考えた。特に、ジェイムズやパースのプラグマティズムについては、「有機体的広告論」の構築には重要な思想と考えている。次章では、プラグマティズムの知見を整理し、考察をさらに深める。組織経営学の視点で、ホワイトヘッドにも大きな影響を受けたフォレットの思想についても、3章で述べたい。

＊本章は、小泉秀昭，2019,「研究ノート　『有機体的広告論』序説―ホワイトヘッド『有機体の哲学』の広告論への応用―」『立命館産業社会論集』立命館大学産業社会学会，55(2)，pp.71-89. を加筆したものである。

2 章

直観の否定とアブダクションからの発想（パースのプラグマティズムから）

前章では、アルフレッド・ノース・ホワイトヘッドの「有機体の哲学」の思想から「有機体的広告論」の考え方を整理した。しかし、それだけでは、「有機体的広告論」のすべてを表すことはできないと考える。いくつかの点について、この章でさらに深く考察していきたい。

この章で取り上げるのは、チャールズ・サンダース・パース（Charles Sanders Peirce）やウィリアム・ジェイムズ（William James）に代表されるプラグマティズムの思想である。

1．哲学・思想の必要性

本著の最初で、あえて近づきにくい思想や哲学的なことを伝えようとしているのは、それが今後の広告活動、広告界にとって大事であると考えたからである。では、そもそも哲学や思想とは何であろうか、なぜ必要なのだろうか。「哲学」とは、『岩波哲学小辞典』（1979, p.160）によれば、「古代ギリシアの philein（愛する）と sophia（智）との結合した語」といった説明がある。そしてその後多くが語られているが、本著は、哲学のテキストを書くためでも、哲学そのものを考察するためでもない。そこで独断と偏見で私なりの考え方を述べることにする。哲学とは、長く存在するための一般的な法則のようなものではないかと考える。また思想は『岩波哲学小辞典』（1979, p.94）では、「個々の観念や理論ではなく、人生や社会についての一つの全体的な思考の体系及び態度をいう」とある。しかしここではあまり大きな違いは指摘せず、「両者とも、長く存在するためによりどころにする思考の体系」とでもいいたい。「長く」とは、広告界であれば、広告マンが長く広告の世界で働く、広告主／企業は長く存在する、そして広告そのものが長く人々の中で必要とされるということに通じる。必要とされると書いたが、例えば、虚偽広告のように、とりあえず一時的にお金を儲け、その後活動を辞めてしまうものとは異なる。永続的に存在し続けることが必要となり、またそれが広告の世界では最も重要であると考える。

1－1．相手を理解することの必要性

自らの思想をもつということは、相手の思想を理解することにも通じる。しっかりと自身の思想をもつことで初めて相手方の思想が何であるかを理解できると私は考える。相手の思想を理解すべきというと、何か相手を言い負かし、説得するといった戦略的な意味合いで理解をされてしまいそうである。しかしそうではない。臨床心理の医師でもあり九州大学名誉教授の北山(2005)は「共視論」という概念を提示している。浮世絵の中の母子像から、日本人の特性として母と子が何か別のものを共に見るという概念である。それは、欧米の宗教画の母子像とは異なると述べている。この考えを私なりに整理すると、まさに、隣り合い、何か同じものを見る上で、その相手の考え方を理解しなければ同じものを見ることはできず、真の関係は築くことはできないということである。詳しくは、12章で述べることにする。また、次の章で述べるメアリー・パーカー・フォレットは対立に対し、それをひとつにする統合という考え方で解決しようとしている。

広告の世界での特別な関係とは、消費者とブランド、広告主と広告会社とも言い換えることができる。共視にしても統合にしても、本当の意味での理解なくして、素晴らしい広告作業は行うことはできない。

1－2．広告現場での思想の欠如

私は20年以上、広告代理店で勤務していた経験をもつ。しかしその時にしっかりとした広告思想、哲学をもって業務を行っていたかといえば、「NO」といわざるをえない。特にインターネット広告の割合が急激に増えている今日の広告代理店の業務において、それらをもち続けるのは難しいとい

えよう。目まぐるしく情報が生み出され、状況が変化する中で特にそう感じる。

2018年に『十年 Ten Years Japan　美しい国』[1]という映画が公開された。その中のひとつの話で、徴兵制のキャンペーンを担当する広告マン（広告人）を描いたものがあった。その主人公が、徴兵制という重いテーマの駅ポスターの掲載に際し、その内容には意識が働かず、作業員がそのポスターを貼る時にできる皺のことばかりを気にするシーンがあり、私の20代の頃を見るようで辛い気持ちになった。広告マンが、ハツカネズミのように、ケージの中の輪をこぎ続けている姿にも思えてきた。果たして広告マンはそれで良いのだろうか。またそれで幸せな人生を送ることができるのか、疑問に感じてしまった。数年前、大手広告代理店の新入社員の女性が自らの命を絶った。彼女が担当していたのはインターネット広告の業務であったと聞いている。特にインターネット広告の業務を見ると、ケージの中で輪をこぎ続けるハツカネズミを思い出すのは私だけだろうか。

ジェイムズは次のようにも述べている（James, 1907＝1957, p.9）。「重要な哲学は単に技術的な問題ではない。それは人生というものの真実の深い意味についてわれわれが多かれ少なかれ暗黙のうち会得する感じなのである。読書からえられるものはわずかにその一部分でしかない。哲学はわれわれ個人個人が宇宙の緊張圧力（きんちょうあつりょく）の全体を見かつ感ずるまさしくその仕方なのである」。

自分自身の思想／哲学をもつことは、単により良い広告キャンペーンを行うだけではない。より充実した日々（広告人としての日々、社会人としての日々）を送ることさえできるのである。一人の広告人として、そして日本の広告産業全体にとって、考える時期に来ていると私は考える。

そこで、今回「有機体的広告論」という独自の概念を提示することにした。前章で「有機体的広告論」の基盤となる思想／宇宙観を、ホワイトヘッドの「有機体の哲学」を基に述べた。この章では、それを強固なものにするために、

1　映画『十年 Ten Years Japan　美しい国』は、香港でヒットしたオムニバス映画「十年」の日本版として、10年後の日本をテーマに、5人の若手監督が制作したオムニバス作品。

ジェイムズやパースを中心としたプラグマティズムの思想を加える。次章のフォレットの思想と共に、５章以下の各論のベースとなる考え方である。

2．プラグマティズムを取り入れる理由

最初に、ホワイトヘッドの「有機体の哲学」に加え、プラグマティズムの思想を「有機体的広告論」に取り込むべきと考えた理由を簡潔に述べる。

１章でも述べた通り、ホワイトヘッドの「有機体の哲学」とプラグマティズムは共通する部分が多い。私見であるが、プラグマティズムの思想は、「有機体の哲学」より実務への応用に適している点が多いと考える。

ホワイトヘッドの「有機体の哲学」はひとつの世界観、宇宙観を提示している。デジタル広告の隆盛が著しい中、広告論において、また広告に携わる実務家にとっても「広告における世界観／宇宙観」をもつことは大切である。しかし、「有機体的広告論」においては各論として具体的な広告活動についても言及をしたいと考えている。そのために有益と考えられるのがパースやジェイムズに代表される「プラグマティズム」の思想である。私の独自の理解であるが、ジェイムズは、ホワイトヘッドに近い世界観をもっている。しかし、ジェイムズはホワイトヘッドより具体的に、「真理」に近づく考え方、方法を明らかにしている。ジェイムズ（James, 1907＝1957）の代表的著作『プラグマティズム』では、合理論と経験論[2]を比較し、それぞれ取り入れるべき点、問題点を整理している。このことからも、ジェイムズは、「真理」に近づくためには「こう考えるべきである」といった、「規範的」な側面をもっている。彼の目的は「真理とはこういうモノであり、それにどう近づくか」を明らかにしようとしている。彼が哲学者であると同時に心理学者でもあり医

2　合理主義とは、一般に、理性を重んじ、思想・生活のすべてにこれを貫こうとする態度（『岩波哲学小辞典』，1979，p.78）、経験論については、認識の源泉をもっぱら経験に求める説（『岩波哲学小辞典』，1979，p.63）。ジェイムズは『プラグマティズム』の中で両者を対比する形で分かりやすく説明を行っている。詳しくは、James（1907＝1957, p.15）を参照されたい。

者で、また過去に画家を目指していた時期もあったことが影響していると思われる。その文体も、数学者でもあるホワイトヘッドや、論理学者でもあるパースと比較すると理解しやすい面もある。但し、精緻さという面ではホワイトヘッドやパースが勝っていると私は感じた。

一方、「プラグマティズム」の創始者であるパースの目的は、信念をどう固めていくか、その方法論を明らかにすることである。そう考えるとパース（Peirce, 1877＝1980）の著作の中で「探求の方法」と「概念を明晰にする方法」が、私にとって最も重要な論文であることが見えてくる。パースといえば、「記号論」で知られているが、それも信念を固めていくために精緻に検討を行う上で辿り着いたものではないかと考えている。

広告論の世界でいえば、広告コンセプトが正しいということを、ジェイムズ的にはどう考えるべきかという議論となり、パース的にはその広告コンセプトが正しいと判断する信念をどう強めていくかということの違いともいえる。そもそも真実とは何か、正しいとはどういう意味を有するかについては後ほど述べることにする。このように、パースの整理がジェイムズの整理に比べ「有機体的広告論」の各論を検討する上には有益と考えられる部分も多いのだが、ジェイムズの整理においても十分有用と思われる点もある。まずはプラグマティズムとはどのような思想であるのか簡単に述べ、プラグマティズムから見る有機体的広告論の主要概念を述べることにする。

『岩波哲学・思想事典』（1998, p.1394）によれば、プラグマティズムは「『実用主義』あるいは『実際主義』と訳されることもあるが、これらの訳語によってはプラグマティストたちが強調しようとする、人間の精神活動がもつ知的価値や道徳価値が見落とされる恐れがあるため、現在では『プラグマティズム』と原語のまま呼ばれることが多い」とある。プラグマティズムがどのような思想であるかは、多くの文献が出版されているため、興味をもたれた方はそちらを読んで頂きたい[3]。

3　プラグマティズムについては、魚津郁夫，2001，『現代アメリカ思想』の記述が、初心者にも理解しやすい。

3．プラグマティズムから見る「有機体的広告論」の主要概念

前章でも述べたが、本著の目的は効率の向上ではなく、創造的考え方を生み出し、効果的な広告活動を実施することである。何かを創造するということは大変難しいことである。但し、何かの広告キャンペーンなどを考える時に、何かしらのアイデアは浮かぶ時はある。あるアイドルが好き、CMで使ってみてはどうか、先日見たテレビで面白い動物がいたから使ってはどうかなどである。このアイデアを思いつくこともひとつの創造的行為である。但し、問題は、その思いついた考えが、正しいかどうか、価値をもつかを判断することである。ある意味、創造的なアイデアを思いつくより、それが正しいかを判断する方がより難しいといえよう。なぜならば未来を予想することと、予想した未来は異なるからである。AIなどが進歩しても100％その通りに物事は起こることはない。また、AIが提示してくれたことを行うべきかどうかは、最終的に誰か人が決定しなければならない。そこで重要となることが、思いついた考え方が正しいと確信すること、自信をもって行えるようにすることである。これについて研究したのがプラグマティズムの創始者であるパースである。広告コンセプトが正しいと判断する信念をどう強めていくかという方法論を考えていくことが大切だと考える。そして、この正しいということを言い換えれば「真理」という言葉になる。最初にこの真理ということについて、プラグマティズムの考え方を整理していく。

3-1．絶対的な真理はない

「真理」がプラグマティズムのひとつの大きなテーマであることは述べてきた。しかし、そもそも「真理」とはいかなるものなのだろうか。またジェイムズやパースにとってそれはどのようなものとして捉えられているのだろうか。一般的に考えると「真理とは、変わることのない正しいもの」といった意味で使う場合がある。哲学においては、「真理の探究は哲学そのものの目標」(『岩波哲学・思想事典』, 1998, p.848) ともいわれるもので、その解釈は多

岐にわたる。ジェイムズ（James, 1907＝1957, p.145）は以下のように述べている。「どんな辞書をみてもおわかりになる通り、真理とはわれわれの或る観念の性質である。虚偽が観念と実在との不一致を意味するように、真理は観念と『実在』との『一致』を意味している」。

例えば、「人は必ず死ぬ」という考えは、実在と一致している。したがって真理といえる。しかし広告活動で「人は行列があると並びたがる」という風に考え、新製品の発売に際して、サクラを雇い並ばせたとする。予想通り他の人も何の行列かということで、自分も並び始め話題となったという事例があった。しかしこれは、必ずしもすべて正しいとはいえない。人が並んでいても、興味を示さない人もいるからである。また、一時的に人が並び、客が増えたとしても、サクラを使っての話題作りだったことが知れ渡りそのブランドの評価が下がれば、結果的に正しいとはいえないことになるかもしれない。そう考えると、広告活動において真理とは、まずは何かの目的があり、その目的が何をすれば達成できるかを突き止めることだと考える。

ジェイムズの有名な言葉で（James, 1907＝1957, p.61）、「観念というものはそれを信じることがわれわれの生活にとって有益である限りにおいて『真』である」というものがある。私たちにとって有益であることが大切で、無益なことは意味がないということである。したがって、AとBの２つの広告キャンペーンがあり、これまでAを実施してきたが、新たにBを行っても何も差がなければ、変えること自体に意味がなくなる。真理とはいえないということである。

また、ジェイムズ（James, 1907＝1957, p.148）は以下のような有名な例え話をあげている。「もし私が森のなかで道を見失って餓死（がし）しようとしているとき、牝牛の通（かよ）った小路らしいものを発見したとすれば、その道を辿って行けばそのはずれに人間の住み家があるに違いないと考えるのは、極めて重大なことである。なぜなら、私がそう考えてその道に従って行けばわが身を救うことになるからである。このばあい真の思考が有用であるのは、その思考の対象である家が有用だからである」。

これは、ジェイムズが「主観」を重視していることの表れであると私は考える。自分にとっての意味は何か、それに対して有用であれば、それは真理なのである。

このことを広告活動でいえば、まずは自身の意味、目的の重視ということにつながる。目的が明確でなく、実際の施策にどのような差が見られるかも明らかにしないで、これまで行われていたことを、行うことは意味のないことと考えるべきである。また、言い換えれば、目的の設定を間違えてしまえば、そもそも誤った道に進んでしまうことになる。目的の明確化はとにかく第一に考えるべきである。

但し、これを読まれた方から異論が出るだろう。ジェイムズ（James, 1907＝1957, p.149）は「『それは真理であるから有用である』ともいえるし、また『それは有用であるから真理である』」とも書いている。この一文が、プラグマティズムが道具主義[4]といわれる一因である。もちろん、個人や一企業の短期的な益だけを考えるのではなく、前章のホワイトヘッドの思想でも述べたが、自分だけではなく、他者や社会全体が満足するバランスの取れた目的を想定しなければ、実は最適な目的とはいえない。

次の章で述べるフォレットの対立の考え方では、それぞれが異なることを求めるのは当然で、それをいかに統合し、新たなものを創造することが大切かを指摘している。企業は、商品を売って、利益を得たいという目的をもっており、消費者はより良い生活を送りたいと思っている。そのこと自体は悪いことではないのである。

本著で「有機体的広告論」という言葉を使った一番のポイントはそこである。この世界は一人だけで生きているのではなく、すべての人や物と関係し合いながら前に進んでいるのである。資本主義の世界では、個々人が最大の利益を求めることは確かである。といえども、他者から搾取し、環境を破壊

4　道具主義とは、元々は科学理論が現象の計算や予測に便利な道具に過ぎないとする考え方である。但し、プラグマティズムの立場では、それとは異なり、科学と価値との二元論の橋渡しを目指すという発想に基づいている（『岩波哲学・思想事典』, 1998, p.1159）。特にジョン・デューイに関する記述で多く見られるが、魚津（2001, pp.170-182）は、「デューイの『道具主義』と教育論」というひとつの章で、その考え方を詳しく述べている。

してまで利益を追求することは許されない。なぜなら、それにより、利益をもたらしてくれる従業員がいなくなり、資源が枯渇する。バランスが大切で、そのような考え方をもたなければ，今は良くても、50年後、100年後、いやもっと近い未来に破綻が生じる。デジタル化が進み、可視化できる広告業務だからこそ、目先の短期的な効率を求めがちである。しかし、それは100に近いものをいかに100に近づけるための施策であることを心に留める必要がある。100のものを150、200にできる創造的な広告活動が必要なのである。したがって、1章にも書いたように、自分が主体で、他者が客体である、あるいは自分が何かに影響を与えているといった考えは捨てるべきなのである。

こう書くと、目的自体が特定できず、不明確なものになるという意見があると思う。しかし目的は必要である。理想論と思われるかもしれないが、すべてのものが最善になること、新しいものを創造し、そのプラスαの価値により自身も、そして他者も潤うことを目的に設定すべきである。その大きな目的に向かって進むためには、様々な道が存在する。どれが絶対的に正しいとはいえない。諸々の要因を深く考えることにより、少しずつすべての人が求める最善のものに近づくことができるのである。

3-2．パースの真理

さて、広告の世界では、選択肢は複数ある。Aという施策であっても、Bという施策であっても、どちらも送り手側に意味がある場合に、どちらかを選ぶ必要が出てくる。その問いに答えてくれるのがパースの真理の捉え方である。

私は、パースにとって「真理」とは絶対的なものではないと考えている。パースにとっての真理とは、将来起こることの予測としての現在の観念、あるいは現在起こっていることの原因が何であるかについて、近づくことである。もう少し分かりやすく述べれば、推理探偵が、少ない証拠から犯人を突き止めることをイメージして頂きたい。実際パースは大の推理小説のファンであり、トマス・シービオクとジーン・ユミカー・シービオク（Sebeok & Umiker-Sebeok, 1980＝1994）は『シャーロック・ホームズの記号論』という本で、パースの探偵ばりのエピソードを紹介している。

パースの真理は、絶対的な真理ではない。これについては後述する誤謬の考え方でさらに述べるが、観念が実在と同じであるかということを思考し、検証すること自体が真理であると考えているのである。言い換えれば、それが正しい、真理であると考える信念をどのようにして強くもつかということにパースは興味をもっていたのである。その信念を確かなものにするため、記号論を突き詰め、そして後述するアブダクションという論理体系を構築した。

これらを踏まえて、「有機体的広告論」への展開であるが、まず自身の意味、目的を明確にすること、そして予測のための仮説を立て、思考し検証を行い、それが真理（正しい）であるという信念をどう高めていくかということになる。一見当たり前に聞こえるかもしれない。実際の業務の中では無意識のうちに、「信念」を高めることを行っているかもしれない。パースが述べるように、科学の中には信念という言葉に当てはまる概念はない（Peirce, 1998＝2001, p.25）。したがって、通常の科学的な考え方とは異なると述べている。重要なことは、これが正しいのだと考える強い信念をもとうとする努力こそが大切だということである。広告界には、ある意味妥協といった気持ちが働く場合がある。次章でも述べるが、妥協では何も新たなものを生み出すことはできない。これは常に心に置くべきである。後ほど説明する、創造的なアイデアを生み出すアブダクションの思考方法にもつながることである。

アブダクションについて述べる前に、誤謬の論理について少し述べることにする。「誤謬」とは間違いのことである。

3-3. 誤謬主義

パースの哲学、そして世界観は「連続性の哲学」と呼ばれている。パース（Peirce, 1877＝1980, p.131）は「認識は必ず連続的な過程によって生じるものだというのがその仮定である」と述べている。パースはこの哲学を『連続性の哲学』の中で詳細に検討しているが、これは1章のホワイトヘッドの過程／非連続の連続に通じる考え方である。パース（Peirce, 1998＝2001）の『連続性の哲学』の中で、未来はどんなに似通っていようとも現在とは異なるわけであり、同じものがあり続けると考えるべきではないと述べている。これが誤謬（間違い）の考え方である。ホワイトヘッドと同様に、この瞬間に見ている机は、その1秒前の机とは異なっているわけで、数分後に同じ机であり続ける保証もない。パースの真理に関する考え方においても、絶対的に正しい真理を、今この瞬間に読み取ることはできないのである。この文章を書いている次の瞬間に地球に隕石が当たらないとも限らない。しかし悲観論者になる必要もなく、いかにその未来、自分が求める世界に近づくことができるか、思考をめぐらせ、検証を行うことで、その近づく方法を見つけることができるのである。

誤謬主義を広告論に当てはめれば、現在の行っている活動の状況／環境が未来永劫に続くということはありえない。常に変化することを前提に作業を行うべきであることは心に置くべきである。そうでなければ、大きなミスを犯すことにつながるのである。特に私が懸念するのが、KPI[5]を絶対的なひとつの指標としてすべてを判断する姿勢である。デジタル広告の世界では、業務の効率化もあり、このようにひとつの指標を中心にした業務を行っている広告マンも多くいると思われる。私は、霧の中で灯台らしき光に向かって進む船の船長をイメージしている。霧の中なので、その光が灯台のものかも分からない。また、波の状況や風の強さなど毎秒状況は変わる。その中では、その光の方向に進むことが絶対に正しいとは断言できない。それが他のものよりは正しい方向に導いてくれるとは思うが、常に疑い修正して進むこと、それが生き延びる唯一の方向であることをしっかり心にもつべきである。KPIの指標も常に疑いながら、前に進む気持ち、これが誤謬の考え方である。

3-4．多　元　論

さて、誤謬主義すなわち常に間違いはつきまとうという考え方は、一元論

5　KPIとはKey Performance Indicatorの頭文字を取ったもので、企業の最終目標に対して、その過程の中で最も重要と思われる量的な指標を設定するという考え方。計量的な分析で設定する場合もある。

に対する多元論という、プラグマティズムの考え方に通じている。一元論と多元論について説明をしていくと大変難しい問題になる。またそのようなことが本著の目的でないので、誤解を恐れずいえば、一元論はひとつの原理に基づいて説明をしようというものである。例えば、すべては実際に経験したり見たり聞いたりしたことが真実であり、見えないことなどは説明に入れるべきではないというようなことである。

一方、多元論は、多くの要素、原理を認める考え方、多様性を重んじる考え方ともいえる。プラグマティズムは基本的に多元論を取っている。それを良く表しているのが、ジェイムズの『プラグマティズム』にある、軟らかい心の人・硬い心の人という個所である（James, 1907＝1957, p.15）。これは前者が合理論であり、後者が経験論を総称している。軟らかい心の人：合理的（「原理」によるもの）、主知主義、観念論的、楽観論的、宗教的、自由意志論的、一元論的、独断的。硬い心の人：経験論的（「事実」によるもの）、感覚論的、唯物論的、悲観論的、非宗教的、宿命論的、多元論的、懐疑的と述べられている。少し難しい話だが、広告の世界でも、理論を重んじ、理論的にこうだと主張する人もいれば、私の経験ではこうだと主張するという人もいる。ジェイムズは合理論を批判し、経験論を擁護する部分も多く見られる。しかし、必ずしも経験論だけを良しとしているのではない。広告の世界でも、ある理論で説明できることもある。但し、理論が絶対ではない。そうかといって、過去の経験だけに頼って行うことも危険である。

上記に合理と経験という2つをあげたが、広告論においては、二元論的発想、クリエイティブとメディア、クリエイティブの発想とデータ分析、質的調査と量的調査などの対立構造が多く見られる。しかし、当然ながら、片方に固執する必要はない。素晴らしいクリエイターの発想も大切で、緻密なデータ分析をしているマーケターの意見も取り入れるべきである。前述した自らの意味、目的に照らし合わせ、ひとつのものに固執せず、広く受け入れ考察を深める必要がある。各論でも述べるが、例えば観察調査が有用だと判断すると、それを声高にいい、それですべてが解決をするといった記事なども見られると思う。広告業界の悪い癖のようだが、新たな発想があるとプラスチック・ワード[6]を作り、それがすべてで、過去のものはダメというラベルの貼り方をするような記述も見られることがある。

4章のロジカル思考からデザイン思考、そしてアート思考といった流れを強調した新聞記事もある。より自由な発想で広く見ることが大切である。5章以降の各論でも述べるが、「有機体的広告論」では、多様なデータ、調査を活用し分析を行うことを勧める。それにより、自身の考えに対する「信念」がより強まるからである。

3-5. 直観の否定

前項まで、広告のアイデアやコンセプトを思いついた時、それが正しいと考える信念が大切であることを述べてきた。また、ひとつの見方で考えるのではなく、多元的に見るべきだとも述べた。そのように考えると、結局直観に頼って自分自身の心に問いかけ、それが正しいと考えることが良いということで終わってしまうという指摘があろう。しかしここで述べたいのはそのようなことではなく、どうすれば直観だけに頼らず、それが正しいと考える信念を固めていくことができるかいうことである。

そこでこの項では、直観ということについて整理を行いたい。これまで多くを書いてきたが、デジタル・メディアの隆盛やアカウンタビリティ（広告の説明責任）の重要性が問われ、数値データなどを基にした論理的な方法で解を求められている。一方、そのようなデータに基づく方法では真理には到達できない。まずは既存のものをすべて捨て去り直観として浮かび上がることを大切にすべきだという考え方もある。結論からいえば、私は両者に受け入れるべきことがあり、それを整理して考えることが大切だと考えている。前項の多元論的発想である。

さて、この章ではプラグマティズムの思想を、広告論の文脈に取り込み新たな考え方を提示する。しかしながら、本項のタイトルに「直観の否定」をあげるとジェイムズの基本的な思想「純粋経験」と矛盾をするのではないか

6　1章注16を参照されたい。

と考える人もいると思う。

但し、基本的に直観に関する私の考え方はパースに依拠している。パースの文献では、明確に直観を否定することが書かれているが、私はパースが直観のすべてを否定してはいないと考えている。そこで、まずはアンリ・ベルクソンおよび西田幾多郎の直観について触れ、その後ジェイムズに代表される「純粋経験」について述べた後、パースの考え方を述べていきたい。

ジェイムズとパースの思想が目指していることが異なることはすでに述べてきた。ジェイムズは「真理というものをどう考えるべきか」という、ある意味規範的な思想を含んでいる。また「有機体的広告論」では、その規範的な部分を重視している。

パースの直観の否定に関する論述の前に、ジェイムズに影響を受け、純粋経験を「善の研究」などで表した西田幾多郎と、ジェイムズとは非常に近い思想といわれているベルクソンの引用から直観を見ていくことにする。まず西田（1950）は以下のように述べている。

> 経験するというのは事実其儘（そのまま）に知るの意である。全く自己の細工を捨てて、事実に従うて知るのである。純粋というのは、普通に経験といって居る者もその実は何らかの思想を交えて居るから、毫（ごう）も思慮分別を加えない、真に経験其儘の状態をいうのである。例えば、色を見、音を聞く刹那（せつな）、未だこれらが外物の作用であるとか、我がこれを感じて居るとかいうような考えのないのみならず、この色、この音はなんであるという判断すら加わらない前をいうのである。それで純粋経験は直接経験と同一である。自己の意識状態を直下（じか）に経験した時、未だ主もなく客もない、知識とその対象とが全く合一して居る。これが経験の最醇（さいじゅん）なる者である（西田，1950，p.17）。

また、ベルクソン（Bergson, 1934＝1998, pp.252-253）は『思想と動くもの』の中で以下のように述べている。

絶対は直観のうちにしか与えられず、ほかのすべては分析の領分に入ることになる。私がここで直観と呼ぶのは、対象の内部に身を移すための同感のことで、それによってわれわれはその物の独特な、したがって表現のできないところと一致するのである。

この2つを見ても分かるように彼らは直観を肯定し、それこそモノを認識する上で唯一の方法であると考えている。これはジェイムズも同様である。しかし私はこれらの考えは、その時あるいは一時点のモノを認識するために必要とされるもので、その真理、本質を見極める時に、付加的なものや判断というものを含めず、純粋にその根本にあるものを見るべきだといっていると考える。すなわち、それまでの過程というよりは、その考えが湧き起こるこの瞬間について、考えているのがここでの純粋な経験である。最終到達点ともいえる瞬間である。

一方、パースの目的は、今起こっていることが、いつ、誰が、どうして起こしたのかといったことをより正確に推測すること、あるいは将来起こりえることをなるべく正確に推測することである。広告の文脈でいえば、消費者がどう考えるか、どういう行動を起こすかを正確に推測するためにどうすれば良いかということになる。

この研究の目的は、効率を高めることでなく、創造的な施策の開発である。その意味からいえば、これまで起こしていなかった消費者の行動を、何を行えば予測できるかということが、非常に重要となる。したがって、本著では、ジェイムズではなく、パースの考え方をより重視する。

さて、パースの目的を述べたが、「直観」という言葉の定義もここでは限定したい。哲学的には直観はバールーフ・デ・スピノザの「知的直観」、イマヌエル・カントの「感性的直観」、エトムント・フッサールの「本質直観」といった様々な考え方があげられる（『岩波哲学・思想事典』, 1998）。しかしそれらの詳細は吟味しない。ここではパースの考え方をもって定義とする。パース（Peirce, 1877＝1980, p.103）は「直観」を、「以前の認識によって限定されない認識、言い換えれば意識の外にある事物によって限定される認識」と述べている。

3−6．パースの７つの批判

パース（Peirce, 1877＝1980, p.103）は、彼の論文のひとつの章で「直観主義の批判」を行っており、その中で彼は、７つの命題を提示し、直観の問題点を整理している。その章の中で、第１の問いから第７の問いまで順を追って彼の疑問が提示され、その意味が述べられている。７つの問いとは以下の通りである。『世界の名著』の上山の訳は少し理解しにくいところがあるため、ここでは魚津（2001，p.67）を引用する。そちらを参考に広告論に置き換え述べていくことにする。

第１の問い：「ある対象を認識するとき、それが直観によるものかそれとも推論によるものかを、直観的に知ることができるか」。

このことを広告の例でいえば、広告デザイナーが広告主からオリエンテーションを聞き、すぐに大変素晴らしい広告デザインを思いついたとする。そしてそのデザイナーがその時、「素晴らしいデザインが天から降りてきた。直観である」、といったとする。しかしそのデザイナーが「他の認識によって得られた認識」、例えば過去のデザインなどを頭の中で参考にしたのか、あるいは全くそのようなものがなく、「直観」のみで思いついたかを区別できるかといえば、その本人であったとしてもできないわけである。

第２の問い：「私たちは、直観的な自己意識をもつことができるか」。

これは、第１の問いとの区別が分かりにくいが、「直観」と「他の認識によって得られた認識」を区別できる能力を自身がもっているかを、証明できないということである。「直観」を重視しろといわれても、実際自分に「直観」で生み出すことができる能力をもっていると断言できる人はいないはずだ。いればどこか怪しい人、それを証明して見せろとなるはずである。

第３の問い：「たとえば、夢をみることと、現実に経験することとのあいだに見られるような、認識の主観的要素の違いを、直観的に知ることができるか」。

これについてパースは、夢に見ることと現実に起こったことの区別がつくのかという説明をしている。またクリエイターの例でいえば、その思いついたデザインに似たものを、かつてどこかで見たことがある可能性もある。一度会った人でも、全く記憶になく初めて会ったと思うこともあるが、実際に会っている場合もある。記憶の奥にしまわれていることと、全くのゼロから思いついた直観であるものを区別することはできない。

第４の問い：「私たちは、内観の能力、すなわち心のなかの世界を直接知覚する能力をもっているか。それとも、心のなかの世界にかんするすべての知識は、心の外にある事実の観察からみちびきだせるのか」。

ここで、パースは、内観について「内的世界を直接的に知覚することといった意味」としている。この問いを噛み砕けば、人がもっている知識は、心の外側にある事実を見聞きして得られたものであることを指す。例えば目の前にのど飴の赤い缶がある。また赤いコーヒーの袋もある。しかしその両者の赤は微妙に異なる。しかし私はその両方が赤であることを過去の多くの経験から判断している。またかなり昔の話だが、私が米国に留学をした際、ホームステイ先の家庭で、正月に「雑煮」を作って振る舞った。同級生の母親は、汁は美味しく飲んだが、餅は最後まで理解ができず食べることができなかった。彼女の記憶の中にある色々なものと照らし合わせて何かを推測したのだと思う。噛んだ瞬間にその歯ごたえの軟らかさが、彼女がこれまで経験したものではなく、理解ができなかったのだろう。しかし次の機会には彼女は餅がどのようなものかは理解できたはずである。このように、常に人は過去のものから推測を行っているというのがパースの考えである。

第５の問い：「私たちは、記号なしに考えることができるのか」。

この問いは第４の問いにも連動しているが、パースによれば知識はすべて間接的なものから得られること、そしてその間接的なもの＝記号であり、すべてのモノが記号であるという考え方から、彼の記号論は生み出されている。

第6の問い：「ある記号が『絶対的に認識できないもの』の記号であるとき、そういった記号は意味をもつといえるのか」。

第4の問いであげた餅の例では、彼女は食べ物であり、何か白いものという認識はもっていたと思われる。しかしそれも理解できない何か分からないものがあったとして、パースは、それは人にとって何も意味をなさないと述べている。プラグマティズムの思想では、何か有用であるということで意味をもつということになる。これは、欧米の文化の違いといったものにもいえると思う。アメリカ人が日本の文化を理解できないのは、アメリカ人であるからよりも、小さな時からアメリカで育った後天的な要因が大きいわけである。アメリカ人でも小さな時から日本に住んでいれば理解できるものも多くある。但し、彼／彼女の両親がアメリカ人なら、彼らから得てきたものは、多少異なるものになることは予想される。

第7の問い：「以前の認識によって限定されない認識、すなわち直観はありうるか」。

第5の問いで述べたようにすべてのものが間接的なものから認識されているとすると、それらを遡った時に何になるのかということである。最初のスタートとなるものがあるのではないかという議論となる。しかしそれについては、最終的には不鮮明なものになっている。これについては、1章のホワイトヘッドも同様な議論を行っている。彼の整理ではそこに「神」の存在を置いているが、哲学的な議論になるので、ここでは深くは検討しない。

このように、パースは直観を否定している。私が考える「有機体的広告論」の考え方では、パースの考え方を支持する。パースの7つの問いにもあるが、現実的に直観から得られたアイデアなのか、他のモノがヒントになり得られたアイデアかを区別することは不可能である。哲学の研究では意味があるかもしれないが、広告論では意味のある議論にはならないと考える。それよりはいかにして創造的なアイデアを生み出し、そして消費者がどう行動を起こすのかを明らかにしたいと考える。但し、直観はこれまでの消費者インサイトの議論でも大変重要な点であり、もう少し他の研究を整理してみたい。

3－7．水越康介の本質直観

水越（2014）は『「本質直観」のすすめ。』の中で、マーケティング分野で有用な概念の整理をしている。これまでのマーケティング・リサーチを批判し、現象学の「本質直観」による方法を提唱するものである。

水越（2014, p.201）は、以下のように述べている。「本質直観は外に向かう直観補強型思考とは異なり、自らのうちに向かい、しかし同時に自らを突き抜けて私たちが生きる世界に至ろうとする方法」。理解しにくい概念だが、自身の外側にある情報やデータではなく、自分自身への問いかけを続けることにより、導き出せるものであることは理解できる。また、水越（2014, p.218）は、本質直観のための５つの重要ポイントをあげている。

1）できるだけたくさんの知見に日常的に触れること
2）その知見を、なんとなくであれ自分の問題として考えること（たぶんここがいちばん大事）
3）ときに、切実な問題として深く考えてもいること
4）創造的な瞬間は確信に違いないが、本質直観の中で、当初の確信が失われることもありうること
5）創造的瞬間が得られるどうかは偶然に近いが、本質直観という方法は、しっかりと学べば誰でも体得できること

一読すると、なるほどと思うところもあるが、これを行って本当に本質直観を見つけることができるか、私には判断ができない。特に最初の「できるだけたくさんの知見に日常的に触れること」は、外側の情報であるし、最終的にはパースの考え方と同じと思われる。まさに、上述した西田やベルクソンなどの直観と同様に、最後の一瞬であり、それまでのプロセスは述べていないものだと判断する。また、「創造的瞬間」という表現や、取り上げられているケースから、新製品開発という色彩が強いとも考えられた。

また、取り上げられているケースがBtoBターゲットのラップトップPCのレッツノートであり、本研究とは多少分野が異なることは述べておきたい。

水越の研究は、ケース・スタディを重視する石井（2009）の『ビジネス・イ

ンサイト』に影響を受けた研究で、広告コミュニケーションというより新製品開発のビジネス創造の分野と考えられる。但し、インサイトという言葉からも、有機体的広告論にとっても非常に重要な考え方である。「ビジネス・インサイト」については、8章の消費者インサイトの議論の中で詳細に述べたい。

3-8．パースによる直観の肯定と探求の方法

パースが直観を否定していることを述べてきたが、但し、パースの文献を読み込む中で、彼が閃きを完全には否定していないことが分かる。

米盛（2007, p.48）の『アブダクション　仮説と発見の論理』の中に、以下のような一説がある。「パースも科学者たちの心に突然生ずる閃きとか思いつき（幸運な推測）—かれはそれを『アブダクティブ示唆』（abductive suggestion）または『洞察』（insight）の働きと呼んでいます—が、科学的仮説を発案し発見へと導く需要なきっかけになると認めています」とある。これは、前述したジェイムズのそのアイデアが形になる最後の一瞬と同じであると私は考えている。但し、ジェイムズらは、その最後にアイデアができた時を重視し、パースは、それより前のある意味その閃きが生まれるプロセスを大切にしていたのである。広告論を語る上では、一般的に理解できないその瞬間よりは、どうすればそれに至るのかを述べたパースの考え方がより有用であると私は結論づけた。

そしてパースの考えでは、このアブダクティブ示唆は説明不可能な「非合理的要素」とか超論理的な直観とか啓示というものではなく、それは科学的発見に関する哲学的論理的考察を妨げる要因ではないのである。繰り返しになるが、私は何もない無の状態で、突然インサイトが天から降りてくるようなこと（直観ではなく直感的なもの）は存在しないものであり、次の項で述べるアブダクションという不確かだが、直観≒アブダクティブ示唆の基になるような思考方法こそが、有機体的広告論の思考法として取るべきものであると考えている。

さて、パースの思想のひとつの柱であるアブダクションの説明に入る前に、

パースが考える探求の方法について整理することにする。

これまでの項で、直観についてパースの考え方からその疑問点を明らかにした。この項では、基本的に直観に頼らない、「有機体的広告論」探求の方法を整理したいと思う。この項の探求の方法および次項のアブダクションの考え方は、パースの考え方を述べたものである。またこれまでにも述べてきたが、「有機体的広告論」の目的は効率を上げるための方法を探るものではなく、創造的な広告を生み出すための方法論を検討するものである。したがって、この探求の方法もアブダクションも創造的な広告を生み出すために必要な考え方だということは理解して欲しい。

パースは、探求の方法として「固執の方法」「権威の方法」「先天的方法」「科学の方法」の4つをあげている。それらについて、広告業務の文脈を例にパースの考えを整理することにする（Peirce, 1877＝1980, pp.63-75）。

①　固執の方法

固執の方法とはその特徴として自己中心性があげられる。信念の決定の基準として「自己の願望にかなう」ということをパースはあげている。要するに過去の慣習や考えを踏襲しその通りに行うことである。私は100％これを否定するわけではない。成功している広告キャンペーンなどは、頻繁に内容を変えるより、継続的なコンセプトで行うことのメリットは大きいと考えている。問題は、その継続を行う上の根拠、あるいは信念とでもいうべき戦略があるかどうかということだ。パースは、人々は旧来の見方に発作的にしがみつこうとする傾向があるとも指摘している。とにかく前任者が行ったことを第一にするといったことである。日本の多くの企業は人に仕事を貼りつけるメンバーシップ型の雇用形態である。欧米のジョブ型とは異なり専門職が育ちにくく、ローテーションで多くの部署の仕事を回している（濱口，2013）。このことは、広告取引の13章で詳しく述べるが、広告産業でも同様のことが起こっている。時に長年営業職を経験し、50代になって初めて宣伝部長に抜擢される人もいるようである。その場合には、どうせ次の部署／ポストに就くまでのわずかな期間ということで、前任者のやり方を固執し、変化を求めない場合もある。あるいは自分がこれまで行ったことについて、正当化するため、変化も求めない場合もあるだろう。「有機体的広告論」は創造を重視し前進を求めるものである。パースは、信念を個人の心の中だけで作るのではなく、社会の中で作り上げるにはどうすれば良いのかを検討すべきだとも述べている。固執の方法では、創造的な広告活動は行うことはできない。

②　権威の方法

権威の方法の特徴は固執が比較的個人の影響が強い中で、より集団というものの中に起こるものである。広告産業では、広告代理店に対する広告主／クライアントの威光、あるいは上司の部下への命令である。もちろん、それが理に適う内容であれば問題ないのだが、相手に対し、恐怖感を与えて抑え込むやり方がある。若い頃、外資系の広告主の社長が本社から来られ、重要な決定を行う会議があった。その社長が体も大きく、声も大きかったこともあるが、部下の社員たちは、社長のいうことにただうなずくだけであった。私も実際にその会議の末席に座っていたが、とても社長に反論するようなことはできない雰囲気であった。私をはじめ他の社員も社長へ反論を行いたかったと思う。このような社長の考え方は、信念は100％間違いではないかもしれないが、外部の考え方を検討する機会をなくし、創造的な方法とはいえない。

このような人は、今はもういないと思うかもしれないが、権威をもつということは心地の良いものである。特に中間の人間、例えば広告主の社員の人が広告代理店に対して取る態度、また広告代理店の営業の人がその業務を発注している下請けの会社の人へ取る態度に見ることができる。このような方法では創造的な仕事ができないということを忘れてはいけない。

③　先天的方法

先天的方法について、パースは「理性にかなう」というのがぴったりだと述べている。それは、経験に一致するということでもなく、信じたい気持ちになるということである。結局は、個々人の好みや趣味で決めることだ。ビジネスの世界でこのような決め方があるのかと思うかもしれないが、広告の世界では、往々にして存在する。「この表現どちらが好き？」「どちらが良いと思う？」などの質問を同僚からされたこともある。後者について、しっかりとした答えがあるのなら良いのだが、「分からないけど、私はこちらの表現の方が好きだな」などと答える姿を見かけることもある。また「グッとくるものがないね」などの回答も突き詰めれば、単に、私はこちらの方が好きだということを言い換えているだけだ。これらの方法は、ビジネスを趣味の世界で判断していることで、またパースは、このような好みや趣味は、流行に左右されやすいもので、とても創造的なものにはならないと考えるべきであると述べている。

④　科学の方法

科学の方法についてパースは、人間は外部、思考以外のものから影響を受けるものであり、そこから導き出されたものが究極的にはひとつのものになるべきだと述べている。すなわち、上記の先天的方法の好みというような人の内部的なものでなく、それ以外で決定されるもので、そして経験や思考を繰り返すことによって真の結論に到達するものである。この思考は次項のアブダクションで取り上げる推論を出しては検証するというプロセスを繰り返すことである。この方法を取ることで、究極的には人の信念が同じところに到達するということで、もし議論をしても到達をしないのであれば、それを結論とすべきではないわけで、そこでもし妥協などが入ることがあれば、正しい結論には到達しないことになる。

このようなことを書くと、仕事には期限が決まっている、どこかで妥協をしなければ終わらないというような話もあろう。もちろんそれも事実である。但し、規範的な話になるが、現状十分に検討もせず、単に時間だけを意識して、結論を見つける作業を続けていけば創造的な広告は生み出せない。また、私はこのような思考プロセスは経験や訓練でも短くなると考えている。日々このような考えをもち作業を行うことこそが、創造的結論に到達するための大きなステップである。

上記でも明らかなように、「固執の方法」「権威の方法」「先天的方法」を行うのではなく、「科学の方法」を意識し業務を行うことが大切である。

3-9．探求の方法：演繹・帰納よりアブダクションの重視

前項では、探求の方法として、パースが科学の方法を勧めていることを述べた。そしてその中で、推論を基にした深い思考が必要であることを指摘した。それでは、具体的にどのような思考方法を行うことで創造的な広告を生み出すことができるのか。その方法がアブダクションと呼ぶものである。ここでの内容は、米盛（2007）『アブダクション　仮説と発見の論理』を中心に整理したものである。

アブダクションとは、推論を行うためのひとつの方法で、推論を広告の話で述べれば、例えば「このターゲットには、このことを伝えればこの商品を買いたくなる」という命題の「このこと」を考え特定することである。それを見つける方法だと思って欲しい。8章で取り上げるインサイトを特定するための方法と考えて頂いても良い。アブダクションはひとつの推論の方法と書いたが、一般的な推論の方法は、演繹法（ディダクション）と帰納法（インダクション）の2つである。すでにご存知の方も多いと思うが、簡単に述べることにする。演繹法とは、一般的なことから特殊なことを特定する場合である。「白い豆の入った袋がある、その中から豆をひとつ取り出す。その豆は白い」というような例をあげることができる。白い豆が入っている袋と特定しているので、白い豆以外はない。パースは創造という観点からは演繹法を否定している。それは、当たり前のことをいっており、説明しているだけで何も新しいことは語っていない。演繹法を完全に否定するものではなく、創造という点において、有効ではないということである。尚、ここで、白い豆の例をあげたのは、パースが説明に用いているためである。

一方、帰納法で考えると、豆の入った袋があるとする。そこから適当に豆を取り出すと、白であった。それを何度も繰り返すが、すべて白い豆であった。次に取り出す豆もきっと白色だろうと考える。これは、間違いを含んでいることもありうる。白い豆の中にひとつだけ、違う色の豆が入っている可能性があるからである。このように、帰納法は演繹法に比べ間違い（誤謬）の可能性があるため、多少創造的な推論であるとはいえる。但し、これも十分に創造的な方法とはいえない。

実際の広告業務でいえば、ある広告主が何年か、Aというコンセプトで広告活動を行っていたとする。広告を行ってから一定の割合で購入者が増えているとする。その場合に、また同じコンセプトで広告を行えば、一定の売り上げの伸びは期待できると推測するような場合である。もう少し違う例でいえば、あるサイトを訪れた人がかつてある商品を購入したとする。そのサイトに広告を載せれば、また、この人が商品を購入し、売り上げがあがるといったことである。また、拡大解釈をすれば、自由回答のアンケートで、購入意向を聞く場合、帰納法的推論になる。こういう理由で買うという回答は、すでにその対象者の頭の中で顕在化した回答である。その対象者の潜在意識にあるようなものを見つけることはできない。確率を考えれば、決して悪い方法ではない。何度も繰り返すが、100の投資に見合うものをなるべく100に近づけるという発想では、広告が本来あるべき市場の創造、人々に新たな価値を提供するといった役割を果たすことはできない。演繹法も帰納法も創造的な推論の方法とはいえない。

それでは、アブダクションとは、どのような推論の方法だろうか。上記と同じように白い豆を例とすると、ここに白い豆の入った袋がある。そのそばに白い豆があったとする。そのそばにある白い豆は、この袋からこぼれたものであるという推論を行うということである。もしかしたら、全く異なる場所から白い豆をもってきて、たまたまそこに置いたのかもしれない。帰納法に比べるとはるかに間違いの可能性は高くなる。AということとBということを組み合わせて全く新しい推論を行うという意味では、明らかに、アブダクションは、演繹法や帰納法よりは創造的な思考法である。もう少し具体的な例で話をする。かつて私のゼミ生が考えた、大学生をターゲットとした日用品の施策である。よく出るアイデアでは、大学生が多く利用する駅にポスター広告を掲載するといったものだ。メディア・プランニングでもターゲットのメディア接触を検討し、最も効率の良い場所に広告を置くことになる。表現にもよるが、メディアの分析が適当であれば、一定数の学生はその広告表現を見て、購入する可能性はある。但し、必ずしも創造的なアイデアではないと私は考える。ゼミ生が考えたアイデアは、下宿をしている男子大学生が、入学前に初めて一人住まいを始めて、最初に不動産屋から鍵をもらって部屋に入った時の話をあげた。がらんとした部屋の中は、これからの期待もあるが、大きな不安もあると思う。その時に、不動産屋から鍵と一緒に日用品のサンプルが渡されたとする。まだ部屋には何もないはずである。その場合にはその商品を使う可能性も高く、また学生生活のスタートのタイミングで使い始めたものであるので、他の場面で使用するよりは、記憶の中に残っている可能性は高いと考えられる。もちろん、これは、その時に渡されたからといって、絶対使う、またそれを使い続けるという保証はない。但し、通常のアンケート調査などでは、中々出てこない、ある意味創造的な考え方だと私は考えた。日用品と不動産屋という組み合わせは、通常の量的な調査では中々出てこないと思う。Aという商品や目的と、Bという全く別のものを組み合わせて推論を組み立てるやり方がアブダクションである。パースは、このアブダクションを連続的な過程として行っていくことが、真理に近づく方法だと述べている。

私が提唱するインサイト論は、まさにこの方法を取っている。詳しくは8章で述べることにする。

むすび

本章では、1章のホワイトヘッドの「有機体の哲学」に加え、ジェイムズやパースの「プラグマティズム」の考え方を「有機体的広告論」に加えることを提案した。まず真理の整理から、広告活動を行う上において、求めるべきものは何かを述べた。パースの考える真理とは、絶対に正しいことはなく、自分が目指す将来の状況、例えばブランドが安定して人々に好まれ使い続けられることなどに、どうすれば到達できるのかについて論理立てて考えていくプロセス自体である。その根底にあるのは、誤謬主義、すなわちどんなものでも間違いを含んでいることを念頭に置くべきであるということだ。広告活動を行って、絶対的に正しい施策などはありえない。なぜなら未来は完全に予測することができないからである。しかしだからといって悲観すべきではない、それに近づく方法を見つけていくプロセスこそが大切である。

そしてそのプロセスを行う上で、ひとつのものだけを信じるのではなく、多様なものを否定せず、受け入れ検討を加えることが大切である。すなわち多元論の思考をもつべきなのである。デジタル・メディアが隆盛になり、広告効果の可視化が進み、高度のアルゴリズムで作られた分析ソフトであっても、それをすべて信じるべきではない。量的な分析の価値が高いのと同様に質的な分析も大きな意味をもっている。

そして、パースはある部分で直観を否定している。最終的には、「アブダクティブ示唆」というものに頼っているが、その前には、それまで経験したこと、得た知識から最終的なものは導き出されるとしている。

またその探求方法としては、固執や権威などに頼るのではなく、科学的な方法が大切であることも指摘している。そして最終的には、演繹法や帰納法に対し、間違う可能性はあるものの、創造的なアイデアを導き出す可能性のある「アブダクション」という方法を推奨した。ここでは、直観を否定し、瞑想や内観からのアプローチを否定しているように受け取られるかもしれない。決してそのようなことはない。瞑想にしてもひとつのプロセスの中でそのような時間をもつことは大切である。最終的なアイデアが最善なものであるという確信をもつまでのプロセスを私は大切にしている。

これらの考え方を基に、各論で述べるインサイトの発見、新たな広告戦略プランの立案やメディア・プランの作成方法として後の章で述べることにする。

次章では、広告取引の考え方に影響をもつフォレットの統合の概念について述べることにする。

3 章

対立から統合へ（フォレットの思想から）

前章まで、アルフレッド・ノース・ホワイトヘッドの有機体の哲学、そしてウィリアム・ジェイムズやチャールズ・サンダース・パースに代表されるプラグマティズムの思想を基に、有機体的広告論の基本的考え方を整理してきた。但し、非常に難しく感じられた人も多くいると思う。私は、広告活動を行う上で、しっかりした思想をもつことは大切だと思っている。しかしプラグマティズム的にいえば、それらの思想をもったとして、実際どのように広告業務にプラスとなるのかということについては、明確でないと考える人も多いと思う。そこで、本章では、もう一人の思想家の考え方を説明し、その理解を深めて頂きたい。その人の名は、メアリー・パーカー・フォレット（Mary Parker Follett）である。

彼女は、1868年に米国で生まれ、1933年に死去した（三戸・榎本, 1986）。心理学、法学、組織論に精通していたが、最も有名な業績は経営管理論の世界である。三戸（2002）の著作では、経営管理論の巨星であるフレデリック・テイラー、チェスター・バーナード、ピーター・ドラッカーと共に、現代の経営管理の歴史的な流れを作った人と説明されている。この本の中にも、ドラッカーの経営管理に大きな影響を与えた人物と述べられている。しかし、すでに1933年に亡くなっており、私が特に参考にした『創造的経験』が出版されたのは1924年で、すでに100年近くたっている。そのように時間が経過した経営管理論が、本当に広告論に役に立つのかという疑問もあると思う。しかし、『創造的経験』の日本語訳が出されたのは2017年であり、米国でも再度注目され始めたのは1960年代ともいわれている。ある意味、フォレットの思想は時代を先取りし、ようやく時代が追いついてきたのではないかとさえ感じている。また、2020年大統領選挙を含め米国は対立の国家となっている。フォレットが生まれた国である米国で、このように対立が現れてきたことに驚いている。私の予想では、いつか米国でもフォレットの思想が見直され、話題になる日が来ると信じている。

また、フォレットの思想をここで紹介したいと思った理由は、彼女の文献は単なる経営管理のテキストやテクニックが書かれたものではなく、もっと大きな経営管理に関する思想、異なる言い方をすれば、人が何かを創造するために必要な思想・哲学が述べられているものだと感じたためである。話は飛ぶが、近年リベラルアーツの重要性が叫ばれている。4章でもそのことに触れるが、歴史やアートなどと共に、やはり思想はわれわれの血や肉を作る上で大きな役割を果たしている。またそれら思想の中でも古典といわれる名著を読むことは大切だと私は信じている。

さて、フォレットの思想に私が注目した理由であるが、それは、1章で述べたホワイトヘッドの影響を大きく受けていること、またホワイトヘッドの思想と重なる部分も多くあるためである（村田，1984）。このことは、フォレット（Follet, 1941＝1972, p.260）の『組織行動の原理』の中でも述べられている。但し、単なる焼き直しでないことも明らかである。また、同様に、2章で触れたプラグマティズムの影響も受けている。フォレットは、それら思想家の考え方を、実際の現場に当てはめ、自分なりの解釈を加えて独自の思想を作り上げている。

フォレットは、大学の教員で論文をひたすら書き続けていた人ではない。経営コンサルティング、特に経営マネジメントのコンサルタントの草分けのような仕事を長く行い、企業の経営者と労働組合の間に入り、ベストの方策を見つけるという仕事をしてきた。したがって、これまでの1章2章の文献と比較しても、例も多く理解しやすいものであった。以下の節から、彼女の思想について述べていくことにする。

1．フォレットの思想のキーワード

フォレットの思想の基本は「人」である。「何かを創造するためには、人はどう考え、どう行動すべきか」ということを整理している。後で述べるが、何かに妥協し、一方的に抑圧して事を進めることは、新たなことを生み出さないと考えている。これまでより良いもの、人々に価値があることを生み出し続けることが最も大切だとも考えている。この考え方は、前述した効率と効果の問題でも触れたが、広告活動のひとつの重要なポイントで、何かを創造することにつながると私は考えている。どうすれば、人々にとって良いことを創造できるかが広告活動の基本であり、本著のテーマである。

さて、フォレット（Follett, 1924＝2017, 1941＝1972）の創造ということの中でも、いくつかのキーワードが出てくる。例えば、「願望」「対立」「相違」「統合」「円環」「経験」「法」などである。それらについて、順に広告活動を絡めながら、説明していきたい。

1-1．願望をもつこと

フォレットの著書『組織行動の原理』の序言において、ヘンリー・メトカーフとリンドール・アーウィックは、フォレットの考えを以下の3点で整理している（Follett, 1941＝1972, p.31)。①常に基本的には人間関係の問題である。②人間ひとりひとりは異なっているが、同じような状況に対しては人間の反応には大きな共通の要因があって、その解決のためには管理の原理を用いることができる。③1と2の結果として、共通の目的を追求するために人間努力の組織が必要となる場合には、これらの原理を求め適用しなければならない、ということである。これは、広告論においても基本にあると思う。

広告論に当てはめてみると、広告の送り手側には当然広告主や広告代理店などの組織がある。但し、これらについては特に組織というよりは一人一人の担当者の役割が大きくなると考える。一方、受け手側、例えば一般的に消費者と呼ばれている人たちも、実は受け手側の集合体で、ある意味組織と類似していると思われる。但し、消費者も個々人が存在しており、全体となる広告代理店や消費者というものを形作っている。したがって、問題を解決するためには、人を見る必要がある。

さて、フォレットの思想の最も重要なキーワードが「対立」である（Follett,

1941＝1972)。英語では、「Conflict」である。結論からいえば、対立は絶対存在するのであるが、決して悪いものではない。分かりやすくするために、広告主と広告代理店という組織に置き換えて話を進めていきたい。もちろん、広告主は発注者であり、広告代理店は仕事を請け負う受注者である。一見対立などないように思うかもしれないが、広告の取引では当然意見が異なり、日々の広告活動でも意見が対立する。一方が妥協して作業を進めることもあり、不平不満をもち続け、ストレスを抱えながら仕事をする広告代理店マンやあるいは広告主も多いと思う。

さて、このような対立がなぜ起こるかというと、両者がもっている「願望」が異なるからである。『創造的経験』の翻訳本では、「願望」という言葉を使っているが英語では「Desire」である。欲求あるいは求めていることでも良いかもしれない。

広告の仕事をしている時、特に若手の営業マン時代には、何か自分がこうしたいということを恥ずべきことのように感じたことがあった。まずは広告主であるクライアントが望むこと、いわれたことを黙々と行うことが良いような雰囲気が少し前の時代にはあった。あるいは近年は、自分が望んでいることをあえていってもめるよりは、多少我慢して、過ぎ去るのを待つという人も見かける。私もある程度の年齢が行き、外資系の広告代理店に勤め始めるとそれではダメなことも少しずつ理解してきた。何よりも自分の願望(求めるもの)をもつことは悪いことはでないし、立場が変われば望むことも間違いなく変わっていく。同じ広告代理店でも、平社員と部長職、そして役員では望んでいることは変わってくる。それは当然のことで、後で触れるが、この願望こそが、創造に結びつくのである。さらに付け加えれば、願望、望んでいることが、目的ではなく手段である場合が多く見られる。学生に将来の夢を聞くと、お金を儲けたい、偉くなりたいという人がいる。これは手段で目的ではない。お金を儲けて何をしたいのか、その何をしたいかがここでいう願望になる。この手段としてのやりたいことと、目的としてのやりことを分けることが難しい。しかし、これをしっかり分けて考えることが大切である。また、この願望は、単体で個別にあるのではなく、その仕事に関わる人々に願望が交差し、複雑に絡まっている。結論からいえば、この願望を諦めずに両者が満足する答えを見つけていくこと、これこそフォレットが伝えたいことである。

1−2．願望の違いから生まれる対立

さて、話を願望に戻すと、2つの異なる願望が存在する時に、どのようなことが起こるか。例えば、広告主がいついつまでに広告表現を完成させたいと考えている時、広告代理店の社員が、クリエイターから「その期間では品質的に十分なものができないから期日を延ばして欲しい」といわれている場合である。これも実は手段であるが、このようなことを両者が望んでいるとする。この場合に、起こることの多くは次の2つかもしれない。ひとつは、広告主は発注者なので、一方的に命令して期日までに広告表現を作らせるやり方である。一般的にはこの形が多いようにも感じるが、実は広告の世界ではこの形ばかりではない。広告主と広告代理店の関係については、各論の広告取引の14章・16章で、より現実的な例として話をしたい。

フォレットはこのやり方を「抑圧」という言い方をし、正しいやり方と認めていない。他の方法に比べ、時間がかからないことも事実である。また人は権力をもつと、支配をしたがるものである。自分では多少理不尽と思っていても、人が自分の行ったことで服従してくれるというものは気持ちの良いものである。かつて広告代理店で働いていた時に、他の部の部長さんが、その部下の人に、「下請けの業者（制作会社）は、叩くのが一番良い、甘いことをいうとつけあがるので、ビシビシいいなさい」と話しているのを聞いて悲しくなった。今は少なくなったと思うが、広告業界には、まだこのような態度を取る人は確実にいると思われる。さて、抑圧は、長期的にはプラスをもたらさない。フォレット流にいえば、何も新しいものを創造しないのである。単に片方の論理を押しつけ、他方は嫌々ながら仕事する。不満は蓄積し、見えないところでは、値段以上の金額を請求し、手を抜くことも発生するかもしれない。対立の関係とはどちらかが勝者でどちらかが敗者というようなものではない。

さて2つ目であるが、もう少し話の分かる広告主の場合には、「妥協」等で調整を図ることもある。お互い納期を1週間ずつ我慢して、当初の日程よりは1週間前倒しで、広告主が新たに求めている期限よりは1週間遅い期日を設定するような場合である。確かにこれも多く見られるし、一見すると良い調整方法に感じるかもしれない。但し、これもフォレットの考え方では、何も新しいものは生み出さない、ダメな解決方法である。この方法は何かを放棄することで、次々とまた問題が発生し、一時的な解決になるだけだと述べている。新しいことを生み出す方法こそ、フォレットが推奨する「統合」という概念である。

2．対立から統合へ

統合とは、ある人の願望と別の人の願望を結びつけ、新たなものを創造し、両者にとってプラスとなるものを見つけることをいう。私が若手の広告代理店マンの頃、ある一流のデザイナーにお願いして、B倍サイズ[1]の交通広告の表現を作成した。最終段階に入り、クライアントの宣伝部の方から、ブランドのロゴが小さいので、大きくして欲しいとの依頼を受けた。デザインは素晴らしいが、ブランドが頭に残らないと判断されたためである。若い私は、クライアントからいわれた通り、ロゴを大きくして欲しいとデザイナーに伝えた。デザイナーからの回答は「このデザインはこのロゴの大きさで全体のバランスが取れている、したがってロゴだけ大きくはできない」ということであった。そして、もしそのようなことをするなら、この仕事から降りるとまでいわれてしまった。最終的に、私は自分でロゴの拡大コピーを取り修正し、入稿してしまった。20代の出来事であるが、今でも鮮明に覚えている。その時も心にもやもやしたものがあったが、今考えると本当にひどいことをしたと思っている。恐らくロゴを大きくしたからといって、ブランドの認知

1　B倍サイズとは、B0サイズとも呼ばれるポスター広告のサイズ。1456×1030 mmで一般的なポスター広告の中では最も大きく、交通広告の中でも駅の構内で比較的よく使用されている。

が上がったか分からないし、素人がデザインの質を下げてしまったと思う。この時、統合の概念を理解していれば、クライアントは素晴らしいデザインと共に、ブランド認知を高めたいという願望をもち、デザイナーは素晴らしい広告表現を作りたいという願望があったのだと理解できたと思う。それについて妥協を選択してしまい、現状どころかマイナスな結果をもたらしたかもしれない。統合の考え方であれば、両者の願望、求めることを再度机上に載せ、両者が満足のいく解答を出すために、もう少し時間をかけて取り組むべきだったと思う。デザインをある程度変えれば、広告表現のクオリティは下げずに、ブランドロゴの存在感を高めることも恐らく可能だったと思う。その時のデザイナーは大変有名な方で、私が伝言係のようにいわれたことをそのまま伝えるだけであったことも問題のひとつだったと思う。

このように、統合とは、両者が求めることの両方をカバーし、両者の満足を高め、創造的な解を探すことである。そのようなことは、実務で行っているといわれる人もいるかもしれないが、特に若い広告マンにとって、時間の制約や上司の言葉などのことを考えると、妥協やあるいはクライアントにいわれたことをそのまま行っている場合がある。再度、自分のことを振り返り、願望が異なる他者がいる場合に、どのような態度を取っているか考えて欲しい。

2−1．統合を生み出すための円環行動

それでは、どのように統合を目指していくべきだろうか。その中でフォレットが提示している概念が「円環行動」である（Follett, 1924＝2017）。分かりにくい概念だが、誤解を恐れず、説明したい。フォレットは、元々生理学の筋肉の例で説明しているが、分かりやすくいうと、笑いやあくびなどをすると相手に移り、また自分もおかしくなったり、あくびをしてしまう時がある。すなわちAという人の言動がBという人の言動を誘発し、そのBの言動がAの言動をまた起こすという、無限のサイクルのようなものを意味する。フォレットはテニスのストロークの話を例にあげているが、片方が打ったボールを打ち返す時、打ったボールは100％、最後に打った人の力や能力に依存し

ない。その前に相手側から打たれたボールに影響を受ける。強いボールや変なボールなら、返すのがやっとかもしれないし、打ちやすいボールであれば、その力によって、また力強い良いボールを打つことができるわけである。すべての人の言動は、実は他の人の影響を受けている。また、相手のボールだけではなく、実はその時の相手のしぐさや表情、天気やコートの状況、また審判や観客の影響も受けているわけである。この考え方は、1章で述べたホワイトヘッドの、「非連続の連続」「モノとは考えるコト（出来事）」と同じ捉え方である。また、フォレットも今のこの瞬間と同じことは2度と起きない、常に新しいものの影響を受けて、次のコトが起きているという考え方を示している。

その意味からいえば、前述の広告表現の例も、若手の広告マンである私が単に伝言として、ひとつの情報を伝えるという方法は十分ではなかった。クライアントとデザイナーそして私を含めた広告代理店マンが、できるだけ多くの情報を集め、そして彼らのこれまでの経験と今の状況を俎上に載せて、同じテーブルを囲み話し合いを行うべきであったと痛感している。加えて、フォレットは、ホワイトヘッドと同様に、主体と客体という意識を捨てることを勧めている。主体と客体が相互に影響をし合っているという考え方である。主体客体を考える以前にひとつの共通の目的のためにこの瞬間に互いに何ができるかをまず考える必要があるということである。この考えも、ホワイトヘッドの思想と合致している。

2-2．構成部分と経験の重視

さらに具体的な点として、フォレットは、まずは対立点を表面に出し、それを構成部分に分解し、相違点がどこにあるのかを認識することが大切であると述べている。これを一読すると要素還元的に部分に分け、それを積み上げることによって最適解を見つけようとするように感じる。しかし、全くそのような考え方ではない。構成部分に分解するのは、相違点を明確にするだけで、決して部分の集合が全体を表すといった発想はもっていない。フォレットは科学的思考を非常に重要視していることが語られている。直観は否定していないが、全体を漠然と眺め、そこから解を見つけようという姿勢とは異なる。

フォレットは特に人間のこれまでの経験を重視している。人は生きている限り経験をもつわけで、事実は静止していない。常に変化をしているわけである。この考え方は2章のパースが直観を否定する際に指摘した、直観で思ったことでも、それまでに知ったり、経験したりした刺激によって、導き出されているという考え方に通じるものだと私は考える。

フォレットは著書のタイトルに「Creative Experience／創造的経験」（Follett, 1924＝2017）とつけているほど、経験を重視している。しかし、私は著作全体から、フォレットが考える経験とは、私たちが通常考える経験よりはるかに広いものだと思っている。意識して経験するものもそうだが、無意識のうちに経験するもの、例えばテニスのラリーの打感や、言葉で表せない暗黙知のようなものも含む概念だと考える。それらすべての経験を通して統合はなされるのである。

3．法と理論

フォレットの著作の中で「法」に関する記述がある。法は静止物であり、われわれの利益を広げ、深めるために、われわれを手助けするものであるという言い方をしている（Follett, 1924＝2017, p.294）。広告論の文脈では、法は理論と置き換えることができるのではないかと思う。理論は過去に唱えられ、静止しているものである。したがって、これをもって、判断を行うことは、単に妥協点を見つけるだけのものである。但し、その理論もひとつの経験と捉えることができる。今この状況で判断することができるひとつの要素であり、またそれを考えることもひとつの経験だとすれば、フォレットの考え方に沿うものである。

フォレットの思想は理想論であり、規範としては良いが、現実的に実行することは難しいという意見もある。また心のどこかではこのような考えをもっていても、特に広告論や広告実務の中で実行されているかといえば、必ずしも、そのようなことはない。但し、私は必ずしも不可能なものでもないと思う。米国で生まれたフォレットの思想であるが、今現在の米国の対立状況を見れば、今まさに必要な思想である。

むすび

本章では、フォレットの思想の中で、両者が異なる願望をもつことから起こる対立が、決して悪いことではなく、その両者の願望を満たすもの、すなわち統合のプロセスが重要であることを述べた。その具体的な方法として、円環という概念、そして経験の重視に通じる同じテーブルで議論をすることを述べた。これらのことは1章のホワイトヘッドや2章のパースと類似することが多い。

また、この章で述べたことは、フォレット思想を通し有機体的広告論への整理を行うため、非常に単純化し、説明している。できれば、原著を読まれることをお勧めする。

私は、この考えが、広告戦略マネジメント、表現やメディアマネジメント、そして広告取引にも十分応用のできるものだと考えている。特に13章以降の広告取引には有用な考え方であろう。

4章では、1章から3章までの思想から私が考える「有機体的広告論」の思考法をロジカル思考、デザイン思考、アート思考と共に整理する。そして5章以降の各論で、それまでの考え方を、それぞれのテーマに当てはめて述べていきたい。

4 章

ロジカル・デザイン・アート思考から有機体的思考

2019年3月5日の日経新聞に「『アート思考』どう役立つ　ビジネスの発想を刺激」という記事が掲載された。その冒頭の一文は「『デザイン思考』の次の発想法として『アート思考』という言葉を聞くようになった」とある。本文を読むと、「ロジカル思考」「デザイン思考」「アート思考」のように、時系列に進んできたのではなく、それぞれに適している段階があると記されているが、近年、他の2つと比較しても「アート思考」がビジネスの世界で注目され始めたことがうかがえる。また、2019年には電通のプロジェクトチームである「美術回路」が『アート・イン・ビジネス』を出版している（電通美術回路, 2019）。また、日経広告研究所でも2021年までに4度特集が組まれた。広告業界でもアート、アート思考がひとつのキーワードであることは間違いない。そこでこの章では、ロジカル思考、そしてデザイン思考について簡単に触れ、その上で、アート思考とは何か、その新たな方法論を探る。結論から述べれば、そこで私が整理した方法論こそ、本著のキーとなる「有機体的広告論」の思考方法そのものである。この章で、次から述べる具体的な「創造的広告活動」の基礎となる新たな思考法を述べることにする。

1．ロジカル思考・デザイン思考・アート思考とは

1-1．ロジカル思考

日本で、ロジカル思考／ロジカル・シンキングが話題になったのは、2001年に出版された照屋・岡田（2001）の『ロジカル・シンキング』だと考える。私も、その当時この本を読み勉強をしたことを思い出す。それは、元々海外のMBAといわれるビジネススクールで教えられる方法である。ロジカル・

シンキングという名の通り、論理的に物事を考えることであるが、筋道の立った合理的な思考法、また説得方法を推奨している。ある意味大変優れた方法論であり、私も学生に学ぶように伝えてきた。

ポイントは、最終的な課題／目的を明確にし、それに対する解決手段を順序立て、道筋を見つけていく、あるいは説明する方法だと考える。MECE（Mutually Exclusive Collectively Exhaustive）と呼ばれる「もれなくダブりなく」ということがキーワードとなり、解決策を絞り込んでいく[1]。またロジックツリーと呼ばれる、木の枝葉が分かれているように、分類し絞り込んでいく方法である。3章のメアリー・パーカー・フォレットの思想でも述べたが、分類し課題を明確にすることは決して悪いことでない。しかし、最終的にひとつの解決法を用いるという考え方は、私の発想とは異なる。確かに何か解決策を人に説明、説得する時には大きな効果がある手法だと思う。しかし、既存の情報からの整理であることもあり、創造的なアイデアを生むかということについては十分な効果が期待できない。場面場面ではこの方法を使いながら、また創造的な考えを導く時は他の手法を組み合わせ行う必要がある。

1-2．デザイン思考

ロジカル思考では、人を見るという点は重視されていない。製品／ものより、人を重視する考え方としてできたのがデザイン思考だ。決して古い概念ではなく、2020年10月には『ハーバード・ビジネス・レビュー　デザインシンキング論文ベスト10　デザイン思考の教科書』という本も出版され、注目は続いている。後で述べるが、私の有機体的思考にも通じるキーワードが多く出てくる。

短い言葉ですべてを説明することはできないが、デザイナーと呼ばれる人の発想ともいえよう。例えば椅子のデザインをする。それに使われる材料ではなく、その椅子を使う人に注目し、その人を観察することから、顕在化し

1　MECEについては、グロービス，2015，『グロービスMBAキーワード　図解　基本フレームワーク50』ダイヤモンド社，pp.14-17. を参照されたい。

ているもの以外のニーズも見つけ出し、解決策を見つけようとするものである。

ここでは、2019年に出されたティム・ブラウン（Brown, 2019）の『デザイン思考が世界を変える』から見ていくことにする。因みに、ブラウンは、前述の『ハーバード・ビジネス・レビュー』の1章にも寄稿している。

さて、この本の結論から述べることにする。この本におけるデザイン思考は、まず何かの製品やサービスなどの課題がある。その課題について、その商品やサービスに関連する人を観察する。但し、単なる観察ではなく、共感を伴う観察が必要と述べている。これは、本著の8章、インサイトのページで扱う、その人に棲みこむ行為に匹敵すると見られる。8章で述べるが、石井（2009）はこの観察から対象者に棲みこむことの重要性を述べている。共感をもって観察をし、そこから問題を定義する。顕在的なニーズだけでなく、特に潜在的なニーズを発見する作業である。そして、それを解決するためのアイデアを出し、コンセプトとしてもまとめ上げる。最後にそれに沿ってプロトタイプを作り、実社会でテストをする。大変興味深い思考法である。

またこの本で書かれているデザイン思考は、私の提唱する有機体的思考と類似する点が非常に多い。例えば、この本では「統合」を行うことが重要だと述べられている。私も3章で述べた通り「統合」という言葉を非常に重視している。そして、もうひとつ、「デザインをしよう」としているとは、名詞ではなく、動詞だということだ。電話というものをデザインすることではなく、経験をデザインすると述べられていることも興味深い。まさに1章でも述べたプロセス思考である。

このように、私の思考に非常に近い部分が多い。しかし異なる点も指摘したい。最も大きな違いは、スタートが製品やサービスということである。どうしても、その製品やサービスに関わるニーズがスタートであるというところからは脱せられない。したがって、根本的な創造的アイデアかといえば疑問が残る。ある意味、製品の改良であり、そのカテゴリーの中での新製品の開発という意味では価値が大きいが、これまでにない、創造的なアイデアという視点では、物足りなさを感じる。

1－3．アート思考

そのような中、登場したのが、アート思考である。アート思考は、人からの発想ではなく、ある意味制作者側からの発想という点で、これまでにない創造的なアイデアが生まれる可能性をもっている。『日経広告研究所報』の2021年4月号で青木（2021）は、アート思考の広告キャンペーンの例として、ナイキの「Just Do It.」生誕30周年を記念したキャンペーン「Dream Crazy」をあげている。このCMでは元NFLプレーヤーのコリン・キャパニックが起用されいる。キャパニックは、フットボールの試合の前に米国国歌が流されている間、膝をついた姿勢で警官の黒人射殺事件や人種差別に対する抗議を表明したことで、大きな論議と批判を呼んだ選手である。このようなリスクを承知での起用であったため、ナイキの株価は下降し、激しい批判も起き不買運動すら起こった。しかしナイキはぶれずに継続し、その後、多数のセレブ、メディア、ファンがナイキを支援することになった。結果的にナイキもプラス成長を果たしたというものである。確かにデザイン思考であれば、ナイキのシューズやスポーツ製品からの発想になり、このような広告表現は出てこなかったと思う。そこで、次にアート思考について、特に広告との関連で見ていくことにする。そして最終的には、これらの思考法を統合する形での「有機体的思考法」を提示したい。

2．アートと広告の関係性の考察

『日経広告研究所報』の「広告とアート」に関連した特集では、広告の創造性を高めるために、広告論、特に表現開発にアート思考という考え方を導入すべきだということを主張している。これらの特集は大変刺激的であり、今後の広告論の方向性を指し示す素晴らしい内容だった。しかし、「アートと広告」というテーマは考えれば考えるほど分からないことも多い。そこで、私が理解したことや、理解できないこと、そして漠然とした私の考えをまとめ、その中から有機体的広告論につながること、そして有機体的広告論の中心となる考え方を整理していくことにする。

『日経広告研究所報』の過去4回の特集では様々な方向から検討がなされているが、紙幅の関係で、ここでは2020年4月に出された310号について触れたいと思う。

最初に、この特集とは関連しないが、同じ号の小林（2020, pp.2–6）の巻頭言に注目したい。「社会情報広告」の必要性を提示し、商品だけでは伝え切れない「企業として社会に伝えたいメッセージ」を届ける広告を、その例としてあげている。送り手側がこの社会において必要であると感じる「思想」、あるいは「意味」のようなものを、広告の中に宿していくことの重要性を述べており、このことは、アート思考の広告と通じるものがあると私は考えた。

次に、特集内の青木（2020, p.9）の「新たな時代における一個人による価値あるコンテンツ創作の方法として、『アート』が価値を創造し、伝達するコミュニケーションのやり方を含めて参考になる」という一文に注目したい。アート思考は、送り手側の個人を起点とし、「個人」を重視するという観点が読み取れる。また宮澤との対談の中でも指摘されている通り（青木・宮澤, 2020, p.14 図表1)、消費者インサイトのような消費者起点から生み出されるものではなく、送り手側からの起点を強調するものともいえる。また青木（2020, p.9）は、「『正解』を得ることより『問題を発見する力』がより重要になり、差別的な価値を持つという。そこで、問題発見の大きな力、手がかりとなるのが『アート』だ」「『アート』には、それらの意味での有用性がほとんどない。何かの役に立つという発想は、前提ではないのだ」としている。このように、消費者の問題を解決するという意味ではなく、「問題」そのものを特定することが「アート思考」と考えられる。加えて、「アート思考は、人間が社会と関りながら生きていることの価値、自身の世界の見方、価値の正当性という一番本質的なところ、中核にあたる部分の価値はどのようにできているのかを常に問うということである」（青木, 2020, p.9）とも述べている。これらを見ても、自分自身への問いかけであり、消費者や受け手側の人々はその思考プロセスには入らないと考えるべきだ。

また、別の個所にある「バリュー・コミュニケーション」が重要なキーワードであると私は考えた。すなわち上記のような送り手側の個人が突き詰めていった価値の本質を広告表現に宿すことにより、それを受け手側が理解し、価値を共有したり、共感したりすることになるのではないかと考える。ここで少し私の理解が十分ではないのは、青木が、バリュー・コミュニケーションのブランドの例として、「王室御用達からスタートした」「歴史上の重要な人物が作り出した」（青木, 2020, p.10）などのことを指すと述べていることである。後者はケビン・レーン・ケラー（Keller, 2008＝2010, p.358）の理論的な整理では、ブランドの2次的連想であり、あくまで消費者がどのように感じるかということで、ブランド固有のものというより、消費者が判断するもので、送り手側が深く自身の価値を突き詰めて生まれてきたものかは疑問に感じた。前にも述べた社会情報広告の中での指摘のように、未来において社会が必要とする価値といったものと直接関わるものではないように感じられる。前段にあるコモディティ化による差別化の必要性という議論からすると、どの商品も「〜受賞」が並ぶようなことになり、ある意味パターン化し、一番のポイントである創造性の議論が見えにくくなるように感じた。恐らく青木は別の考えをもっていると思う。

秋元（2019）の『アート思考―ビジネスと芸術で人々の幸福を高める方法―』には、特に現代アートでは、その商品価値はそのアーティストが誰であるかは、市場の動向などで決まり、その作品自体でその商品価値が決まるわけではないことが詳しく述べられている。確かにその通りだとは思うが、私はその中でも、本物のアートには、ビジネス的要因以外の人を引きつける価値が存在していると思っている。

さて、ここまでのことをまとめれば、アート思考とは、①消費者インサイトのような消費者起点から出るものではなく、送り手側からの起点を強調するもの、②自分自身への問いかけであり、消費者や受け手側の人々はその思考プロセスには入らない、③送り手側の個人が突き詰めていった価値の本質のようなものを広告表現に宿すこと、ともいえる。③については、それまでの①と②のまとめだ。もちろん、この前提として、アート思考は、効率を追い求めるのではなく「創造」することであり、したがって、これまでに見たり感じたりしたことのない広告表現を含むことがあると思う。尚、これらに加えて、小林（2020）が指摘している送り手側がこの社会において必要であると感じる「思想」、あるいは「意味」のようなものを含むということも、追記したい。

2-1．アートをビジネスに役立てるために

次に、青木と宮澤（2020, pp.13-17）の対談「広告イノベーションにおけるアート思考」について見ていきたい。博報堂ブランド・イノベーションデザイン局長であり、東京大学教養学部の特任教授でもある宮澤の考えということで、より実践的な意味を見ることができる。特にロジカル思考、デザイン思考、アート思考を比較し、アート思考とは何かについて述べられている点は分かりやすく、また得る部分が多い内容と感じた。

その冒頭で、ブランドの枠を超えた、イノベーションや企画発想を目指すデザイン思考をさらに「進化」「深化」させるものとしてアート思考を捉え、「今までとは全く違うブランドを創りたい」という欲求に応えるものであると述べている。他ではまねのできない、全く新しいものの創造である。したがって、これまでにないものをどう発想するか、その方法ともいえる。

そして、その中でも内発的動機を誘発するものとして「哲学」そして「美学」をもつことの必要性を特に強調している。この点については、私も全く同感だ。私が広告代理店で業務を担当していた時に、どれだけ自身の哲学、美学をもっていたかと考えると恥ずかしいと同時に、悲しい気分になる。近年、大学教育で「リベラルアーツ」の重要性が叫ばれている。国際基督教大学、秋田にある国際教養大学などが有名である。また東京大学や東京工業大学でも重視されており、宮澤が東京大学で教鞭を執っているのもその一環だと思われる。遅ればせながら本学立命館でも、セミナーなどを開催し、検討を進めている[2]。

2　リベラルアーツについての取り組みについては、『Think!　ゼロから学ぶリベラルアーツ』といったものにも紹介されている。また、立命館大学の取り組みとしては、グローバル教養学部が2019年に新設された。また2020年7月には、「SERIES リベラルアーツ：『自由に生きるための知性とはなにか』」がオンラインで開催されている。

そのような流れの中で感じることは、確かに教養としての哲学や歴史の重要性は分かるが、しかし実際自分が大学で一般教養として履修したそれらの科目にどれだけ興味をもち、その後の広告代理店の業務に役立てたかというと、ほとんどないということだ。実際広告マンになり、そのような教養が重要であると聞いている人も多いと思う。しかし、足を運んだ展覧会や音楽会が自分の仕事にどれだけ影響したかと考えると、「ほとんどない」と答える人が多いだろう。前述の通り、アート思考は直接的な目的を議論してはいけないものかもしれない。但し、短期的ではなく、長期的なものを含め何かに役立つのであれば、それが何かを検討することも重要であると思う。

八重樫他（2019）は、「ビジネスにおけるアートの活用に関する研究動向」というレビュー論文を発表している。この論文では、組織的な価値創造能力開発のためのアートというテーマで、海外の文献のレビューが行われている。詳細については論文を読んでもらいたいが、例えば、「高級ブランドがアーティストとコラボをした際の創造的な価値の研究」「ミュージアムにブランドを展示することでの効果」「広告にアート作品を用いた効果」、そして「創造活動のためにアート作品等を鑑賞することによる効果」などの論文が整理されている。最後のテーマでは、アートに触れることによって、業務のパフォーマンスが向上したり、オフィスに絵画を飾ったりすることがプラスに働くという研究も紹介されている。これらは、過去の作品やアートそのものをビジネスの世界に取り込むというようなもので、今回のアート思考の議論とは異なるとは思う。

さて、もう少し哲学・美学を個々人が身につけることに話を戻せば、青木・宮澤（2020）は対談の中で、一人で「人生とは何か」を考えることや、「現代アート作品の前で半日過ごす」といった教育をやっていないことを嘆いている。但し、私はそのような時間をもつことができたとしても、哲学や歴史に興味がもてない、またそれらを学んでも実際の業務に結びつけられないという問題点が出てくると考えている。単に美術館や哲学の本を読みさえすれば、創造性に富む広告マンやビジネスマンが大量に出現するのであろうか。多くの人が大学の一般教養でそれらを学んだと思うが、特段プラスには働いていないと感じていると思う。

そこには内発的な意識づけが必要なのだと考える。正直大変難しい問題で、多くの学生に何かをさせたとしても、中々自発的にしっかりと考えてくれるということには結びつかない。その点をある意味解消しているのが、宮澤(2017)の『東大教養学部「考える力」の教室』などに書かれているいくつかの方法かもしれない。

一方、学生にPBL（問題解決型学習）的な学び、大学対抗の広告企画のコンペなどに参加させると実に集中し、面白がって取り組んでくれる。私が社会学部に所属していることもあり、その中で、他の講義で習ったことを活かすことを助言している。その場合には、真剣に他の知識を活かそうという発想が浮かんでくるようである。私は、ジョン・デューイ（Dewey, 1915＝2000）の実験学校という考え方について非常に素晴らしいものだと思っている。例えば、靴を作るという作業の中で数学の知識を学び、織物を作るという作業から歴史を学ぶといったことである。若者にとって、実際の生活や仕事などと学ぶべきことが連動していることにより学びの意欲は高まると考える。

その意味からも、教養と呼ばれる哲学や美術をいかに広告や日々の業務と結びつけて伝えていけるかは、ひとつのヒントになるのではないかと考える。この点で、気をつけるべきことは、芸術作品を鑑賞する時などは、ブランドのことなどはまず忘れ、その素晴らしさに感動して欲しい。そして、実際の業務に入った時、ブランドのことは一度忘れ、自分が感動したこと、心が揺さぶられたことを思い出す。当該ブランドの業務を考える上で、引き出しの中からその感動のかけらを結びつけることができないか、という仮説を立てるという作業になる。

上記の手法が完璧とは考えないが、但し、多くの芸術に触れるということだけではなく、その次のステップとして、時間を置いて具体的な広告業務の中でおぼろげながら結びつけていくということが大切だと考える。そのような考え方や方法論が、これまで若い人々に行われてこなかった気がしている。

その点からすれば、日々の業務あるいは研修の中で、それらのことを体験させる方法を模索すべきと考える。尚、業務と書いてきたが、広告業務の場合には、色々な制約も多いと思う。できれば大学の教育あるいは社内の研修で、そのようなプログラムができることを望む。宮澤（2017）の『東大教養学部「考える力」の教室』にも、わずかであるが、アート思考について述べられている個所がある。その中で一番注目したいのは「解決策という目の前の制約がないから」ということが創造的な問いを生み出すことだという点である。さて、次に他の文献からもう少しアート思考について考えていきたい。

2-2．アートとは何か

今後アート思考が必要であるということが青木（2020）の結論だと思うが、若手の研究者・実務家はどのようにアートを捉えるべきだろうか。私にとって、一番理解が難しかった点は、そもそも「アート」とは何か、この特集に寄稿している執筆者たちがどのように捉えているのかという点である。今後アート思考が必要であるというのが皆の結論だと思う。それでは、若手の研究者・実務家はどのようにアートを捉えるべきなのであろうか。

まず辞書で引くと「芸術、美術」と出てくる（『デジタル大辞泉』）。他の辞書（『イミダス』）には、「技術、技巧」などと書かれているものもある。これらの定義では、分かるようであまり明確ではない。もちろん、私はアートの専門でもないし、その定義を深く掘り下げるのがこのテーマでもない。そこで、ひとつの文献を紹介したい。アーサー・C・ダントー著の『アートとは何か—芸術の存在論と目的論—』である。この文献は、理解が難しい部分が多いのだが、アートとは何か、それを整理するためのヒントが多く書かれている（Danto, 2013＝2018）。

ダントーによると、プラトンはアートを模倣として定義し、否定的なものとしていたとある。古典的な絵画の世界では、写実的な美しいものが芸術作品として評価されてきた。そのような中で革命的なパラダイムの移行がパブロ・ピカソであった。ピカソといわれなければ、このようなものがアートなのかと首を傾げる方もいるかもしれない。事実、芸術に疎い私のようなものはそう感じてしまう。そしてその次に来るのがアンディ・ウォーホルであると述べられている。Brillo（ブリロ）という食器洗いパッドの箱を描いた作品を通して、ダントーが考えるアートとは何かを語っている。皆に馴染みのあるキャンベルスープの缶を描いた作品と同じように、ブリロボックスという作品は、通常の販売をされている商品の箱と見分けがつかない。すなわち、現実世界にあるものと、一見変わらぬように見えるアート作品である。どこまでが現実の商品で、どこからがアートになりうるかということがひとつの問題として語られている。

現代アートと呼ばれるものの中にはこのようなものも多く存在する。20世紀初頭に活躍したマルセル・デュシャンであり、彼の作品に、普通の男子用小便器に「泉」というタイトルをつけたものがある。このようなものを、どのような点でアートと断定できるのだろうか。ダントーは、それを「受肉化」という言葉で説明している。受肉は、「神が人の形をとって現れること」(『デジタル大辞泉』)であり、それ以上の十分な記述はない。但し、神が人の形を取るということで、ひとつひとつの部分に分けられるようなものではなく、ひとつの総合的なものが送り手側に集約統合され、送り手の中にひとつの意味として存在していくようなものではないかと私は考えた。これでもまだ分かりにくいと思う。但し、その後に、「鑑賞者がなすべきは、意味を担っている特質を解釈することによって、その特質に受肉化されている意図を把握することである」とある(Danto, 2013＝2018, p.49)。

それは、「伝える側には、伝えたい意味が存在し、それを見る側が自身の観点で解釈することで、ひとつの作品になる」ということではないかということだ。広告論という文脈で考えれば、アートが人に感動やある意味の創造性を感じさせることができるのは、そのアートを受け入れる人、見る側に何かがあり、それを評価するということも大きな要素である。

私は、アートを単に送り手側のみの意味の伝達ではなく、受け手や社会の諸々の要素を作り手側が吸収し、自身のこれまでの知識、感性、哲学、美学と合わせてひとつのものに統合する過程だと考える。ここで、ダントーの文献などを基に私が考えたことを、再度整理したい。第1は、アートは時として変化をし続けている。第2は、アートのもつ創造性は、「暗黙知」であって言葉で表現できるものではない。第3としては、時代とそしてそれを見る人の諸々を作り手が吸収し統合している、したがってアートの創造性は常に変化をし、時代やそこに生きる人によってその概念は変化するということだ。3番目の点は、特に広告という世界でいえるのではないかと考える。

2-3．アートの終焉

またダントーの話で興味深いのは、附論として「アートの終焉（1984年）」という章を置いていることだ。1980年代がアートにとって大きな転換であったといえる。この頃から商業アートがより注目され、写真など様々な新たな表現方法もアートに加わってきた。「未知なものが皆無になるとき、科学が終焉するのとまさに同じく、アートは終焉するであろう」とも書かれているが、歴史的なアートの世界は終わりを迎え、さらに言葉で表すことのできない世界にさらに踏み出したのだと思う（Danto, 2013=2018, p.190）。実はもうひとつ興味深い文献がある。アーティストの原田（2019）が2019年6月号の『美術手帖』に書いている「『広告の時代』のアートとは何か？」というものである。こちらも、商業アートを含め多様な表現方法の出現した1980年代が、アートにとってひとつの転換点であったことが読み取れる。

これでも分かるように、1980年代はアートの世界でも特異な時代であり、その中に広告が大きな役割を果たしていたといえる。したがって、1980年代の糸井重里の「おいしい生活。」に代表される西武百貨店の広告、サントリーローヤルのCMなどがまさにアート思考の広告だと考えられる。もちろん、1980年代の3Sと呼ばれた広告主（サントリー、西武、資生堂）の作品だけではなく、根本には言葉では表すことのできないダントーの「創造性・新規性」があると思われる。

ダントーの「アートの終焉（1984年）」に戻ることにする。大変難しい文章であるので、私の誤解もあるかもしれない。私が理解した中では、アートに終焉があるということではなく、これまでの絵画や彫刻の世界で語られてきた歴史的なアート論を語ることができなくなったということだ。歴史的なアート論とは、何かの題材を絵や彫刻などで再現する、模倣するという意味合いである。もちろん、それらは1980年以前にピカソやデュシャンの「泉」

という作品が登場し、変わり始めたが、デジタルをはじめ多くの新しい表現方法の登場により、過去のものを再現し評価するというものは完全に終焉する。またアート作品を過去のアート史・アート論で評価することも意味がないということがある。ダントーの一説に以下のようなものがある。「重要なことは言語では表現不可能な、こうした限界を超えたところにあると思われるということである」(Danto, 2013＝2018, p.192)。ここまでの議論が意味のないことになってしまうかもしれないが、結局アートとは、これといったものはなく、この一瞬一瞬に新たな刺激で進化し、形を変えているのだと考えられる。モノではなくコト、すなわち変化し続ける過程といえると思う。したがって、マイケル・ポラニー（Polanyi, 1966＝1980）の「暗黙知」のように、言葉では表すことができない「知」であるという結論にも通じることになる。

2-4．送り手と受け手の関係

それでは、分からないものを考察して、結局分からないという結論になってしまう。そこでもう少しアートについて考えていきたい。確かにアートは常に変化し、またその素晴らしさは暗黙知で言葉にすることはできない。但し多くの人がある作品を見て、その作品が、有名画家が描いたものであることを知らなくとも、感動することはある。そこには何か他の作品とは異なる創造性や人に感動を与えるものがあるのだと考えられる。ダントーは、過去のアートのムーヴメントについて、このように述べている。「その頃の創造性とは、作品を制作することよりも、一つの時代を画することに本質があったように思われる。〈中略〉成功とは、受け入れる余地のある革新を創造することにあった」(Danto, 2013＝2018, p.205)。このダントーの真意と私の考えには異なる面はあると思うが、少なくとも広告論という文脈では、アートが人に感動やある意味の創造性を感じさせることができるのは、そのアートを受け入れる人、見る側に何かがあり、それを評価するということも大きな要素である。その例として、フィンセント・ファン・ゴッホなどの著名な芸術家の作品が死後に注目を集め評価されることが多いことがあげられる。その作品が生み出された時には、感動も創造性も感じられなかったものが、ひとつの時代の中で別の価値を生み出すということである。

このように書いた私の意味は、アートは単に送り手側のみの意味の伝達ではなく、受け手側や社会の諸々のものを作り手側が吸収し、自身のこれまでの知識、感性、哲学、美学と合わせてひとつのものに統合する過程だということである。

ここで、再度整理したい。ひとつは、アートは時として変化をし続けている。２つ目は、アートのもつ創造性は、「暗黙知」であって言葉で表現できるものではない。３つ目としては、時代とそしてそれを見る人の諸々を作り手が吸収し統合している、したがってアートの創造性は常に変化をし、時代やそこに生きる人々によってその概念は変化するということである。３番目の点は、特に広告という世界でいえるのはないかと考える。

３．創造的な広告

アート思考では、「創造的な広告」を生み出すことがテーマだ。そもそも「創造的な広告」とはどのようなものだろうか。さらに考えれば、「創造」とはどのような行為なのだろうか。辞書では、「新しいものを初めてつくり出すこと」とある（『デジタル大辞泉』）。また、無から新たな有を生み出すことと捉える方もいるかもしれない。２章でも述べたが、プラグマティズムの思想家であるチャールズ・サンダース・パースは、「直観主義の批判」という論文の中で、「これまでにない全く新しいアイデアなどはない」と指摘している（Peirce, 1877＝1980）。「ふっ」と思いついたことであっても、それまでの思考や経験が影響を与えている。その人が生きてきた中で獲得してきた知識や感覚などが、ある意味集約され顕在化されたもので、それらを意識していないため、直観として出てきたというわけだ。パースは「アブダクティブ示唆」という言葉で、それまでにあるものが集約されてひとつになる状態があると指摘している（米盛, 2007, p.79）。人によっては、それが直観だというのかもしれない。２章でも述べた通り、私としては、純粋に無から生み出される広告表現や広告コンセプトは存在しないと思っている。前述した、作り手が受け手や社会から諸々を吸収し、アートに統合するという考え方だ。例えば、サントリーローヤルのテレビCM（小林・若林, 2019, p.5）でも、サントリーローヤルというウィスキーと詩人のアルチュール・ランボーの世界観を組み合わせることによって、あのような素晴らしい作品が生み出されたと思っている。アート思考の論点でも、素晴らしい芸術家といえども大半は、創作活動に入るともがき苦しんで思考し、絵や作品を作り続けるだろう。それは、自身がもつ引き出しから出してきた過去の体験や感性を形にし、それと今この瞬間に生み出したいものと照らし合わせ、納得のいくものに近づけようとしているからだ。過去の蓄積があるからこそ、素晴らしい創造的な作品が生み出せたと考える。ピカソにしてもその基礎となるデッサン力などは素晴らしいものがあると聞いている。それらの過去の蓄積があるからこそ、素晴らしい創造的な作品が生み出せたのだ。

さて、もう少し「創造」というものを考えたい。どのようなものが創造的な広告作品といえるのだろうか。俗にいう芸術作品のみが創造的な作品なのだろうか。あるいは世界中の人々が感動し、こんなものを今まで見たことがないというようなものが「創造的な広告作品」なのだろうか。

話が少し飛ぶが、私はヴィクトール・フランクルの『夜と霧』（Frankl, 1977＝2002）という本を、学生に読むように勧めている。ユダヤ人の精神科医である彼がナチスのユダヤ人収容所に入っていた時のことを書いた本だ。多くの人が亡くなっていく中で、どのような人が生き残っていったかということを書いている。生き残った人に共通する3つの価値があり、それが「自分自身で決める態度の価値」「感動することの体験価値」そして、「創造価値」だそうだ。ここでは「創造価値」だけ述べる。彼は何も論文を書いたり、新しい芸術作品を生み出すことが創造的な価値ではなく、例えば主婦が今日の献立の味つけを少し変えてみたり、仕事の書類の書き方を少しだけ読みやすくするといったような些細なことも入ると述べている。私は創造的な広告作品とは、制作者となる人々が、少しでも昨日までとは異なる、受け手の心に触れるようなものを作り出すことだと思う。仏教の教えで「一隅を照らす」というものがあるが、まさに些細なことでも創造的な作品は生み出せると思っている。何も絵画や彫刻のような芸術作品のようなものだけではないことは明らかである。

それでは、どのようなものが創造的な広告作品といえるのだろうか。創造的な広告作品とそうでないものの違いは、制作者側の意志の問題が大きく影響すると考える。過去のものをそのまま再現することを目指すのではなく、常に新しい感動を生み出すために深く思考をし続けることだ。近年、一部のデジタル・メディア・プランニングの中に見られるような、過去と同じことがまた起こるという前提から、その状況を再現し近づけようとすることや、100に近い価値のものをできるだけその100に近づけるような効率を追求するような仕事ではなく、これまでにない創造的な作品を生み出すこと。それが創造的な広告だ。「効率的な仕事がすべてダメである」といっているわけではない。しかし、それは私が伝えたい創造的な仕事とはいいがたい。効率を重視する仕事は比較的他の人の指示で行うことが多い気がする。自分の意志ではない。広告業界では夜遅くまでクリエイターの人と営業人が議論する光景を見るし、私も行ってきた。それは、人に議論しろといわれてしていたわけではない。自分の意志である。またその長い議論、作業の末、ひとつの結果、アイデアに到達した時の感動は何物にも代えられない気がする。その感動は受け手の人々にも、大きく伝わると思う。もちろん、深夜まで仕事をしろということではなく、時間を上手に使い深く考えることだ。

一番重要なのが、これまでとは異なる新しいものを生み出したいと常に考える姿勢だ。それがなくなり、昨年のキャンペーンを今年も行うといったことでは創造的なキャンペーンにはならないと思っている。また、他者との議論も非常に大切だ。創造的統合のプロセスには、社会、受け手もあるが、一緒に仕事を行う仲間からの刺激も、新たなものを生み出す重要な要素になっていると思う。

この節のまとめではないが、創造的な広告作品は、全く新しいこれまでにないモノではなく、過去の影響を受けた意外な組み合わせでも良いこと、そして世界を変えるような作品だけではなく、わずかなアイデアであっても当てはまると思っている。そして自分自身の意志で、何かこれまでとは異なるものを生み出したいと考え、それが達成できた時の感動を味わうことにつながるものだと考える。

これまで、私が捉えるアート思考においては、社会、受け手、他者からの影響があって生み出されるものであると書いてきた。但し、前述した通り、自身の過去の体験、哲学、美学も大切だ。それらのことを言い換えれば、「内発的な動機」となる。社会の流れや消費者インサイト、プロジェクトの課題に影響を受けず、自分が生み出したいもの、この社会にはこうあるべきだ、あるいは自分がもつ価値観や意味を表現するといったものだ。しかし、そのような価値観や意味は、何か本に書かれていることを単にもってくるようなものではないことは明らかである。言葉や書かれた文章は、心の中にあるものとは異なることが多い。私は、パースの考え方が一番しっくりくると思っている。多くの情報や経験を通して思考し、仮説を出し、それが正しいかを頭の中で検証していく。そしてそれを繰り返す中で、ある時に矛盾なく受け入れられる解のようなものに到達する。また、長いスパンともいえる将来を想像して、「未来はどういう世界か」を考えることだ。過去と未来のプロセス、すなわち単に今ここにある気持ちを内観するだけではなく、過程としてものを見、時間の流れがどのように動くかを捉える必要がある。まさに動かないものとして見るのではなく、動き続けるコトとして見る。そのことにより、多くのそれらの情報や感覚、体験がひとつのものに統合され、パースのアブダクティブ示唆（直観）により形になると考えている。芸術家と呼ばれる人々も、実はこの仮説を常に頭の中にもち、それを検討し否定し続けるという過程を繰り返していると思う。

その意味からいっても、色々な哲学や美術、歴史に触れることも、「その思考のヒントにならなければ何も価値がないのではないか」と思う。プラグマティズム的な役に立つということが重要で、何かを創造するために、できるだけ多くのものに触れる必要がある。その触れるものは、すでに書いたように、なるべく当該製品やブランドと離れたものである方が、よりこれまでのものとは異なるユニークさを創造することの源泉になると思う。また、私は哲学や美術、そして歴史などだけでなく、普段の生活やそれ以外のものも、仮説を導き出すためのヒントになると考える。特にアートの内発的な思考を考えていくと、過去の自身の経験や出来事を振り返ることが必要ではないか。当該ブランドや製品カテゴリーから離れて、自分のこれまでの生活を振り返り、どのような喜びがあり、悲しみがあったか。どのようなことで心を動かされ、その時間を長くもちたいと思うかを振り返ること。自分がこの先の社会にどのような世界を求めているか、どういう世界を見たいのかを考えてみることだ。

但し、広告の作業にはブランドがあり、課題がある。まずは直接的な課題以外の心の動きを浮かび上がらせ、そしてその心の動きとブランドの接点を見つけていくという作業になると思う。前段で、アート思考では、消費者インサイトや、商品／製品起点ではないことに触れた。但し、そこでいう消費者起点には、商品／製品からスタートするということがその前提にある。消費者とは、あくまで当該製品を使うことを意識する／あるいは意識する可能性がある人々だ。そこには当該の商品／製品が前提としてある。消費者インサイトは、消費者あるいは商品／製品という言葉に影響を受ける。その点が、他の方々がアート思考では消費者インサイト起点でないといわれる部分だと思う。したがって、私はあえて「ヒューマン・インサイト」と呼んでみたい。商品／製品起点ではなく、「人」だ。さらに付け加えれば、それら過去の心の動きや未来のイメージと、新しいテクノロジーや物などを組み合わせることで、さらにこれまでにない新たなものを生み出せるのではないかと考える。

むすび

これが私の考える新たなアート思考である。しかしこう考えると、明らかに他の方々が考えるアート思考とは異なるものである。したがって、この考えをオリジナルな私の考え方として「有機体的思考」と呼ぶことにする。有機体的思考に基づく広告表現を具現化するためのポイントとしては以下のことがいえる。

① 絵画、歴史、音楽などに触れることにより、自身の感性が研ぎ澄まされる。

② 当該ブランドや製品カテゴリーからなるべく離れる。

③ 過去の出来事の自身の心の動きを振り返る（あるいは他者に棲みこみ、彼らの過去の心の動きと一体化する）。

④ また、将来・未来の世界や自分をイメージする。

⑤ それらの心の動きと当該ブランドや製品カテゴリーの接点を深く思考し、仮説検証を繰り返し、最終的にアブダクティブ示唆（直観）の域に到達する。

⑥ 当該ブランドや製品カテゴリーをコミュニケーションするという考え方からは脱し、寄り添い、共にひとつの方向を見るという姿勢を保つ。

⑦ 新たな技術・ものを取り入れ、よりユニークでこれまでにないものを作り上げる。

⑧ これらの作業は、一人で孤独に行うのではなく、異質な考えや才能をもつ人と議論を繰り返し、創造的な統合のプロセスとして行う。

もちろん、前述のように、当該ブランド・製品カテゴリーと遠く離れるだけが良いのではないことも事実だ。当該商品の機能をダイレクトに訴求するもの、消費者の課題を解決するための提案となる広告表現もある。但し、コモディティ化が進み、効率を重視するデジタル広告が多い現在、より人々に寄り添い、共に生きる広告表現が必要な時代になっているのではないか。また、私の考え方は、1章で述べた『過程と実在』に代表されるアルフレッド・ノース・ホワイトヘッド、2章に書いた『連続性の哲学』などのパース、そして3章の『創造的経験』のフォレットから導き出している。もしまだそれらの1章から3章までを読んでいない方がおられたら、ぜひ読むことをお勧めする。尚、私自身が多くのものに影響を受けながら、思考を続けている最中であることも付け加えたいと思う。

次章からは、この考えに基づく、より具体的な創造的広告を生み出すための具体的な方法論を述べることにする。

＊本章は、小泉秀昭, 2021,「広告における新たなアート思考の方法論（特集　広告知を考える）」『日経広告研究所報』日経広告研究所, 55(2), pp.18-21.を大幅に加筆したものである。

第２部　有機体的広告戦略論

5 章

有機体的広告戦略開発

第1部において、有機体的広告論の基礎となる思想を述べてきた。また第1部の最後、前章では、それらの思想的なものから、本著の全体を貫く考え方を少し雑駁な形となったが、アート思考と共に述べてみた。その最も大きなポイントは創造である。本章以降、いかにして創造的な広告表現、広告メディア、そして広告取引を行うべきかを述べていく。

最初は広告戦略開発[1]であるが、具体的にどのようなステップで考えていけば創造的な広告戦略企画を生み出せるかを整理していきたい。但し、それに先立ち、まず広告戦略開発がどのようなものであるかを整理することから始める。

1．広告戦略とは

広告には大きく表現に関わる業務とメディアに関わる業務がある。それぞれについて表現計画、メディア計画が必要となる。しかしその前提としてそれらを大きく括る考え方が必要となる。大学生向けの広告表現を開発することを検討するにしても、まずはターゲットとして、大学生が最適なのかを事前に決めておく必要がある。後でも述べるが、戦略とはあくまでも選択である。このブランドのこの時点では、どれを選択することが最も目的に近づく

1　広告産業では、マーケティング論の枠組みから戦略やターゲットなど、軍事用語から生まれた言葉が多く使われている。有機体的広告論の考え方としても、そのような言葉を使用することについて懸念も感じた。しかしながら、読者の方々の理解を優先するため、あえて本著の中でも一般的に用いられるマーケティング用語を使用している。しかし、3章でも述べたように、相手を打ち負かすといったような戦いとしての活動の考えがないことはご理解頂きたい。

ことができるかを基に選ぶと考えて欲しい。

最初に定義から述べることにする。米国でテキストブックとして広く使われ、すでに11版を数えるサンドラ・モリアーティ他（Moriarty et al., 2019, p.248）の、*Advertising & IMC: Principles and Practice*では、戦略的広告計画を以下のように説明している。「戦略的広告計画とは、当該ブランド／商品に関する課題を特定し、広告目的を決定し、その課題を達成するための戦略を決め、実施される戦術を開発することである」。ここで、戦略と戦術という言葉が出てくる。原著においても太字の表記がなされており重要な用語であることは明らかである。広告の企画を考える課題を学生に与えると、ほとんどの学生がタレントは誰にするかとか、どこでイベントをするかなど、具体的な施策すなわち戦術を最初に出してくる。これは、広告戦略開発で最も気をつけなければいけない点である。戦術を立てる前に戦略が必要となるからである。

戦略（Strategy）とは、大局的な方策である。広告活動を行う上で特定すべき対象者／ターゲットに対して、どこで行うのかといったエリア、どのようなコンセプトで行うかといったことが含まれる。一方、戦術（Tactics）は、そのコンセプトを表現できる特定の有名人を起用するなどの具体的な内容となる。戦略のない戦術は一貫性もなく、十分に消費者に届く広告キャンペーンとはならない。

大学で広く使われている広告論のテキストである石崎編著（2016）『わかりやすいマーケティング・コミュニケーションと広告』では、数ページ程度の記述であり、岸他（2017）の『現代広告論』では、比較的丁寧に述べられているが、米国のテキストなどに比較するとその分量は少ない。但し私は、表現開発やメディア開発のベースは戦略的広告計画であり、より深い考察が必要だと考える。

2．有機体的広告戦略立案の流れ

有機体的広告論は、第1部で述べた基本的な思想をベースにしている。但し、非常に多くの考え方を提示したので、ここでは、特に広告戦略開発に重要と思われる点を整理していきたい。それは、メアリー・パーカー・フォレットの述べている「統合」というコンセプトである。複数の人、複数の情報を組み合わせ、ひとつのものに統合し、創造するということを意味する。統合というコンセプトをもう少し分かりやすくいうと「物語を作る」ことになるともいえる。多くの情報を集め、吟味し、仮説を作り自分たちの目的に最も近いものを選択してそのプロセスの絵を描くことである。2章のプラグマティズム、チャールズ・サンダース・パースのところでも触れたが、直観のように何もないところから良いアイデアは浮かんでこない。情報を得て思考し、また別の情報を得て仮説を立て、頭の中で検証をし、少しずつ前に進んで行くことになる。

私が考える有機体的広告戦略立案プロセスで行う分析方法は、通常のマーケティングの教科書に類似している。ある意味、ほぼ同じといっても差し支えはない。異なることは、通常のマーケティングの教科書では、それぞれのテクニックを紹介し、それを順に行えば素晴らしいプランができてくると読めるところである。

有機体的広告戦略立案プロセスは、どうしてPEST分析が必要なのか、なぜ3C分析を行うのかなどを考え、それを理解して使うということが重要となる。有機体的広告論といっても、既存の分析テクニックを使うのであれば、前章で取り上げた、ロジカル思考に基づく分析ではないかと思われるかもしれない。但し、大きな違いは、順にすべて行えば、無駄もダブりもなく奇麗に整理できるということではない。その中でいかに仮説を見つけるかが問題となる。また、3C分析など、要素に分けていくことに批判的な見方をされる方もいると思うが、これはフォレットも指摘しているように、科学的に創造活動を行うためには、まず現状の送り手側と受け手側の対立、相違点を明らかにし、その両方が満足する方策を見つけることが重要となる。そのためには、要素に分解し、その要素ごとに吟味して行う方が、仮説を見つける筋道が明確になる。

2-1．基本的な流れ

全体的な流れを見ていくと、マーケティング環境分析／背景分析を行い、それらを3C分析によって、意味あるものとして分類を行う。そしてSWOT分析により当該ブランド／商品への意味づけを行い、STP分析と呼ばれるセグメンテーション分析、ターゲット分析、ポジショニング分析を行う。そしてそれらの分析を通して、課題の発見そして広告目標の設定からひとつのコンセプトに統合するプロセスとなる。そして、そのコンセプトに基づいて表現戦略、媒体戦略へと続くのである（図表5-1）。

フィリップ・コトラー流のSTP分析を基にしたマーケティング・プランニングは、古いという声が聞かれるかもしれない。しかし、多くのマーケターや広告マンが、このような流れでマーケティング戦略を立案しているのも事実である[2]。私自身も、大まかには、このような流れを実務の時代も、そして

図表5-1：戦略的広告プランのフレームワーク

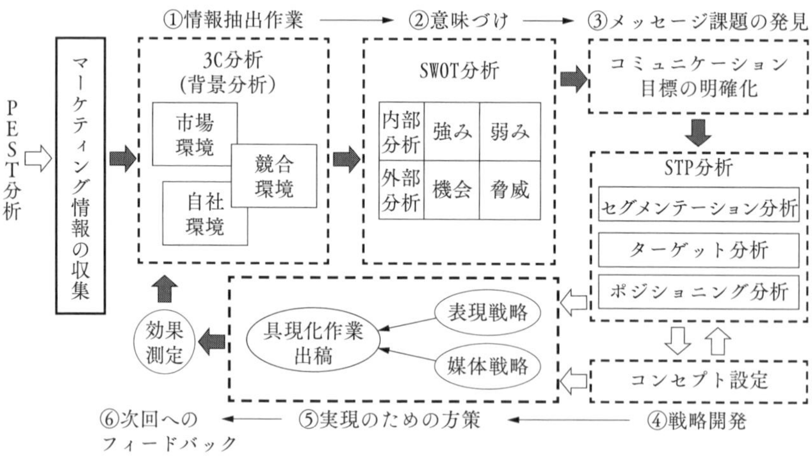

出典：グロービス経営大学院やシナプス・マーケティング・カレッジなどで用いられている戦略プロセスを参考に、オリジナルに作成

2　コトラー流の戦略開発については、Kotler, Philip & Kevin Lane Keller, 2006, *Marketing Management, 12th Edition*, Prentice-Hall.（＝2014，月谷真紀訳『コトラー&ケラーのマーケティング・マネジメント 第12版』丸善出版.）を参考にされたい。

教員になってからも、部下や学生に伝えてきた。しかしいつの頃からか、このようなステップを基にしたうわべだけのプランでは十分ではないと感じ始めた。テクニックをなぞるのではなく、特定の思想に基づいた広告戦略の立案プロセスが必要である。それが私の考える「有機体的広告戦略」である。

2-2．PEST分析

学生にプランを立てさせる時に、短い時間であるが必ずPEST分析を行わせるようにしている。PEST分析とは、世の中の大きな流れをPESTの頭文字、すなわちP（Political／政治）、E（Economic／経済）、S（Socio-cultural／社会・文化）、T（Technological／技術）に分け、書き出すものである。これこそが、まさに有機体的広告論の基本思想であり、どのようなものでも常に影響を受けながら前に進んでいることを表している。例えば、2011年に東日本大震災が発生し、その前と後では人との絆や関係が変化したといわれている。また2020年のコロナウイルスの感染状況では、オンラインで人とのコミュニケーションの形は確実に変わっていくと考えられる。それは、当該ブランドや企業への影響もあるし、受け手となる消費者・生活者の間にも影響を与え続けるものである。わずかな時間では、すべてを網羅できるわけではないが、それで良いと考えている。社会の情勢をもれなくダブりなくリストアップすることが目的ではなく、その情報から刺激を受けて、仮説となるアイデアを頭に浮かび上がらせることが大切である。この作業をしている時は、その場でアイデアが浮かばないかもしれない。しかし、その後の分析の中で多くの情報と接し、その情報とPEST分析であげた項目について行き来することから新たな仮説を導き出すことができる。

もうひとつPEST分析を行うメリットは、近視眼的な視点を避けることができるということである。私も実務を行っている時、他に行うこともあり、まずは最短で考えてしまう。例えば、チョコレートの企画を考えるのなら、そのチョコレートの長所や、あるいはその顧客となる若い女性がチョコレートをどこで食べるかなどである。しかし、実際に人々は、チョコレートのことを常に考えていることなどなく、日々の生活では授業のことや遊びに行くことなどを考えることにはるかに時間を取っている。後述するが、ターゲットとなる人々に関連するトピックスの方が自分たちのブランドや商品よりはるかに重要であり、注目している。その代表例が、近年盛んに行われているネイティブアドである。SNSなどでその人が興味を示しそうなニュースや記事のそばにそれとなくその商品を置いておくという手法である。また、よくいわれていることは、「広告が嫌い、できれば避けたい」と思っている人が多くいることもしっかり心にとどめておかなければいけない。

さらに付け加えれば、前章でも触れた有機体的広告論の考え方でいえば、ブランドや商品より遠い、関連をもたない情報の方が良いアイデアに結びつきやすいということである。ネットワーク論では、弱い紐帯[3]という考え方があり、就職活動の時に、日頃会っている友人よりは1年に一度しか会わないような親戚の人に相談をした方が良い助言が得られるという話がある。まさにPEST分析は、近視眼的にならず、想像力に富むアイデアを導き出すためには、前提としてぜひ行うべきことだと考える。

さて、実際のPEST分析だが、白紙に縦横に線を引き、4つの象限にPESTのそれぞれの文字を書き、箇条書きに書いていく。特にその中で注目すべき項目はアンダーラインを引くなど意識をもっておくことである。また、5年後というような近未来のPEST分析を行ってみるのも面白い。また、ブランドや商品と関係のない項目をあげることが、PEST分析では前提だが、少し意識をしてブランドや商品寄りのPEST分析を行うこともできる。これは、余談だが、自分の作ったプランを誰かにプレゼンし、理解してもらう場合には、事前にPEST分析で触れておくと、自身がするコンセプトや施策について聞き手は理解がしやすくなる。その時に、必要ならその項目に関連するバックアップデータを集めておくとさらに良い。尚、PEST分析については、ビジネススクールのマーケティング・テキスト、例えば、『グロービスMBA

3　マーク・グラノヴェッターの弱い紐帯については、Granovetter, Mark S., 1973, “The Strength of Weak Ties”, *American Journal of Sociology*, 78, pp.1360-1380.（＝2006，大岡栄美訳「弱い紐帯の強さ」野沢慎司編・監訳『リーディングス　ネットワーク論―家族・コミュニティ・社会関係資本―』勁草書房.）を参照されたい。

キーワード』（グロービス，2015，pp.46-49）でも取り上げられているが、有馬（2006，p.67）もその重要性を指摘している。

この項の最後にひとつ具体例をあげることにする。広告論の講義の中でPEST分析を説明すると、特に政治の項目があげにくいと学生がいう。またブランドとは関係のない政治などがなぜ必要なのかも理解できないという意見もある。例えば、今米国と中国の対立が話題になっている。少し前になるが2013年インドとパキスタンが対立していた時期があった。その時にコカ・コーラが実施したキャンペーンが「Small World Machine」である。インドとパキスタン両国に1台ずつの自動販売機を設置し、お互いの国の人がその前に立ち、自動販売機で手を合わせるとコカ・コーラがもらえるというものである。それまで見たこともない両国の人々の心が一体になったものであった。もしコカ・コーラという製品のことばかり考えていると、恐らく「海、夏、さわやか」などを思い出し、ビーチでのフェスのイベント程度しか企画として思いつかないかもしれない。この企画も頭のどこかに政治的な2か国の対立があり、それがコカ・コーラで両者の心をひとつにできると思いついた結果生み出されたのではないかと思う。もちろんPEST分析を行ったかどうかは分からないが、政治という一見コカ・コーラとは関連しないような発想から素晴らしい広告アイデアが生まれた事例である（日本コカ・コーラ，2017）。

2-3．3C分析

PEST分析が終わった後は、マーケティング情報の収集の段階に入る。この段階のポイントは、どのような情報でも良いので、まずは集めるということになる。このことを、山田（2011）は『〈アイデア〉の教科書　電通式ぐるぐる思考』の中で「散らかすモード」と呼んで推奨している。私の手法もこの段階は同じ考え方である。3C分析の次の段階で、考え尽くす、仮説を導き出すというステップになるが、ここでは、一切情報の評価は行わない。有用であると判断した場合には、それが信頼の置けるデータかなどを検証すれば良い。

まずは情報の抽出作業として3C分析を使うわけだが、「とにかく情報を集めろ」といっても、どのように集めたら良いかが分からないという状況が起こると思う。そこで、3C分析の項目、すなわち、自社を表すCompany、競合他社を表すCompetitor、市場・顧客を表すCustomerの3項目について情報を集め整理していく。3章のフォレットの考え方でも指摘したが、漠然と考えるのではなく、ある程度の枠組みを整理し、そこに集中することで、情報も集めやすくなる。

①　自社分析

ここからは、3C分析に含まれる項目として、特に注意すべきと考える点を述べる。まず自社分析だが、当然ながら広告企画を立てる際に対象となる商品ブランドについての情報を集めることが基本となる。どのような商品特性、機能、形態、ラインアップ、価格、広告／プロモーション、そしてそれらがどのように変更されてきたか、など集められるだけの情報をすべて収集する。また当該商品についての消費者データ、例えば、ブランド認知やブランドイメージなども含まれる。もうひとつ忘れてはいけないのが、その商品を販売している企業の情報だ。他にどのような商品を製造販売しており、どのような強みをもっているか、特に技術力などは役に立つ。そして私がぜひ確認して欲しいことが、企業理念である。どのような思想・哲学をベースに業務を行ってきたかを理解することは、過去の活動と一貫性の取れた企画を作成する上にも非常に大切になる。当該企業に所属している人たちが企画を立てる上では当然知っている内容だが、特に広告代理店など外部のスタッフとして企画を立てる際には、絶対に忘れるべきではない。

②　競合分析

競合分析として、すぐに頭に浮かぶのは、直接的に販売競争をしている他社商品であろう。例えば、日本酒の月桂冠なら、白鶴や松竹梅といった商品だ。しかし、実際に商品を選ぶ消費者の頭の中では、必ずしもそれを比較しているとは限らない。女子大生であれば、酎ハイやカクテル、ノンアルコールもあるだろう。特に重要なのは、そのカテゴリーを買おうとしている人たちが、どのような場面でどのようなニーズで選ぶかということである。例えば、皆でパーティをやるための飲み物であれば、比較的アルコール度数の低いものやノンアルコールも含まれるだろう。あるいは一人でゆったりとした気持ちならワインや、もしかしたらより度数の高いお酒も候補にあがるかもしれない。競合分析の基本は、売り手の目線ではなく、買い手の目線である。そのような商品がリストアップできたら、それらの製品の特徴や強み、弱み、そして過去の広告プロモーション戦略のリストアップなども必要となる。

さて、競合分析で私がいつも注意していることがある。それは、類似のカテゴリーやニーズなど少し枠を広げた中で、成功をしているキャンペーンの事例を見ていくことである。これらを行うことは、自分で企画アイデアを出す時に大変役立つ。何度も繰り返すが、直観で浮かんだと思っても必ず過去にインプットした情報が自分の頭や体に影響を与えている。したがって、競合のキャンペーンをそのまま用いることはできないが、多少異なるカテゴリーの成功事例、特にそれがなぜ人々に受け入れられたかを検討し、自分の企画に活かすことは大きな創造のヒントになる。

③　市場・顧客分析

3C分析の3つ目は市場・顧客分析だ。3C分析はマーケティング活動全般を考える上でも使われる手法であるが、私は市場・顧客分析が特に重要になると考えている。市場規模や、成長率、またサプライチェーンといったような仕入れや、問屋の組織の知識も必要だ。但し、広告戦略立案においては、顧客分析が特に重要になる。ここで、Customer／顧客という言葉を使ったが、前章でも述べた通り、有機体的広告論では、消費者インサイトと同時に、ヒューマン・インサイトを重視している。この点が、これまでの同様な企画の文献とは大きく異なることだと考えている。当然ながら、当該商品を現在購入してくれている顧客の分析は必要である。彼らはどのようなセグメントに分けられるのか、またニーズは何で、何を意識して購入に至っているかなどである。但し、それだけでは終わらない。それ以上に、私が強調したいのは、ある程度絞った人たち、例えば、大学生などについて彼らがこれまで生きてきた人生にどのような時の流れがあったのか、どのような場面で感動し、影響を受けているかを整理することである。この段階で、まだターゲットが決まっていない場合には、10 代男女、20 代男女、30 代男女……など一定の枠でデータを集め分析をしてもらいたい。大学生といったある程度狭いターゲットに絞れる場合には、1 年生、2 年生、3 年生、4 年生とそれぞれの年にどのようなことが起こり、どのようなことに心が動かされたかを、整理すると良い。これが第 1 部で述べた、プロセスの考え方であり、物事を止まっているモノで捉えるのではなく、動いているコトとして捉えるということにつながる。これを食べている、これを買っている情報だけでなく、こういう生活の中でこういう気持ちと共に、こういうものを食べているというコトの整理である。実際にやってみると大変な枚数になるが、パワーポイントなどでとにかく情報を集め、整理をしていけば比較的短い時間で行うことができる。有機体的広告戦略企画立案の要になるのは、この「人」分析といっても過言ではない。尚、後の段階になることもあるが、ある程度ターゲットが絞り込めていれば、11 章で取り上げている「The Day in The Life」という分析テクニックを用いることも有効である。これは上記のようにとにかく多くの当該の「人」の情報を集めた上で、例えばある 1 日とか、1 年など期間を決め、1 日であれば朝起きて寝るまでの行動を文章で書かせるという方法である。詳しくは 11 章を読んでもらいたいが、その「人」が、実際の生活の中でどこに行き、何をし、その時にどう思ったかを整理する。一見するとペルソナ分析に近いように感じられるかもしれないが、異なるものである。ペルソナ分析は一人の人について、色々な情報、例えば何を食べている、どこに行っている、何を読んでいるといった情報を集めるものである。経験・活動のコトではなく、モノ的な分析だと私は考えている。第 1 部で書いたが有機体的広告論のポイントは、「モノ」として認識するのではなく、「コト／出来事」として認識すべきだということである。少し長くなったが、まずはこの「人」に対する分析をぜひ行ってもらいたい。

上記のように、多くの情報を集めるだけでは、膨大にデータが集まり収拾がつかなくなる。元々3C 分析は、集めた情報を振り分けていく作業でもあるが、その中で使える情報を抽出する作業でもある。ここで重要になるのが、アルフレッド・ノース・ホワイトヘッドの思弁哲学、とにかく深く考察すること、そして、パースの探求の方法としてのアブダクションである。特にアブダクション的整理は有用である。これらについては、ぜひ1章、2章をお読み頂きたい。

上記の3C分析で集めた情報は、一見すると、当該ブランドや当該キャンペーンとは異なることばかりに見えるかもしれない。但し、これらの情報はある意味宝の山だ。それぞれの要素を、それほど長い時間をかけずに見ていく作業が大切である。その際に、今回のブランドや広告キャンペーンに活かせる情報かどうかをわずかな時間で良いので、吟味する。パワーポイント1枚にかける時間はほんのわずかで良い。例えば、大学生の旅行の分析をする時に、彼らの使える金額が少ないというデータがあったとする。その場合に、なければ誰かにその費用を出してもらえないか、それを、祖父母、両親に出してもらえないか、などといった思考を繰り返すことになる。

2章でも書いたが、絶対に正しいという仮説はない。有機体的広告論は、間違いを恐れない。可能性のある仮説、推論を見つけることが大切であり、それが見つかれば多くの情報で検証を行い、その仮説が正しいという信念を強めていくという作業に入る。

これまでのものを一見すると、どこにでもある分析方法を紹介しているだけだと思うかもしれない。しかしその考え方は全く異なるものである。PEST分析、3C分析、次のSWOT分析と順に説明するが、これらは線形に各分析方法を順番に行えば企画書が書けるというものではない。有機体的広告戦略立案では、最終的な「統合」とも呼ばれる創造的なコンセプトのようなものを見つけ出すためのものである。したがって、3C分析で説明した情報を基に最終的な仮説を導き出し、コンセプトに統合することを目指すことになる。したがって、もし最終のコンセプトの作成段階でも3C分析の情報を確認したい、もう少し調べたいという場合には、そこに戻り検討することが大切である。また3C分析の自社や競合他社、消費者の情報を重ね合わせて検討することも必要だ。最短距離を直線のように進むのではなく、ジグザグな道を進んでいるが、それらの作業が最終のコンセプトに統合するプロセスに通じているという意識ももつことが大切である。

2−4．SWOT分析

次に説明するのはSWOT分析だ。3C分析は、とにかく多くの情報を集め、それを3つの塊に分けながら、仮説を導き出すように情報を抽出し整理をする作業である。但し、この段階は、とにかく数多いパワーポイントのページを作ることが大切である。短時間で多くの情報を集め、それぞれについて一瞬で良いので、当該ブランドの広告プランのヒントになるような種がないかを探していく。ある意味その中の特に重要なものについて意味づけを行い、1枚にまとめていくのがSWOT分析だ。

ブランドを取り巻く環境については、大きく分けて、内部環境と外部環境がある。内部環境とは、自社のブランドや企業の努力で改善することが可能なことである。一方、外部環境は、自社が努力をしても変えることができないことである。例えば、オリンピックの開催やわが国の少子高齢化など、一企業でも努力をすることは可能だが、それを自社の力だけでは変えることはできない。すでにここまで読まれた方は、有機体的広告論では、外部環境に着目をすることは理解できると思う。但し、内部環境も実は大変重要な分析になる。

SWOT分析では、内部環境と外部環境をそれぞれ強み・弱みで分ける。したがって、内部環境の強み、Strengthを表す「S」、弱みのWeaknessを表す「W」、そして、外部環境の機会、Opportunityの「O」と、脅威のThreatを表す「T」のそれぞれの頭文字から取ったものがSWOT分析となる。内部分析の強み・弱みが重要であると書いたが、学生にこの分析作業をさせると、誰でも分かるような認知率の高さだとか、ブランドイメージが古いなどをあげることが多い。もちろんブランドの基本的な情報を押さえることは大切であるが、そこに羅列しただけでは意味がない。もちろん、効率を重視するような企画案を立てる場合では、今考えられる長所を伸ばし短所を減らすことは大切である。但し、有機体的広告戦略では、創造性を重視している。その点から、3C分析でも書いたが、あくまでも最終の企画コンセプトに結びつくようなものをあげるべきである。例えば、自社の他部門で行っている製品や、海外での展開などである。そのためにも、3C分析で自社においては、多くの情報を集めることが必要になり、何か引っかかる、深掘りすれば良いアイデアに結びつくということを数多くあげて欲しい。

さて、外部環境の機会と脅威だが、すでに広告の仕事に携わっている人でも、間違うことが多くある。特に機会である。また脅威はあげられない人が多くいる。機会だが、こちらは自社で行うことのできるような、プロモーションアイデアを書いてくる人が多い。例えば、アイドルをCMで起用するとか、大がかりなイベントを開催するなどである。このこと自体は、自社で行うことができるので、最後の施策の段階で出すアイデア、戦術アイデアとなる。ここではどういう戦略を作るのかを考えているので、自社ではできないことの機会としてリストアップする。上でオリンピックと書いたが、そのようなことが代表的なものである。自社で行うことはできないが、それをうまく利用すれば面白い施策を作ることができるといったものである。もちろん、オリンピックなど、非常に高額な費用が発生するが、それだからといって、はじめから検討しないというのでは、創造的な企画を作ることはできない。この段階では、まだどのようにそれを施策と絡めていくかなどを書く必要はない。まずは項目をあげ、その後のヒントになれば良いと思って欲しい。但し、PEST分析や3C分析などを行った時に、おぼろげながら使えそうだと感じるものをあげておくことも大切である。

また、脅威だが、こちらは税法の改正や、少子高齢化などの大きな社会の流れなどがあげられる。また、私は以前ペットフードの広告の仕事をしていたが、その時海外から不法に並行輸入の商品が入ってきて、日本仕様とは異なるため、必ずしも日本の犬のためにならないということがあった。このような並行輸入などの問題も脅威である。以前学生が、「この機会と脅威は、チャンスとピンチのようなものですか」と聞いてきたことがあった。非常に分かりやすい例えだと思う。尚、「ピンチはチャンス」といわれることもあるが、まさしくその通りだ。この脅威をしっかり分析すると思わぬアイデアにつながることがある。例えば、上記のドッグフードの例なら、並行輸入品の話は出さずとも、ユーザーの頭の中にあるのであれば、いかに日本で販売している自社商品が日本の犬のことを研究して、それ用に作られているかということをコミュニケーションする材料になるわけである。

SWOT分析の最後に付け加えれば、この分析方法もPEST分析などと同様に、5年後、10年後を想像して書く、また逆に競合商品について、分析してみることも良い。ポイントは、単に4つの象限に文字を埋めることではなく、そこで最終的なコンセプトに結びつけられるかの仮説を生み出す視点をもつということである。

2-5．STP分析

STPとは、セグメンテーション分析、ターゲット分析、ポジショニング分析の頭文字を表している。STP分析はコトラーをはじめ、多くのマーケティング・テキストで述べられている。私は、今でも十分価値をもつものだと考えている。但し、創造的な戦略開発を目指す有機体的広告論では、その使用について意識をもって用いるべきである。

①　セグメンテーション分析

セグメンテーション分析だが、消費者をいくつかの塊に分け、市場を細分化しターゲットを特定しやすくする考え方ともいえる。このように書くと、要素還元的にものを細かく分け、それの積み上げにより最適解を見つけていくような分析方法を推奨しているように思われるかもしれないが、全くそのようなことは考えていない。野球で、4番バッターを揃えても必ずしも強いチームが作れないということがよくいわれる。ある意味、それぞれのプレーヤーが自身の役割を果たし、そして相乗効果で素晴らしいチームが出来上がる。但し、フォレットが述べる通り、全体を漠然と眺めていても、その課題、相違点は見えてこない。例えば、ヨーグルトの製品も、朝食べるものと、夕食後に自分へのご褒美として食べるものではニーズが異なる。また赤ちゃん用のヨーグルトは大人が食べるものより栄養に関する注意が必要かもしれない。細かく分類し、そのそれぞれがどのようなニーズをもっているかをしっかり明らかにすることが大切である。その異なるニーズを満たすような広告コンセプトを見つけることがポイントとなる。くれぐれも分けることに熱中しないことが大切だ。セグメンテーション分析は、この後説明するターゲット分析を行う上でも、通っておくべきプロセスである。

②　ターゲット分析

有機体的広告論では、「人」が重要なキーワードとなっている。その意味でもターゲット分析には特に時間をかけて行うべきである。ターゲットという言葉自体、企業から人への一方向を感じさせるため、私は好ましいとは思っていない。しかし、多くの人がターゲットという言葉に馴染んでおり、理解しやすいために使うことにする。あくまでも「人／ヒューマン」を意識して欲しい。前章でもヒューマン・インサイトという言葉を使ったが、いかにしっかりと人を見ることができるかが創造的な広告活動を行う上で最重要となる。その意味から、人を塊で見ることはしない。塊を表す最たるものが性別や年齢といったデモグラフィックデータであろう。かつての広告プランのターゲット設定は、20～34歳男性、高卒以上などと定義してきた。それが意味のないことはすぐに分かると思う。大学生の男子と、34歳ですでに結婚し子供がいる人では、求めていることも違うし、行動も違ってくる。これはテレビなどのマス・メディアが広告メディアの中心であったことから、限られたサンプルでのデータでは、これ以上に細かく、視聴者を分けることができなかったためである。テレビの視聴率も当てはまるが、到達可能性を前提としたセグメンテーションやターゲティングを行う考え方をする人もいる。しかし、それでは本末転倒となり、そのようなことは行うべきではない。あくまでも人を深く分析し、その上でそれらの人にどう効果的に広告表現を届けることができるかを考えるべきである。

また、メッセージを送る手段として、メディアからの発想でターゲットを漠然と考えるということが当たり前になっている。近年デジタル・メディアの隆盛でインターネット広告では、行動ターゲティングと呼ばれる、過去に閲覧したサイトのユーザーを特定し、広告を配信するということが一般的になっている。当然ながら、デモグラフィックデータよりは良いとは思うが、逆にデータが多過ぎるため、単純化し、また自動化による最適なターゲット設定という言葉自体、ブラックボックス化する傾向にある。有機体的広告論の考え方では、十分とは考えていない。これらは、あくまでも効率を高めるためで、過去にあるサイトを見た人が今どう思っているかは分からない。すでに購入をしてしまったかもしれないし、興味を失ったのかもしれない。私もよく、すでにインターネットを通して別のサイトで購入した商品について、何度も広告を見せられうんざりした経験がある。今後、テクノロジーの進歩で、実際にクリックをする直前の人の気持ちまで分かるようになるかもしれないが、逆に怖い気もする。少なくとも現段階では、ひとつの情報から判断するのではなく、全体を捉え、ターゲットを設定すべきである。

そのためには、人を「点」で考えるのではなく、生き続け、経験をしているものと考えることである。何年何月に～を買った人、～に行った人と考えるのが「点」の発想である。そうではなく、その人たちが、それまでの人生をどう歩み、生き、その流れの中で商品を買ったのかを捉えるのである。よりダイナミックに、生き生きと人を感じられることが大切である。

何度もこのようなことを書いてきたが、決して量的なデータを軽視しているわけではない。3C分析でも、とにかく多様なデータを集めることを推奨したが、データはターゲットを生き生き描くために大変重要なものである。問題なのは、データを集めることに熱中してしまうこと、またひとつのデータに固執して、そのデータからすべてを説明しようとすることである。１章でも書いたように、人は瞬間瞬間に色々な情報を吸収し、変化している。またひとつの行動を起こすことのきっかけもそれほど単純ではない。

また、量的調査と同様に大切なものが、質的な調査である。少ない人数でも良いので、ぜひ長く話を聞いて、情報を集めて欲しい。近年、観察調査も重視されている（松波，2014）[4]。もちろん人がその商品を使うこと、何かをするところを観察することは大切だ。インサイトに関連する８章でも書くが、人を見る時に大変役に立つ手法だと思っている。但し、観察だけすればすべ

4　松波（2014）の他にも、『ハーバード・ビジネス・レビュー（特集　行動観察×ビッグデータ）』ダイヤモンド社，39(8)には、行動観察に関する多くの興味深い論文が掲載されている。

てが分かると思ってはいけない。有機体的広告論の考え方では、ひとつのものですべてを語るのではなく、色々な情報データに触れ、仮説を立て、それが正しいかを検証／考え、少しずつ最終的なコンセプトに統合するというプロセスとなる。このことにより、重要なインサイトが見えてくることになる。

さて、具体的にターゲット分析で推奨したいことは、まずはデータを集めることである。これはすでに3C分析でも繰り返し述べてきたが、可能であれば、ひとつの年だけではなく、2つ、3つと異なる年度のデータを比べてみることをお勧めする。意外な事実が見えてくる。また、ターゲットと考えられる層について、ある程度の期間、例えば1年、4年、あるいは生まれてからなど、彼らがどのように生活をし、どのような時に心を動かされたかを整理してみることも大切である。エッセーのような文章を書かせたり、年表のようなものを作ったりすることも思わぬヒントを得ることになる。これらのことを「行ったり来たり」することで、仮説となるものを見つけ出していくということになる。

③　ポジショニング分析

この項の最後は、ポジショニング分析である。縦軸と横軸を引き4つの象限を作って、自社ブランドと競合ブランドをプロットしていく分析方法だ。すでにご存知の方も多いと思う。私がポジショニング分析を説明する時、いつも野球やサッカーの話をする。野球の選手になろうとする時にピッチャーというポジションが良いのか、キャッチャーが良いのかというような例である。私は運動が得意ではなかったので、小学校の時はキャッチャーをしていた。キャッチャーというポジションは、やりたい人が少ないため、試合に出ることができたからだ。広告のコンセプトも同じで、一番のポジションになりたいといっても、競合ブランドと比較して良いとは限らない。違うポジションに変わることも考えるべきだ。もちろん自社の商品がエースとなれる力をもっているのであれば、ピッチャーを目指すことも得策である。また、もし野球という世界では良いポジションが見つからない場合には、サッカーに換えても良い。この野球にするか、サッカーにするかの違いが、実は設定する軸の違いといっても良い。とても勝てそうにないと思っても、軸を変えさえすれば、自分を活かす道があるわけである。

例えば、チョコレートで、自分へのご褒美なら、多少健康面に気にするよりは美味しさが重視されるだろう。但し、友達とわいわい楽しく過ごす時のチョコレートは、必ずしも味だけではなく、手にべたべたせず他の人と共有できることが重要になってくる。グリコのポッキーも、味以外のこの気にせず楽しく食べられることが評価されているはずだ。このように軸はとても大切なものである。この軸の設定には時間をかけて欲しい。また何枚も書いてみることをお勧めする。そして、有機体的広告論のポジショニング・マップの軸は、人のニーズで書くことを勧めたい。ニーズ・マップとも呼ばれているのである。学生にポジショニング・マップを書かせると、例えば、男性向き女性向き、高所得者向き、低所得者向きなどの軸で書いてくることが多くある。男女というとジェンダーの問題になるが、男性向き女性向きとは単に総称で、その奥には、男性だからこういうものを求めているのではないかというような仮説があるはずである。男性、女性では、ターゲット分析と同じで、漠然として、仮説を出すヒントにはならない。どのようなものを求めているかで書いてみて欲しい。

ターゲット分析は、時間の流れを意識するのだが、ここでは、その人がその製品カテゴリーのことを考えた、その時の頭を輪切りにするイメージである。その頭の中のどこに自分たちの商品が置かれているのか、競合商品はどうか、またこのニーズを想定した時の重要度はどうか等によって評価は変わってくるはずである。消費者が頭の中で商品を選ぶ時には、単純に1枚のポジショニング・マップで思考しているのではない。色々なマップを瞬時に変えながら、自分に合うものを選んでいると考えた方が良い。

3．購買態度変容モデルの利用

3−1．AMITUL分析

図表5-1で示した通り、上記が戦略広告プランニングのステップである。さらに、ここで、ぜひ購買態度変容モデルに即した定量調査を用いることを

お勧めしたい。その理由は、当該ブランドが現在どのような状況であるのかの確認、およびブランド課題を発見し、そこから広告コンセプトを見つけ出すヒントとなるためである。また、以下で述べるようなトラッキング調査は、広告キャンペーン後に効果検証にもなる。

ここで勧めたいツールは、継続した量的な消費者調査を基にしたAMITUL分析である。グロービス（2015, p.108）のAMTUL分析を私なりに変更しAMITUL分析と呼んでいる。消費者購買行動変容モデルのAIDMAモデル[5]が、少しずつ改良されてきたと思って欲しい。AMITUL分析の良さは、継続的に実施が可能な、調査項目に紐づけができることである。当該ブランドが現状どのような状況にあるのか、何が問題なのかを明らかにすることができる。その意味から、課題の発見や目的の設定にも用いることができる。

AMITULもAIDMAと同様に購買行動の各段階を表す言葉の頭文字をつなぎ合わせたものだ。AはAwareness／助成想起、MはMemory／純粋想起、IはIntention／購入意向、TはTrial／初回利用、UはUsage／日常利用、LはLoyalty／固定利用を表している。最初の2つは消費者が当該ブランドを知っているかということである。但し前者の助成想起では、実際にそのブランド名を提示して、知っているかを調査する。一方、後者の純粋想起では、当該カテゴリーをあげて、その中で知っているブランド名を自由にあげてもらう調査になる。例えば、チョコレートを例にあげれば、「あなたは、ポッキーを知っていますか」という質問が助成想起、「チョコレートの中で知っているブランドを自由にあげてください」という質問が純粋想起となる。助成想起に比べれば、純粋想起の方がよりしっかりと心の中にそのブランドがあることになる。但し、コンビニエンス・ストアなどで買うような商品と、自動車のように個別のブランドを販売しているところに行かなければいけない商品では、その必要性は異なる。前者は、お店に行ってから選ぶこともあるだろう。一方、後者の場合には、頭の中にないブランドでは、お店にさえ来ても

5　Attention（注目）、Interest（関心）、Desire（欲求）、Memory（記憶）、Action（行動）の頭文字を取ったもので、消費者が広告に接触し情報を処理し購買行動に至るまでを表した消費者行動モデル。

らえないわけである。但しお菓子や日用品であったとしても、純粋想起で最初にあげられるブランドが最も購入に結びつく。外資系企業では、Top of Mind と呼んで、その日用品でも純粋想起は調査するし、その第１想起になるように努力をしている。

次にIntentionの購入意向は、その商品を買ってみたいと思ったかという質問である。そしてTrialの初回利用は、一度でも購入をしたことがあるかについて問う質問だ。「あなたは、この商品を買ったことがありますか」という設問になる。そして次が、Usage の日常利用である。今現在の継続的な使用を確認する質問である。「現在お使いの商品は何ですか」「過去１か月間に使用したブランドをすべて教えてください」などの質問になる。あるいは「普段お使いのブランドは何ですか」という質問等を組み合わせても良い。最後の Loyalty／固定利用も中々確認しにくいものだ。明確に Loyalty／固定利用を確認するのであれば、「もしこのブランドがお店になかったらどうされますか。別のものを買うか、別のお店を探すか、次に入荷するまで待つか」などになる。

さて、これらのことを毎月一定のサンプル数で定点調査を行う。トラッキング調査とも呼ぶ。そのことによって、ブランドの状況を把握している企業もある。また、大手調査会社がオムニバス調査と呼ばれる相乗り調査で、比較的安価な費用で請け負う場合もある。大変便利な調査手法だが、時に単に数値を取ることだけで終わってしまう例を見かける。そのデータの変化、意味をしっかりと理解することが大切になる。例えば、助成想起はしっかりあるにもかかわらず、初回利用の割合が低い、あるいは落ちてきている。初回利用はあるが、日常利用が低い、などである。前者なら、試し買いをためらう要因があるのではないか、後者なら一度買っても辞めてしまうため、何か次回の購入をしない理由があるのではないかとなる。それを 3C 分析や SWOT 分析で導き出した仮説に照らし合わせながら検証を試みるわけである。このように書くと、私が量的なデータより質的なデータを重視していると思われ、違和感をもつと思う。ポイントは、これらの量的なデータも情報のひとつであるとし、このことだけで判断をしないことである。量的なデータであれ質的なデータであれ、多くのデータを集めひとつに統合することがポイントとなる。

3-2．デジタル時代の購買行動モデル

購買行動モデルも、デジタル時代になりAIDMAモデルからAISASモデル[6]など新たなものが多く出てきている。例えば、敷田・室谷（2020）では、ULSSASモデルをあげている。UはUGC（User Generated Contents／SNSやブログなどのユーザーの投稿）のU、Lは「いいね」をつけるLikeのL、次の最初のSはSearchでインスタグラムやYouTubeなどのSNSでその商品や内容を探すことのS、2つ目のSはそれらの購入を意識してGoogleやYahoo!などで検索することを表すSearch、そして購入／ActionのAと、その買った商品をSNSなどで拡散することを表すSpreadのSだそうだ。確かに、このモデルの方がデジタルの世界だけを考えれば当てはまることは多い。学生の研究でも、飲食店を探す場合でも、Googleや食べログなどで探すことより、インスタグラムで探すことの方が多いようである。このことはまさに私が述べている、点の情報より、流れ／プロセスの中での情報を人は欲しがっている証拠とも思う。Google検索などは確かにお店の場所や営業時間を探すことには優れている。但し、インスタグラムは、投稿者の生活があり、その中での背景や文脈などの時間的な流れを得ることができる。どんな時に行くとより良いのかなどをその写真で感じ取ることができるわけだ。

前述のAMITUL分析よりもULSSASモデルの方がより人を見ているという点から有機体的広告論には相性が良い気がする。日々色々な購買行動を表すモデルも出される。まさに人々は、色々な情報を取捨選択しながら変化し続けているのである。単に調査を行い、データを揃えるだけでは意味がない。

6　電通が提唱し、登録商標としているAISASモデルは、Attention（注意を引く）・Interest（興味をもつ）・Search（検索して調べる）・Action（行動を起こす）・Share（情報を拡散する）の頭文字を組み合わせた造語で、消費者の購買行動を表すモデルである。詳しくは、小泉秀昭，2018b,「広告論II―効果的な広告活動と新しい広告の流れ―」武井寿・小泉秀昭・広瀬盛一・八ッ橋治郎・畠山仁友編『現代マーケティング論 第2版』実教出版，p.129. を参照されたい。

その数値から、現状自社のターゲットがどのような段階にあり、何が課題なのかの仮説を検討するべきである。量的調査のデータといえども、仮説を見つけることが重要な役割となる。

尚、AMITUL分析やULSSASモデルにしても、単にひとつの線上にあるわけではない。ある段階を飛ばしたり、逆に戻ったりもするだろう。人の購買行動はすべて同じではない。但し、ある一定の流れが多いことも事実であり、これらのモデルですべてが語れるわけではないことは、理解すべきである。

むすび

ここまでにいくつかの分析方法を紹介した。但し、有機体的広告戦略開発では、単にひとつずつの方法を順に行えば良いという考え方ではない。その分析を行いながら、ある意味「行ったり来たり」を繰り返し、ひとつの考えにすべてを統合させることが大切になる。そのためには、仮説として出てきたものを定性・定量調査で検証することも可能である。あるいは、過去や他の事例を合わせてみても良い。その作業によって、このコンセプトなら、疑問点は何もない、大丈夫だという確信をもつことが大切である。また、その作業においては、個人ではなく、ぜひグループでの検討を行うべきと考えている。作業ごとにある程度分担しても、最後のすり合わせは皆で行い、全員が求めることをすべて満たしていると判断できるものが、強いコンセプトといえる。この複数人での作業については、補講の教育の章でも触れている。また、クリエイティブやメディアなど他の視点をもった人が意見を出し合うことでより強固なコンセプトを導き出すことになる。単にひとつの決まった指標で判断をすることは、時間の短縮になるが安易だ。広告活動を行うこの世界は日々動き続けているし、また様々なものの影響を受け続けている。ひとつの指標ではなく、多様な視点の統合という考え方を常にもち続けて欲しい。

6 章

多様な広告表現の整理

4章では、「ロジカル・デザイン・アート思考から有機体的思考」というタイトルで、創造的な広告を生み出すための基本的な考え方を述べた。しかし再度読み直すと、広告の何を伝えるかと、どう伝えるかが少し曖昧になっていた気がする。

一般的には、広告の英語訳は、「Advertisement」あるいは「Advertising」となる。「Advertisement」は、広告物と呼ばれ、例えば雑誌広告やテレビCMなど、実際見たり聞いたりするものを表す。一方「Advertising」は、さらに広い意味をもち、その広告物を生み出すための活動全般を含む。単にクリエイターが生み出すコピーや、デザインのみならず、そのベースにある広告戦略や広告コンセプトなども含むことになるわけだ。この流れについては、前章第2節の「有機体的広告戦略立案の流れ」を参考にして欲しい。

さて、本章は広告表現について述べていくが、そもそも広告表現は送り手側の意図があり作られる。何らかの目的があるわけである。

より良い広告表現を生み出せば、それを見たり聞いたりする人々の心に的確に届き、送り手側の目的を果たすことができる。そこで、まずは広告表現のコンセプト、何を伝えるかが明確になっている必要がある。その後、そのコンセプトをどう伝えるかの表現アイデアがあり、具体的な戦術として、実際のタレントや撮影方法の選択となる。

この広告表現のコンセプトは大変重要なものだが、これまであまり触れられてきていない。そこで、最初に送り手すなわち広告主がどのような目的あるいは広告の機能を期待して広告を生み出しているのかを整理する。

1．広告の送り手側から見る機能／目的

４章では「人」起点で思考することを強く推奨した。それは、本著の主な目的である創造的な広告を生み出すというポイントを意識したためである。ダイレクトメールや通販など購買の最後の一押しをする、消費者の態度変化を促すためのものもある。その時には、直接的な商品説明や価格訴求などの広告が必要となることも事実である。広告の目的として、創造的な広告というより、商品そのものの情報を分かりやすく伝えることだけを求めるものもある。したがって、ここで送り手側から見る広告の機能を整理し、創造的な広告活動だけが広告ではないことを確認したい。尚、そのような情報伝達や一部のインターネット広告に見られる効率を重視する広告表現であっても、創造的なアイデアは必要となる。それも含め、送り手側の機能を整理した後、広告表現で何をどう伝えるかについて述べることにする。

岸（2008）によれば、送り手側から見る広告の機能として「伝達」「説得」「意味づけ」「対話」の４つがある。

伝達的コミュニケーションは、広告の情報提供機能を示す。製品の成分や使用方法、安全性、価格などの情報や、法律改正を告知する政府公報などがこれに当たる。まさに、下記の「商品からのコンセプト」といえるもので、そのもの自体が伝える対象になる。

次に、説得機能だが、潜在的なカテゴリー・ニーズを顕在化し、ブランド選好や行動意図を形成することと述べられている。潜在的だが、すでにあるニーズを行動などに移させる機能である。プロモーション広告などは、これに当たる。セールスプロモーションなどで、今買うと何か景品がもらえるなどが代表的な表現である。これは、何を伝えるかという点より、どう伝えるかにより影響が強い。但し、価格を一時的に下げる、あるいはプロモーションパックなどで増量することはある意味商品そのものの変化であり、これも「商品からのコンセプト」ともいえよう。

ブランドアイデンティティ構築とは、広告主の意図したブランドの象徴的

な意味を受け手の頭の中に作る、「意味づけ」に重点を置いたコミュニケーションである。そのように、広告には意味づけを行う機能、あるいは目的として意味づけを行うということがあげられる。まさに、他の意味を用い、「新たな意味を生み出すコンセプト」と整理できる。日本の広告では、有名人を広告に起用することが多い[1]。もちろんアテンションを高めるものとして、表現面でのアイデアともいえるが、多くは、有名人そのものがもっている意味をブランドに移し、意味づけを行っている。具体的には、後述の表現アイデアで述べるが、これら有名人を使うことで自然とブランドについての意味が付加されていくという考え方である。

次に「対話」であるが、対話とは、物理的には一方向であっても、広告主の使命（ミッション）や理念の表明が、受け手からの共感や自発的支援を得ることにより、長期的な信頼関係を形成するようなコミュニケーションである。このような機能から出たコンセプトは、まさに「送り手側の意志からのコンセプト」である。

このように、広告にはいくつかの機能／目的があり、それぞれに求められることも異なる。それでは、それらの目的を達成するための広告表現コンセプトはどこから生み出されるのであろうか。次に、広告表現コンセプトの源泉について整理を行う。

2．広告表現コンセプトの４つの源泉

2-1．商品からのコンセプト

広告表現のアイデアの中心となるべきひとつ目は、対象となる商品やサービスだ。広告の基本的な枠組みは、送り手側が、受け手側に対して、何か商品やサービスについて、受け手側の態度変化を促そうとする活動である。例えば、ペットボトルのミネラル・ウォーターを大学生に購入してもらう。あ

1　これについては、プラート・カロラス，2000,「テレビ広告の日本的特質―有名人起用に関する比較文化的考察―」高嶋克義編著『日本型マーケティング』千倉書房，pp.97-114. を参照されたい。

るいは知ってもらう、好きになってもらうなどである。その際に、どんなに広告が魅力的であったとしても、最終的に対象商品・サービスとの結びつきがなければ、広告の目的を達成することはできない。その商品やサービスの良さを直接的にコミュニケーションする広告表現はその典型である。例えば、何かその商品に関連する実験を行う、他の商品と比較をすることで、当該商品の良さを伝えることもできる。そのような広告表現のアイデアとしては、直接的に商品のメリットを連呼し、実験を行う、あるいは他社製品と比較をすることになる。但し、商品からのコンセプトといっても、その商品が作られている原材料やあるいは外見のデザインといったものだけではない。その商品がもたらす機能といったものもある。例えば、スマートフォンのiPhoneであれば、そのおしゃれなデザインもあれば、材質感もある。またそのiPhoneで行える機能や、カメラの解像度などの性能ということもあげられる。加えて、私の整理では、ブランドネームやパッケージなども含まれる。すなわち、その商品がもつもので、それが変わればその商品自体が変わるものである。もちろん、バージョンの違いでカメラの解像度は異なる。その一連の性能を含めたものがひとつの商品だと考えて欲しい。その商品自体のものから導き出す広告コンセプトがひとつ目としてあげられる。

2-2. 送り手側の意志からのコンセプト

2つ目は、送り手側の企業などの考え、意志から発想するものである。企業広告の多くは、企業の理念、考え方を表したものだ。近年、環境問題などCSR（企業の社会的責任）やSDGsを意識したコミュニケーションとしての広告表現が多く見られる。但し、難しいのは、元々商品やブランドは、企業の理念や思想がベースにあり、それを具現化したものである。ニワトリが先か卵が先かという議論ともいえる。私は、その商品がすでにあり、その属性や機能を変えずに企業が自分の考え方を付加するものはこの分類に入ると整理した。

企業広告に限らず、商品広告の表現においても、送り手の企業から「自社ブランドはこのような商品／ブランドである」と伝えるものがある。例えば「水と生きる」というコーポレートスローガンの下に広告を展開するサントリーがそれを意識した表現を作成している。水そのものの発想、南アルプスという地域のもつイメージ、そして水が人の生活にとって重要である企業の思想などである。南アルプスの天然水[2]そのものは、そこで採れた水を使用しているので、1番目の分類に入る。但し、その事実から発想を広げ、サントリーの商品は水を大切にする商品であるという思想を訴えている。

2−3．他の意味を用い、新たな意味を生み出すコンセプト

次のコンセプトの源泉は、上記の「送り手側の意志からのコンセプト」に類似をしているが、送り手の思想・理念ということではなく、そのブランド、商品に付加したいと考えるイメージや意味を決め、それを当該製品の属性には関連しないものを用い、ブランドの新たな価値を生み出すものである。例えば、コカ・コーラは元々、茶色の炭酸飲料である。コカ・コーラの産みの親であるジョン・S・ペンバートンは薬学を修め、製薬業を始めた。その後その知識を活かし、薬から清涼飲料水作りに事業をシフトしたといわれている(Campbell, 1964, p.94)。当初は薬効の意味をもたせたいと考えていたのではないかと思われる。しかし、現在のイメージは、海、夏、若者、など薬のイメージはない。そのようなイメージを企業側が付加したいと考え、広告活動を行った結果、今ではコカ・コーラ＝海のようなイメージが作り出された。このように、商品の属性とは関係しないその商品／ブランドに付加したいイメージから、送り手となる企業が広告コンセプトを生み出す場合がある。例えば、オリンピックなど世界的なスポーツ・イベントに協賛している時計メーカーの商品は、恐らく「消費者の頭の中で精確に時を刻む商品だろう」、あるいは「この会社は世界的な規模の会社であろう」という類推がオリンピックという大会から働くという調査結果もある[3]。

2　サントリー食品インターナショナルは、2020年11月より安定供給を目指すため、それまでの「南アルプスの天然水」「奥大山の天然水」「阿蘇の天然水」の商品名を「サントリー天然水」に統一した（食品産業新聞ニュースWeb, 2020）。

3　スポーツ・イベントのスポンサーシップの効果については、丸岡吉人, 2007,「新しいブランド・コミュニケーション」仁科貞文・田中洋・丸岡吉人『広告心理』電通．に詳しく述べられている。

2-4．消費者起点のコンセプト

次にあげるのは「消費者起点のコンセプト」である。実はこの消費者起点のコンセプトは、次に説明する「どう伝えるか」ということにも大きく関わるため、コンセプトかアイデアかその境目が難しい。4章のデジタル思考でも述べたが、人は生活をする中で、何かの製品を使用する際に何らかの不都合や問題を感じる場合がある。その問題点をこの商品は解決できるということで、コンセプトとする場合がある。例えば、チョコレートはかつて、女性や子供が食べることが多いとされていた時期があった。その時に男性が食べても良い、あるいは男性向けのチョコレートとして登場したのがスニッカーズというチョコレートバーである。キャッチフレーズの、「お腹がすいたらスニッカーズ」という言葉を聞いた人もいるかもしれない。男性が残業、あるいはスポーツ中で、すぐにお腹を満たすことができない状況はある。そのような時に簡単にお腹を満たすことができるチョコレートということがこの商品のコンセプトである。特に男性向けにコミュニケーションを行っていたが、チョコレートやナッツなど商品自体に含まれるものに特段男性や空腹を満たすということの特性はない。送り手側が、そのように位置づけ、コンセプトを決めたわけである。

コモディティ化が進み、商品の差別化が困難な現代、またものがあふれ人々のものへの欲求が失われつつある社会において、商品からのアイデアで人々に注目させる表現作成は困難な時代といえる。オートバイのハーレーダビッドソンなど、特別にロイヤルティの高いブランドは存在するが、それであっても24時間そのブランドのことを考えていることはない。一般的に、人々は、特定の商品のことを考えている時間はほぼなく、彼らは自分自身が興味のある、自分に関わることしか考えていないと捉えるべきだ。デジタル・メディアの隆盛で情報量が一気に増えた現在では特にそれが顕著である。自分自身で何か好きなブランドを思い浮かべ、そのブランドのことを考える時間が1日のうちにどの程度あるかを思い起こせば理解できる。基本、人々は自分のこと、自分に関連することしか頭にないと考えるべきである。このことについては、7章でさらに詳しく述べる。

消費者起点のコンセプトは現代社会においても非常に強いコンセプトである。そして、この後の章で取り上げる消費者インサイトに大きく関わるものである。

3．広告表現の4分類

広告表現は、上記の広告コンセプトとどう伝えるかの表現アイデアの組み合わせで、無数に存在する。実際にどのような広告表現の種類があるのか、安田（1997）『あの広告はすごかった』に述べられている16分類79広告アイデアを、私なりに整理し直してみた。その上で、オリジナルの4つの象限で分類することを提案する（図表6-1参照）。

この図は、大きく、商品・ブランドにより近いあるいは遠いか、また商品やその他タレントなどイメージしやすいものか、消費者の感情や送り手の思想など、抽象的な概念であるかで広告表現アイデアを分類した。

図表6-1：広告表現における4分類

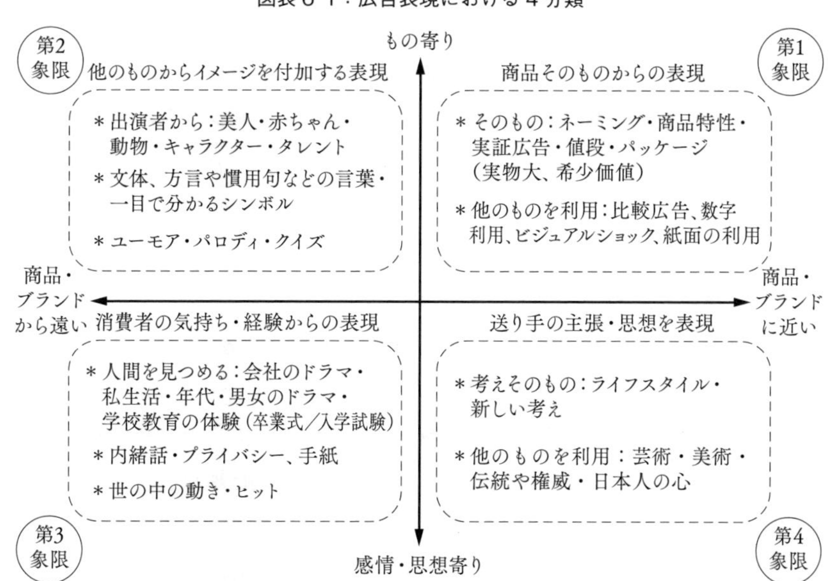

第1象限は、商品そのものから来ている広告表現である。広告の機能的な分類に照らし合わせれば、大きくは伝達や説得を意図している。

第2象限は、送り手がその商品やブランドに他のものからのイメージなどを付加することをイメージした表現アイデアである。広告の機能から大きく分けると意味づけとなる。尚、この象限には、意味づけだけでなく単にアテンションを高めるために他のものを利用する場合も含めた。その代表例はユーモア広告であろう。尚、他のものを利用することは広告表現では非常に頻繁にあり、単に意味づけだけでなく、スポーツ・イベントの協賛など対話に近い共感を目的とするものもある。

第3象限は、商品ブランドを多く語るのでなく、実際の人々の生活や体験、感情に訴えるものである。これは、第2象限でも述べた、控えめな対話、共感を得ることを目的としていると思われる。

最後の第4象限は、送り手となる企業の思想や考え方を伝えることを意図した表現である。この目的は、主に消費者との対話となる。この分類を基に、実際の広告表現を整理したい。紙幅の関係で詳しく表現アイデアについて述べることができないため、詳しくは原著（安田, 1997）を参照して欲しい。

当然ながら、広告表現は星の数ほどあり、必ずしもこの4分類で奇麗に整理できるわけではない。ここでは分類をすること自体が目的ではない。それらは、創造的な広告表現、コンセプトを見つける上のヒントとなるものと考えている。

3−1．第1象限：商品そのものからの表現
（商品・ブランドに近い×もの寄り）

商品やサービスを直接的に広告表現で伝えるものである。例えば、「ネーミングを大きく伝える」「商品特性のアピール」「パッケージ・ロゴ、商品形態」「値段」「希少価値を訴える」「実物大で実感させる」などが含まれる。商品やブランドをダイレクトに伝えるために、受け手側に理解されやすい一方、広告感があり、受け手に拒絶されることもあろう。すでに、その商品や商品カテゴリーについて、興味をもっている、購入を検討している場合には効果

的である。但し、受け手の商品カテゴリーへの関与が高くない場合には、どう伝えるかという広告のHowの部分が重要となる。そのための受け手側の注意や関心を向けさせるための工夫が必要となる場合が多い。

その代表がメタファー（比喩）を使った表現だ。ロシター・パーシー・ベルマン・グリッドで有名な、ジョン・ロシターとスティーブン・ベルマンの『戦略的マーケティング・コミュニケーション』でも述べられている「遠隔コンベア・モデル」（Rossiter & Bellman, 2005＝2009, p.184）は、まさにこの比喩を用いた理論である。彼らの本にも、自動車メーカーのVOLVOの例が載せられており、VOLVOの車は安全性に優れていると直接的に伝えるより、安全ピンを車の形にして表現する方が、より強いインパクトを受け手に与えることができると述べられている。しかしこれについては、あくまでもその製品の特徴から来るものである。

話を具体的な表現アイデアに戻すことにする。商品をより魅力的に見せる工夫としてのアイデアでは以下のようなものをあげることができる。例えば、「一度に多くの商品をまとめて見せる」「レトロ感覚に訴える」ということである。レトロ感覚を使う場合には、そのブランドが歴史をもつ場合が多いが、そうでない場合もある。

また客観性を利用したアイデアも多い。例えば、「事実を直接的に伝える実証広告」「競合他社の商品と比較し、その違いを述べる比較広告」「具体的な数字をあげ説明を行う方法」「新聞記事などの引用」「意外な事実をあげ、その事実から商品の説明を行うもの」などがあげられる。加えて、ビジュアルの効果でその商品を説明する「ビジュアルショック」や、「カラーを効果的に使う」もの、「複数の人の顔を重ね合わせるモンタージュの手法」などもあげられている。

常識を逆手に取った広告アイデアというものもある。「その商品の負のメッセージで訴えるネガティブアプローチ」「少数派や異端派へあえて訴える方法」「斜めに見る、逆手に取る方法」、また、県や市のコミュニケーションで見られる「自虐広告」を含む「居直り・投げやり・自虐・強がり」などの手法が含まれる。

新聞広告などに限定されることが多いが、広告媒体をフルに活用してその商品の特徴を表す場合もある。「変形広告など特殊スペースを活用した表現」「紙面を細分割し、複数の商品やサービスを並べる方法」、また、「じらし広告ともいわれ、新発売時に期待感をあおるティザー広告」も、新聞などで行う場合には、同じ紙面で、日にちをずらし掲載することを考えることからこの分類に入ると考えた。また、「商品の詳細な情報を伝えるためにあえてテレビ広告のフッテージなどを新聞に描き、その上で詳細な説明を行うアイデア」などもある。商品を直接的に伝える広告は、ある意味これまでの広告の王道であったが、広告への嫌悪感などから、広告をスキップする、見ないなどの状況が増す中、今後検討を必要とする手法であるともいえる。

4章では、ロジカル思考、デザイン思考、アート思考などの説明を行ったが、商品からどうすれば最も伝えたいことを伝えられるかを考える点で、ロジカル思考と相性の良い広告表現ともいえよう。

3-2．第2象限：他のものからイメージを付加する表現（商品・ブランドから遠い×もの寄り）

広告表現の世界では、3つのBというものが有名である。すなわち、Beauty, Baby, Beastの頭文字の3Bである。「Beautyの美人を使った表現」「Babyの赤ちゃんを使った表現」、そして「Beastの動物を使った表現」である。広告表現に3Bを使えば注目度が増すといわれている。確かに可愛い動物の写真を見せられれば目が行くことも多い。但し、他のものだけに目が行って、商品が覚えられない場合もある。バンパイア効果と呼ばれているもので、その動物などは有名になってもどこの企業のCMか思い出せない場合もある（『広告用語辞典』, 1997, p.144）。かなり昔の話であるが、1984年の三菱自動車で使われたエリマキトカゲのCMは有名である。

この象限の代表的なものは、何といっても「タレント広告」である。日本で非常に多く見られる広告表現である。その効果としては、そのタレントのもっている意味を商品やブランドに移し、ブランドイメージなどを強化するというグラント・マクラッケン（McCracken, 1988＝1990）の「意味移転効果」

などがあげられる。例えば、野球の大谷翔平選手をCMに起用すれば、これまでにない革新的なことへの挑戦（投手と野手の二刀流）、日本人最速の球を投げ、大きなホームランを打つことから、力強いというイメージが付加されるかもしれない。あるいは、そのルックスからさわやかさもあるだろう。そのようなイメージを自社のブランドにももってもらいたいと考えて起用することは考えられる。私の調査でも、ポカリスエットが若い女性を起用していた時は、ポカリスエット本体のブランドイメージのさわやか、明るいという項目の数値があがった[4]。一方、中年の脚本家を起用した時はそのブランドイメージの明るい、さわやかの得点は下がり、信頼感がもてるや安心感があるといった項目のスコアがあがった。このように、他のものの意味をブランドに付加することを目的とすることがある。

但し、他のものを使う場合には、どう伝えるかという役割で使用する場合が多い。「方言や慣用句」を使ったり、「一目で分かるシンボルを使う」こともできる。さらに受け手側の遊び心をくすぐるアイデアとして、「ユーモアを強調」したり「パロディ」を使ったり、「クイズ」などを用いたりする場合もある。

他のものを使って、広告表現を作り上げることは、広告にとって重要な役割を占める。この点については、12章のエンゲージメントと共視性でも触れる。次に第3象限の前に第4象限の説明を行う。

3-3．第4象限：送り手の主張・思想を表現（商品・ブランドに近い×感情・思想寄り）

送り手の主張や思想を受け手側に伝える広告表現はこれまでも見られる。4章で触れた青木（2021, p.5）のアート思考の事例にあるナイキの広告などがその代表だろう。近年増え続けている、環境問題への対応を述べた企業広告

4　調査の詳細については、小泉秀昭, 1999,「ブランド構築における有名人広告の戦略的考察―『情報源効果』と『意味移転』のコミュニケーション・モデル―」『日経広告研究所報』日経広告研究所, 33(5), pp.40-45. を参照されたい。尚、この論文では、「意味移転効果モデル」と共に、「情報源効果モデル」についても考察を行っている。

もこの分類に入る。送り手側の考え方を提示し、受け手側がそれに共感することを期待しての表現となっている。インターネット広告が増加する中で、動画広告の秒数も短く、またスマートフォンの小さい画面では、良い広告表現が作りにくいという欠点はある。一方、自社サイトのショート・ムービーや、YouTube などの動画サイトで、興味をもった人々が繰り返し見てくれる可能性もある。今後期待される表現方法ともいえる。

また、どう表現するかももちろん大切であるが、何を訴えるかも重要である。近年の SDGs や環境問題で安易なこのような社会的広告がよく見られるが、安易なテーマ設定や深掘りのない内容では、受け手側がその内容のなさを見抜いてしまう。広告が思いもよらず、炎上を起こすこともある。どれだけ受け手側の視点に立てるのか、また社会の流れがどのようなものかをしっかり判断する必要がある。

この象限に入る広告アイデアとしては、新しい世界観を提示する「ライフスタイルの提案」「新しい考え方の提示」そして「社会派の視点」などがあげられる。ライフスタイルの提案としては、1971 年にサントリーのデリカワインが、それまでサラリーマンの男性が、金曜日は同僚と飲みに行くことが多かったものを、ワインを買って家で家族と過ごすという新しいライフスタイルを提案した。今では、ワインを買って家で家族と楽しむという過ごし方は、一般的になってきているだろう。新しいライフスタイルなどを表現する時に、それを代表する有名人を起用する場合もある。1980 年代の西武百貨店の「おいしい生活。」のウディ・アレンの起用などである。送り手側の主張・思想を伝える場合でも、どう伝えるかを考える必要がある。上記の西武百貨店は、映画監督であり、文化人のウディ・アレンを起用し、第 2 象限のような他のものを利用して、コミュニケーションを図っている。他のものを利用して自社の主張・思想を伝えることも多い。例えば、伝統に基づくものとして、「日本人の心に訴える」「芸術・美術を利用」そして「伝統や権威を借りる」などがある。また、主張や思想というものや機能といった具体的な特徴ではない抽象的な考えを伝えるため美術作品などを用いる場合もある。

3−4．第3象限：消費者の気持ち・経験からの表現
（商品・ブランドから遠い×感情・思想寄り）

第3象限を最後にしたのは、私が推奨する有機体的広告論の広告表現として、最も注目しているからである。消費者の気持ち・経験から、表現のコンセプトやアイデアを見つけるというものである。他のものより、商品・ブランドに最も遠く、そして具体的なものや機能といったものより、感情・思想を重視している。

安田（1997）にも、トリスウィスキーが例としてあげられているが、1981年の名作といわれる「雨と犬」がこの分類の代表である。雨の中を捨て犬と思われる犬が懸命に歩き続けているものである。「いろんな命が生きてるんだな。元気で、とりあえず元気で、みんな元気で」というナレーションだが、出世もできずお金持ちでもないトリスウィスキーを飲んでいる多くの消費者たちに、元気でいることが大切なんだというメッセージを送っている。また、方向性は異なるが、バブル時代にリゲインというドリンク剤で「24時間戦えますか」というキャッチコピーのCMがあったが、それは、商品に近い表現である。その後バブルがはじけ、逆にそのようにがむしゃらに働かなくても良いというメッセージが多く見られた。ドリンク剤のCMもそうだが、「モーレツからビューティフルへ」という富士ゼロックスのCM表現は、商品とは遠く、消費者の体験や気持ちに寄り添ったものであった。

この中でも、商品・ブランドに近いものと遠いものがあると述べたが、近いものの例が4章で述べたデザイン思考に関連があり、この後7章・8章でも述べる消費者インサイトに関するものである。それらは、実際にその商品を使用したり、当該カテゴリーのユーザーあるいは潜在ユーザーの気持ち・経験を分析し、その中から課題を見つけ、その改善案を提案するものといえる。基本的に、当該商品やカテゴリーが前提になる。しかし、これは第1象限の商品そのものの表現にも近い部分がある。

一方、有機体的広告論で特に注目するのが、商品から一度離れ、受け手側を一人の「人」としてその人の気持ち、経験を利用するアイデアである。4章で述べた「ヒューマン・インサイト」と私が呼んでいるものである。こち

らはデザイン思考より有機体的思考からの表現アイデアと呼びたい。

具体的な例をあげれば、人間を見つめた広告アイデアで、「会社のドラマ」「私生活という舞台」「年齢や世代」、そして「男女のドラマ」などがある。代表的な広告とすれば、サントリーオールドの「恋は、遠い日の花火ではない。」というシリーズである。何気ない日常での中年男性、女性の心の動きを表している。商品のサントリーオールドは最後の商品カット、あるいはお酒を飲んでいるシーン程度である。しかしその音楽とトーンで、サントリーオールドのCMだと認識できる。第2象限の動物広告で述べたバンパイア効果を心配されるかもしれない。しかし私は、音楽やトーン、また継続的なコミュニケーションで、当該商品の認識は可能と思っている。逆に、自分自分という形で商品を連呼するより、受け手側の心に寄り添い、一緒に人生を歩む姿勢が、現在必要になっていると考えられる。12章で取り上げる、共視性の概念とはまさにそのことであり、スポーツ・イベントなどの協賛などでもぜひ心がけるべきことである。また、このように、人間を見つめた広告は、一般的に「スライス・オブ・ライフ型CM（Slice of Life）」と呼ばれている。欧米でスライス・オブ・ライフ型CMとは、この象限の最初に述べた商品や商品カテゴリーに関連する人々の経験を最初に描き、その問題を解決するのがこの商品であると伝えるものである。人の問題→課題の解決となる。例えば、飼っている鳥が逃げて、子供が寂しがっているという問題のシーンを描く、色々家のまわりのペットショップを探すが同じ種類の鳥がいない。その時にタウンページという店舗の検索ができるもので探したらその種類と同じ鳥を見つけることができた、という非常に説明的な内容であった。日本では、あまりこの形のCMを見ることはない。それよりは、前述のサントリーオールドのように、人の経験や感情に働きかけるCMとしてスライス・オブ・ライフ型CMをよく見かける。

話を戻すが、その他の切り口では、近年、カロリーメイトやポカリスエットで見られる「受験」や「卒業式」を題材にした広告がある。カロリーメイトの受験を扱った広告などが良い例だ。黒板アートの卒業式の広告も同じである。受け手側の若者が一度は通り、苦しく、しかし精一杯生きた受験に共感し、それを思い出す。今の彼らを激励している表現になっている。受験生だけでなく、すでにそれを通り抜けた大学生にも強いインパクトを与えている。商品は、出しゃばるのではなく、寄り添い一緒に前を見ているということだけを伝えていると感じられる。当然ながら、商品を食べているシーンなどはない。これこそが、ものがあふれ、欲しいものがない現代、彼らの心に届く表現ではないかと考える。

今の時代、ものがあふれ、ものについて考えることは本当にわずかだ。カロリーメイトなどの低関与の商品などをいつも考えるわけもなく、それよりは、自分が大変な人生を歩いている中、それとなく寄り添ってくれているという価値でその商品に親近感を抱くのである。消費者の人生にとって大きな時間、価値をもった時間は過去にあったと考えている。それをいかに見つけ、その人々に寄り添える広告表現がヒューマン・インサイトに合致した広告である。もちろん、これらのCMが受験の時のトラウマをよみがえらせるといったネガティブな意見があることも事実だ。しかしそれだけ多くの人の心に届いていることも確かであろう。

消費者の気持ちや経験をもう少し広く捉えているものもある。例えば、「流行やヒットを取り入れる」という方向性である。これでいえば、ポカリスエットがコロナ禍でリモート合唱を行ったCMがあった。コロナ禍によって同じ場所で歌を歌うことができない。リアルな世界で楽しさを中々共有できていない若者の気持ちをうまく表していた。また「世の中の動きとの連動」というものもある。1960年代に高度経済成長が終わり、もう少しのんびりいこうと訴えたCMは、個人の経験より、社会全体の空気を読み取ったCMである。

これらのことから、消費者視点のアイデアは、現代社会でも最も人々の心に残る可能性のある広告表現である。お笑い芸人のネタで多く見られるもので、「あるあるネタ」と呼ばれているものがある。日常によく見かける、不快感を抱かせるような人のしぐさ、何か大事な時の失敗など、自分の過去の経験に結びつけて、自己を投影しているものである。心理学のこの分野の研究としては、自己関連性があげられている。堀田（2017）によれば、過去のエピソードとつなぎ合わせると記憶に残りやすい。例えば、キャッシュレスサービスの広告で、単にそのサービスの機能的な価値を訴えるよりは、昔財布を忘れて、困った状況を提示するといったことである。

4．ブランドイメージの危うさ

これまでの表現の分析の中で、2次的な連想、製品そのものではない別のものを用いたコミュニケーションが重要であることと、そしてその可能性を述べてきた。他のものからブランドイメージを構築することの可能性ともいえる。しかしどのようなイメージでも自社の製品／ブランドに付加すればそれで良いとはいえない。

ダニエル・ブーアスティン（Boorstin, 1962＝1964）は『幻影（イメジ）の時代』の中で、企業イメージ、ブランドイメージの構築に警鐘を鳴らしている。企業・ブランドには理想が必要であり、それをもたない、見せかけだけのイメージの問題点を指摘している。また、この理想についても本来のものとは異なる疑似理想があるとも指摘している。疑似理想とは、例えば、理想的な母親であれば、家におり家事をしっかり行い、子供を立派に育てることかもしれない。しかしこれは当然ながら母親の理想像ではない。単なる作り上げられたイメージの世界なのである。この疑似理想に沿って、それに当てはめられた広告イメージと、本当の意味での理想に近づくための広告イメージは異なる。ブーアスティンの本が書かれたのは1962年であるが、現代社会においては、これをより考える必要があると思っている。

最近学生が非常に真面目になり、勉強に取り組んでいる。かつてのような、記憶に残る学生が少なく、個性が見えにくくなっている。またインターネット、特にSNSやゲームの普及も影響しているかもしれないが、私は人々がより受動的になり、1枚の絵の中や物語の中でその役割をしっかり演じることに喜びを感じている気がしている。インスタグラムの写真の中で他の人々が作り上げているものと同じような世界に自分も参加し、そこでその役を演じている。あるいは、ゲームの世界では、プロが創り上げた物語の主人公として、その物語の一人のプレーヤーとして役を演じることに違和感を感じず、逆に喜びをもっている。そのような中で多くを考えることはないと思われる。次から次に作られたものの中のひとつの役割を演じる受動的な人間ともいえよう。このことがブーアスティンの疑似理想の世界に生きる人々だと思う。

それでは、どうすれば良いのかといえば、人々も企業も理想をもつことである。すなわち、誰かが作ったこの瞬間の１枚の絵ではなく、人々がこれまで生きてきた世界、そしてこれから進むべき世界の理想、そして企業も過去の歴史とこれから自社が何を目指すかをしっかり検討し、両者の合致点を探すことになる。そしてそれに向かって、ある時は製品以外の別のものを使って、ブランド／企業イメージを作り上げることが必要であると考える。私はブーアスティンの考え方に必ずしもすべて同意をするわけではなく、ブランドイメージも大切だと思っている。しかしそのイメージを作り出す前にしっかりどのようなイメージを作り出すべきか考える必要がある。

むすび

本章では、広告表現のコンセプトとアイデアに注目し、広告表現を４つの象限で分けることを試みた。この４つの象限のどれが正しいということはない。目的はそれぞれ異なり、それに合致した広告表現が存在する。しかし、ものそして情報があふれる今だからこそ、創造的な広告表現が求められるべきと考える。その中で、ひとつの方向性として商品やブランドから少し遠ざかり、思考を働かせるという方法も有用であると考える。その中でのキーワードは「インサイト」である。その中でも「消費者インサイト」だけでなく「ヒューマン・インサイト」を提示した。しかしそのヒューマン・インサイトに近づくためにも、まずはこれまでの消費者インサイト論を振り返り、それに近づく方法を整理したい。7章では、まず既存の手法を整理し、消費者インサイトを発見できる脳を鍛えるためのトレーニング方法を見ていく。そしてそれを踏まえ８章では、ビジネス・インサイトと比較しながら有機体的広告論のインサイト、すなわちヒューマン・インサイトに近づくことにする。

7 章

消費者インサイト力を身につける方法

この章では、広告戦略開発において消費者インサイト発見のための方法論を「有機体的広告論」としてどのように考えるかを明らかにしたい。

1章で、アルフレッド・ノース・ホワイトヘッドの「有機体の哲学」を基に、新たな広告思想である「有機体的広告論」の概念を提示した。その中でも、特にこの章では、「時間は非連続の連続として捉え、過程を重視すること」という考え方を柱にする。また2章ではプラグマティズムへの接近として、直観の否定と関連するチャールズ・サンダース・パースのアブダクションに注目した。インサイトの発見のための、具体的な方法論はパースに大きく影響を受けている。

1．消費者インサイトとは

広告の仕事をしている、あるいは広告の勉強をしている人は、一度は消費者インサイトあるいはコンシューマー・インサイト[1]という言葉を聞いたことがあると思う。良い広告を行うためには、消費者のことを理解しなければいけない。そしてその商品やブランドの広告活動の目的を達成するためには、消費者が思わず行動してしまうようなポイントを突き止め、それを基に広告活動を行う必要がある。そのポイントが消費者インサイトである。

では、消費者インサイトはどのような定義がされているのだろうか。サン

1　インサイト論において、小林保彦など多くの研究者が「コンシューマー・インサイト」を用いている。しかし後述にある通りマス・メディアや企業では、「消費者インサイト」を用いる場合が多く見られた。本著では、読者に理解しやすいということで基本的に「消費者インサイト」を用いる。但し、基本的には同じ意味として扱う。

ドラ・モリアーティ他（Moriarty et al., 2019, p.625）は、米国を代表する広告論テキストのひとつと考えられる、*Advertising & IMC: Principles and Practice*（第11版）の中で、「実質的な消費者調査および調査結果の深い分析に基づいて、人々がなぜ行動するのかについての結論および決定を計画すること」と定義している[2]。

一方、小林（2001, p.35）は、消費者インサイトとは「消費者について、その行動の原理や、行動の背景にある気持ちの構造を見通すことである」と述べている。

米国流の整理の仕方では、より調査ということを前提にしていることが感じられる。小林保彦は、あえて「調査」という言葉を用いず、より包括的に消費者の心に近づくものだと考えている。モリアーティ他（Moriarty et al., 2019）の定義では、既存の調査の意味を多く含むと考えられるが、調査という言葉の意味は非常に広いものである。アンケート調査のような量的な調査だけではなく、定性的な調査およびあらゆる情報を基に、消費者の行動の背景にあるものに近づこうとすることも考えられる。これらすべての調査結果や情報を用いて消費者インサイトを見つけていくということが基本的に有機体的広告論の方法論である。

2．マーケティングの流れと、今という時代

なぜ消費者インサイトが大切なのだろうか。それについて、少し初歩的な話になるが、マーケティングの流れと共に、世の中で何が求められている時代なのかを整理したい。

企業の広告活動はマーケティング活動の一環として捉えられている。American Marketing Association（アメリカ・マーケティング協会、AMA）が出している2017年のマーケティングの定義では、「マーケティングとは、顧客、依頼主、パートナーそして社会全体にとって価値のある提供物を創造、伝達、

2　原著では、「Planning conclusions and decisions about why people behave as they do based on solid consumer research and thoughtful analyses of findings」（Moriarty et al., 2019, p.611）。

提供、交換するための活動であり、機関であり、プロセスである」となっている。一方、1985年の定義の方が理解しやすく、「個人と組織の目標を満足させる交換を創造するために、アイデア・財・サービスの概念形成、価格、プロモーション、流通を計画・実行する過程」となっている。すなわち4Pを使って目標を達成しようとする交換活動といったことである。

但し、これでも分かりにくいので誤解を恐れず書くと、「需要と供給のバランスを価格以外で壊すこと」だと私は考えている。すなわちものを買おうとしている消費者は1円でも安く買いたいと思っているが、一方ものを売りたい人（企業とか広告主）はなるべく高く売りたいと思っている。これが丁度折り合った価格が均衡価格となり売買が成立する。しかし売る側が何とか少しでも高く売りたいと考え、価格以外のものを付加する。例えば、素敵なラッピングをして売る、銀座などの名前の知れた街で販売するなどである。そして広告論で最も重視しているのが、魅力的な広告活動を行ってブランド価値を高め、多少高くても、購入してくれる顧客を増やすことである。

さて、マーケティング活動も、色々な流れを経て現在に至っている。米国でマーケティングという言葉が使われ始めたのは、1900年代初頭だ。産業革命から1910年頃までは、自動車をはじめ、新しいものを作れば売れるという世の中であった。製造志向と呼ばれた時代である。まずは製品のことを第一に考え、新しい商品、良い商品があれば自然と売れた時代でもあり、それを作り続けようとした時代だ。その後1910年から1930年頃は販売志向の時代と呼ばれ、セールスマンと呼ばれる人々がとにかく自分の売り上げを伸ばすことを第一に考えていた。近年デジタル系のベンチャー企業が立ち上がり、すべてとはいわないが、新入社員にひたすらテレフォンアポイントメントを取らせ、飛び込み営業で名刺を何百枚か集めさせるようなことをしている企業もあるようである。彼らの意図は精神的にタフな社員を育てたいと思っているのかもしれないが、まるで1930年代とも思える光景である。

その後、マーケティング志向と呼ばれる時代になる。消費者の心理を研究し、どのような訴え方、見せ方をすると手に取ってもらえるかといったことを研究していく。しかしそれらは、そこまで顧客のことを考えることはしていなかった。その後1950年代に入り、顧客、お客様のことを考える時代に移っていった。顧客のニーズやライフスタイル分析など、色々な顧客研究がなされ顧客第一のマーケティングが行われた。そして、1980年代頃から、競合他社から顧客を奪い取るという競争志向だけでは、経営はうまくいかない、社会の一員として役割を果たすことが求められてくる。CSR（企業の社会的責任）が問われ、顧客以外の生活者や社会といったステークホルダーも企業は意識し活動を行っている。広告業界も、企業広告を中心に環境問題などへの取り組みを訴える企業が増えていった。現在も社会を意識したマーケティング、広告活動は続けられている。しかしそれと同時に、2010年代以降共創志向と呼ばれ、顧客と共にマーケティング活動や広告活動を行うことが増えてきている。これにはインターネットなどデジタル・メディアの普及が大きく影響している。プロモーションキャンペーンを行った応募者に呼びかけて、ファンクラブ的な組織をネット上に作り、新製品のアイデアや広告表現のアイデアを募り、良いものは実際にテレビ広告にして流すといったことも行われている。UGC（User Generated Contents）と呼ばれ、消費者の書き込みや、消費者が作った広告を企業側も積極的に取り上げている。これらの中には、コアなファンを中心にした手法もあれば、別にコアなファンだけではなく、より広くユーザーと呼ばれる人たちと、共に商品やコミュニケーションを作り上げていくものもある。

東京オリンピックもあり、近年スポーツ・イベントを企業の広告コミュニケーションに用いることが目立つ。その中でコカ・コーラ社が、オリンピックの試合のすぐ後に、金メダルを獲った選手に、「メダル獲得おめでとうございます！」といったメッセージを流した広告があったが、私はこれも、企業と消費者が共に、オリンピックを盛り上げようとする共創志向の表れだと思っている[3]。

3　このCM手法は、2018年の平昌オリンピックで最初に行われたと思われるが、2021年に開催された東京オリンピックで、この手法のCMに対し「事前に何パターンか撮影してんのかこれ」といった批判もネット上には見られたようである。現状このCMの表現方法が必ずしも効果的とは言い切れない（BIGLOBEニュース，2021）。

上述したが、もちろんブランドに対して非常にコアなファン、例えばアンバサダー[4]と呼ばれるような人たちがいることも事実である。但し、多くの人たちは、そこまで当該商品のことやブランドのことを考えてくれているとは考えられない。昔々の製造志向の時代はもう来ないともいえるだろう。大学生に聞けば特にものは欲しくない、シェアで十分といわれる。三浦（2012）は、現代の状況を「第四の消費」と呼び、もの離れが進んでいることを指摘している。実際にその商品を使っている人であってもその商品／ブランドのことをいつも考えているわけではない。通常、人は、自分自身の生活のこと、興味のあることを考えている。その商品のことを考えるのはそれを使う時だけかもしれない。あるいは、使っている時でさえ、考えていないこともある。このような時代だからこそ、商品の機能をいかに巧みに伝えるかより、人々が何を考え、何を求めているのか、そして何に触れ、考えた時に一番心が動かされるかを考えることが最も大切になってくる。その時に大切になるのが消費者インサイトであり、それを見つけ、それを用いてそのブランドのマーケティング活動をすることが益々大切になっている。

3．消費者インサイトの歴史的流れ

それでは、いつからこの「消費者インサイト」という言葉が出てきたのだろうか。広告業界では一般的に使われる言葉だが、最初に日本の新聞に登場したのは2007年のようである。新聞の検索機能を使って調べてみると大変面白いことが分かった（2021年8月18日現在）。「消費者インサイト」で検索すると、日経新聞だけでは4件だけで、一番古いものは2008年6月13日に電通の人事の記事で、電通総研の中に消費者インサイトという部署があったようである。尚、コンシューマー・インサイトという言葉で新聞に登場したことはない。また、朝日新聞でも、消費者インサイト、コンシューマー・イン

4　アンバサダーとは、自ら積極的に商品、サービス、企業やブランドについて情報を発信したり語ったりする新しいタイプの顧客である。

サイト共にヒットがなく、広告業界やマーケティング・リサーチ業界では一般的と思われるこの言葉も、一般社会ではまだ浸透していないことが見えてきた。

そこで、日経テレコンの検索で日経８紙を調べたところ、人事の４件を除き15件がヒットした。尚、2021年の記事は「ポストコロナの顧客戦略」(2021年５月12日流通新聞)の１件のみであった。他の記事の多くは消費者インサイトを探求するといった文脈で用いられている。このように、消費者インサイト、コンシューマー・インサイトという用語は一般的にはまだ十分に浸透はしておらず、また使われ始めてまだあまり時間がたっていないことが分かる。

次に、研究分野でいつ頃から登場してきたかを見ていく。CiNiiの論文検索を行ったところ(2020年４月11日現在)、コンシューマー・インサイトでヒットしたものが14件、消費者インサイトでヒットしたものが20件という結果であった。コンシューマー・インサイトが登場する最も古いわが国の研究は小林保彦の2000年の論文、そして消費者インサイトでは、2002年の菅原正博の研究であった。したがって、日本でこの研究がスタートしたのも、2000年以降になる。尚、2020年現在、広告代理店の電通のホームページでは、コンシューマー・インサイトが５か所、消費者インサイトが10か所で使われている。一方、調査会社のインテージのホームページでは、コンシューマー・インサイトは10か所だが、消費者インサイトでは249か所と調査部門ではより多く使われていることが分かる。

さて、海外ではどのような状況かをProQuestの論文検索で見ることにする。ConsumerとInsightの２つの言葉は一般名詞である。したがって200万件近くがヒットしてしまう。そこで、この２つのワードが続けて使われ、かつタイトルに使われている場合も見ることにする。それでは503件となり、プラスAdvertisingを含むもの、すなわち広告関連で、タイトルにConsumer Insightがひとつの言葉として使われているものが84件あった。日本に比べるとはるかに広く研究されていることが見て取れる。但し、広告の文脈とは限らないものを含めても、一番古く登場するのは、1992年の消費者インサイト論の第一人者であるリサ・フォーティーニ＝キャンベルの本の書評であった。欧米でも、まだ30年は過ぎてはいない概念であることが見て取れる。2001年に出版された *Hitting The Sweet Spot*（Fortini-Campbell, 2001）は大変興味深い本で、どのように消費者インサイトを見つけるのか、またそれを見つけるための能力を高める方法などが書かれている。多くの方に有用な内容と考えられるため、それについて私のコメントを交え述べることにする。

4．消費者インサイトに接近するための２つの視点

消費者インサイトに接近する方法論として私は2つの視点があると考えている。ひとつは、広告を行うためのブランドや製品がすでに決まっており、そのブランドを購入してもらう、あるいは興味をもってもらうために、そのターゲットとなる消費者のインサイトを見つけ、コミュニケーションを行うということである。目的が明確で、それに関して最適な消費者インサイトの発見方法の開発だ。

もうひとつの視点は、具体的なブランドなどは想定せず、最適な消費者インサイトを見つけるための個人の能力を高めるための方法論になる。当然こちらを鍛えることにより、実際の課題が発生した時には、最適な消費者インサイトを発見できる確率が高くなる。この2つの視点は、しっかり分けて検討していくべきである。

さて、後者の方から考えていくことにする。伝説的な広告マンや一流のクリエイターの方々は、トレーニングをしなくとも、すでに最適な消費者インサイトを発見するための能力をもっているのだと思われる。但し、一般の人々は、そのような能力は身についていない。特に大学生や広告の仕事を始めて2〜3年しかたっていない人たちには、最適な消費者インサイトを発見する作業はかなり困難なものである。実は、このトレーニング方法が主に書かれているのが、前述したフォーティーニ＝キャンベルの *Hitting The Sweet Spot*（Fortini-Campbell, 2001）である。

5．「Hitting The Sweet Spot」の手法

フォーティーニ＝キャンベルは、シカゴの広告会社の調査部長などをし、その後ノースウエスタン大学ジャーナリズム大学院のIMC学科准教授をしていた。ノースウエスタン大学を離れた後は、消費者インサイト教育と同時に、マーケティング・コンサルタント会社、The Fortini-Campbell Companyの社長として活躍した[5]。マーケティング課題に独特の消費者洞察手法を駆使したコンサルティングとトレーニング・セミナーを多くの企業を対象に実施している。彼女が担当した主なクライアントには、Motorola, Hewlett-Packard, Ford Motor, IBM, Kraft Foods, Mercedes-Benz, Seagram Beverageなどがある。

5-1．この本の構成

この本（Fortini-Campbell, 2001）は、４章立てになっている。１章で消費者を説得するための特別な心理上の場所であるスイート・スポットが何であるかについて述べている。スイート・スポットとは、テニスのラケットや野球のバットの芯に当たるイメージで、力を入れずともボールが遠くに飛ぶポイントである。マーケティングでいえば、数多くある消費者インサイトの中で、最もその人に影響をおよぼすもの、それをいわれると思わず、その商品を手に取り、何かの行動を取ってしまうものである。

続く２章では人々を観察すること、彼らがブランドについて考えることを助ける多様なツールを扱っている。この章が主に、消費者インサイトを見つける能力を高めるためのトレーニング方法である。３章ではインサイトをつかむ方法とそれをインスパイヤー（刺激）する方法を述べているが、この部

5　SNSのLinkedInにおける、Lisa Fortini-Campbell氏のページの所属先は、「THE FORTINI-CAMPBELL COMPANY」となっているが、すでにビジネスの仕事はしておらず、創作活動に時間を使っているという話もある。https://www.linkedin.com/in/lisa-fortini-campbell-247283140/（最終更新日2021年９月１日）。

分はインサイトを発見するための方法論という意味合いが強くなっている。最後の4章で日々の業務の中で多様な人々が仕事上で消費者インサイトをどう用いているかの解説を行っている。また、この章でアカウント・プランニング[6]の歴史とアカウント・プランナーの役割も述べている。

5-2．この本から学べること

この本は、主にブランドマネージャーと呼ばれるメーカーのマーケティング部門で働く人々、そして代理店のアカウント・エグゼクティブ（AE）といった営業職やクリエイティブ部門で働く人々、またPRやダイレクト・マーケティングの部門、中小企業の経営者、そして学生に向けたテキストブックとなっている。したがって、適宜実際に行う課題も書かれており、成功事例が書かれている。比較的知識や経験のない人たちにも理解しやすい構成になっている。特に個人のインサイトを発見するための能力を高める方法を学びたい人のためには格好のテキストといえよう。

この本で明らかにしているのは、まずどうしたら「観察力を強める」ことができるのか、そしてインタビューの技法として、「注意深く、そして感情をもって人々を見つめ、耳を傾ける方法」である。次に「顧客があなたのブランドについてどう考え、どう感じるかを学ぶ方法」も述べられている。そして、それらと、ブランドと顧客を結びつける最善の方法が解説されている。但し、この部分は多少観念的な部分が強いと私は感じた。また、顧客のインサイトだけではなく、一緒に働く同僚やクライアントと呼ばれる取引先の社員のインサイトを見つける方法が書かれているのは大変興味深い。ここまででも分かるように、これは特定のインサイトを発見するための方法論というよりは、マーケターや広告マンとしてインサイトを発見するための能力をいかに高めるかが中心となっている。このことは、実務家にとっても重要な部分と考える。

6　広告コミュニケーション戦略を立案するための発想、活動、手法、プロセスなどを指す総称（『マーケティング・コミュニケーション大辞典』, 2006, p.9）。小林保彦編著, 2004,『アカウントプランニング思考』日経広告研究所．が詳しい。

この本には、インサイトを発見するために、どのようなことを考えるべきか、どうすべきかということについて、それを学ぶために具体的な課題を提示し、それを行いながらインサイトを見つけるための能力のアップ、また見つけ方の実践を行うことを推奨している。ここでは、その課題がどのようなものか、そしてなぜそのような課題に取り組むことが重要なのかを述べることにする。

5−3．ターゲットのことを深く考える

課題1は、「他の人が、あなたの真の姿を理解するために知るべきことを2〜3つ書きなさい」というものだ。私もメディア・プランの仕事をしていたので、多くのプランにおけるターゲットの定義が、25〜49歳の既婚女性で、6〜18歳の子供がおり、世帯年収が500万円以上といったデモグラフィック（人口統計学的属性）データが中心となっているのを見てきた。これは具体的なメディア・ビークル[7]（雑誌名などの銘柄媒体）を選ぶ際に必要にはなるが、彼女のインサイトは見えてこない。デモグラフィックデータでは、そのターゲットの一部しか見ることができないし、特に彼らの生活については何も語っていない。例えば、まだ「スポーツクラブに通うのが好き」という情報の方が、インサイトにつながる率が高くなる。

ターゲットの分析をする前に、まず自分自身について考えてみる練習を、この本では求めている。確かに、実際には会ったこともない人のことを考えるより、自分自身のことであればある程度想像できよう。そのことにより、他の人について考える練習になるわけである。

この節のタイトルは「あなたが考えている以上にすでに多くのことを知っている」となっている。すなわち、自分を見つめることがインサイトを発見する能力を高めるために有効だということである。同様に課題2では、「今、心に思い浮かぶものを5つ記入しなさい」というものである。この意味は、消費者を生きた人として感じ、考える癖のようなものを身につけさせようと

7　1章注8を参照されたい。

しているということである。

消費者を現実の人間として見る練習として、課題3がある。「あなたがマーケティングあるいは広告プロジェクトを始める時、今仕事をしている人と一緒に、あなた自身で以下の3つの質問に答えなさい」。

① 彼ら（顧客）が彼ら自身について心に抱くように私は私の顧客を定義しているか。

② 私は彼らの見方で生活をみているか。

③ 彼らが私に近づいてくることを期待するより、彼らに私の製品やサービスを近づける方法を考えているか。

これは、私が提唱する有機体的広告論に結びつくものだ。実は、消費者は常に多くの情報や刺激物に触れており、当該商品のことを常に考えているわけではない。③については、10章で述べるブランド・コンタクト・ポイントにも関わることである。

5-4．自分自身のことを考えることは近道

課題4は、広告寄りの課題だ。「最近あなたの心に結びついたと感じた広告メッセージは何ですか」。定義のところでも書いたが、消費者インサイトは、消費者が何か行動をする時の背景にあるものである。この本では「connected with」という言葉が使われている。何か引っかかりがあり、当該ブランドや製品を思わず買おうとする、あるいはもう少し調べてみようかなと思うような状況ともいえる。その点から、①どのような製品／広告か、②スイート・スポットはどのようなものか、そして、③として実際にその製品を買ったかを書くようにという課題になっている。この課題を行う理由は2つある。ひとつは、自分というものを振り返ることの大切さだ。まず、自分を通して考えてみること、それにより自然と他の人のインサイトも考えることができるようになる。もうひとつは、消費者インサイト、その中でも特に重要なスイート・スポットを考える癖をつけることである。学生に広告のアイデアを考えさせると、まず面白いもの、興味を引くもの、そしてインパクトのあるものを考えてくる。これらのことは、あくまでも手段である。それらが入り

口となるが、入ってそこにあるものが本当に興味のあるものでなければ、行動に移してはくれない。興味を引く表現も大切だが、その前提には消費者インサイト、スイート・スポットが必要となる。

5-5. いつも誰かを説得している時のことを考える

課題5は、より一般的な課題だ。人をどう説得するかという問題である。この本では、消費者インサイトの中のさらにその重要なポイントであるスイート・スポットを見つけ、それを広告で消費者に伝え、何か行動を起こしてもらうことを目的にしている。そのことは、日常、私たちが行っていることと同じだとも述べている。すなわち、母親なら子供を起こして学校に行かせる、子供なら夏休みに海外旅行に行くために、何とか親を説得しているということである。但し、説得がうまい人は、相手の気持ちを理解し、どのような話し方、もっていき方をすれば動いてくれるかが分かっており、それらを踏まえて話をする。公衆トイレで、「汚すな」というコピーをあまり見なくなり、最近は「いつも奇麗に使ってくださってありがとうございます」というようになった。これも相手の気持ちを汲み取って説得をしている事例ともいえよう。

課題5の具体的な内容は、学生向きで「もう1年学校に通うため、あと150万円の仕送りを両親に依頼するための手紙を書く」というものだ。私が課題として出題する時は両親以外の人でも構わないことにさせている。最も可能性が高く、そしてその人がどのような言い方をすれば、お金を出してくれるかを深く考え手紙を書くことを求めている。向上心を強くもっている父親なら、いかにこの1年間が自分の成長のために必要なのかを書くのかもしれない。このように相手の気持ちになり考えることがスイート・スポットを見つけるためには大切になる。私は常々、消費者インサイトを考える時は、誰か一人の頭の中を思い浮かべて考えるように伝えている。ターゲットが50代男性サラリーマンである場合に、若い学生などでは、その人の気持ちは中々考えられないだろう。しかし多くの情報を俯瞰的に見ていけば少しずつ近づくことはできる。最初の練習としては、まずは自分あるいは近い人々を想定して取り組むことを推奨する。

また、同じ課題の流れとして、最近誰かを説得した時のことを書いてみるというものもある。これを行うことで特に、失敗した時にどこに問題があったかを振り返ることができる。

5−6．製品の使用経験を味わう

課題6は、実際の製品を使ってみるという練習だ。まずは練習としては、「お菓子」「石鹼」「新しい靴」など、身近なものから試してみることが良い。1秒ごとにあなたがしたこと、感じたこと、心に浮かんだことに注意を払い、できるだけ詳細に書くようにする。「スニッカーズ」というチョコレートバーなら、「それを取り上げる時何を見るか」「手の中でどのように感じるか」「何かにおいはあるか」「開ける時丁寧に開けたか」「少しずつかじったか」「味わいは終わりの方で変わったか」など、約30項目が例としてあげられている。実は私はかつて、広告代理店でこの商品の担当をしていた。毎日のように食べてはいたが、ここまで深く考えながら食べたことはなかった。5章の戦略開発でも述べたが、有機体的広告論の考え方は、まずはなるべく多くの情報を集める。そして一瞬で良いので、それが何かのインサイトに結びつくかを考えることが重要である。この課題の真意は、単に考えるだけでなく、その中で何かのヒントのような仮説を見つけるために行っているのだ。パッケージを破った時に、何か特別な感覚が起こるかもしれないのである。

小林・野口（1999）が消費者インサイトの発見の手法として、自分でやってみること（イントロスペクション）をあげている。これは上記のことに通じることだと思う。但し、それはインサイトへのひとつの近道だが、単にそれを行ったからといって、それですぐにインサイトが思いつくことはない。より深く思考することが前提としてあげられる。

5−7．自分の観察

課題7は、課題6と類似した細かい記述を行うトレーニングである。但しこちらは、自分自身に関するテクニックとなる。例えば、「仕事に出かける準備をする」「ショッピングセンターに行く」「今までに行ったことのないところに行く」などについて、ノートを取り、テープレコーダーで録音し、その時々に何をしてどう考えたかを記録していく。この本の課題は、主にインサイトを発見するための能力をどう高めるかについてのトレーニング方法だ。これは必ずしも、担当の商品やブランドに関係のないことを行うことを前提にしている。まさに4章でも提示したヒューマン・インサイトを発見するための練習でもある。

この本は、多少ブランドや製品に関する消費者インサイトとヒューマン・インサイト[8]のトレーニングが交差している部分はある。しかし、私はこれらの方法は、消費者インサイト／スイート・スポットを探すためにも、またヒューマン・インサイトを発見する能力を高めるためにも大きくプラスになると考えている。

有機体的広告論の基本的な考え方は、プロセスを重視することである。消費者が生活をする上で、どのようなことを行い、その時にどう感じているかを考えることが大切である。もちろん、ターゲットとなる人に同行し、観察できればそれでも良いのだが、それができなくとも、様々な情報から、そのターゲットがどのような生活をし、その時どう感じるかを考えていくことにつながるのである。詳しくは8章のヒューマン・インサイトの章で再度述べたい。

5-8．客観性について

この本の中ではこの個所で客観性について述べられている。一人の人に焦点を当てるだけでは、客観性に問題があるのではないか、科学の厳密性はどこに行ったのかという反論が出る。但し、インサイト論、特に有機体的広告論においては、客観性はそこまで重視していない。といっても、科学の考えを無視しているわけではない。2章でも述べたように、未来を予測する上で

8　4章でも書いたように、消費者インサイトは当該商品／ブランドを意識した中でのインサイトであり、ヒューマン・インサイトは一旦商品／ブランドから離れた、人としてのインサイトと考えて欲しい。

間違いは必ずある。その中でいかにそれが正しいと確信をもてるかということが大切になるわけである。間違いを犯す可能性はありつつも、より創造的でユニークなインサイトを見つけるためには、量的なデータだけでなく、より個を大切にすべきなのである。

5−9．他人の推論

課題8は、他の人を観察し、どのような人なのかの推論を行うことである。例えば「電車に乗って、あなたの隣に座っている人の仕事を推論する」というようなことになる。実は私は、よくこのようなことを行っていた。一緒にいる家族の者に他の人をじろじろ見るなと怒られることもあった。また、若い頃、暇な時は表参道など人通りの多い道路に面しているカフェの2階に座り、通りを歩いている人のことを色々想像してみた。あの人は、何か困った顔をしている、何に悩んでいるのか。結構派手な洋服を着ているが隣の友人は地味だな、きっと自分への意識が高く、その他のことにはあまり気にしないのかな、といったことである。結構時間もつぶれるし、ある意味楽しい時間ともいえる。もちろんあまりじろじろ見ていると問題になるかもしれない。もちろん、私の想像は正しいとは限らない。間違っていることの方が多いだろう。しかし、このようなことをすることからある人（ターゲットなど）の意外な側面が見えてくることがある。この推論こそが、有機体的広告論で最も重要と考えているアブダクション的思考である。アブダクションについては2章で述べているので、そちらを読んで欲しい。

さて、このアブダクションの推論力を高めるためにも課題9、課題10そして課題11が役に立つ。これは、より製品のインサイトに近づくために役に立つものである。例えば、課題10は、その専門家に話を聞くことを推奨している。ゴルフ用品についてならキャディ、新婦になろうとしている人のインサイトが必要なら、牧師などに聞くことが良いと書かれている。また、課題11では、何か行っている人の行動を観察する、あるいはビデオで撮らせてもらい、記述するというものである。例えば、女性が化粧をしているところ、子供がコンピューターゲームをしているところなどである。これらは、文化人類学の手法ともいえる。実際に何かしている人々の中に入って観察し、話をする参与観察、非参与観察といった調査手法をさらに勉強すると良い（小林・野口，1999）。

5-10. 聞き上手になること

課題11について、この本では、インタビュー調査の行い方が書かれている。例えば、インタビュワーは、インタビューに答えてもらう被験者のような洋服を身につける、可能ならメモを取らないといったことである。前者については、学生を対象にインタビューを行う時、ビシッとしたスーツにネクタイでは、相手も萎縮する。また、日本では、調査会社や広告代理店の調査ルームでフォーカス・グループ・インタビュー[9]を行うことも多い。大きなマジックミラーのある部屋をテレビのドラマなどで見たことがあるかもしれない。マーケティング情報が一般の人にも伝わっている現在、マジックミラーの裏でその発言に耳を傾けていることは大方の被験者は気がついていると思われる。それらは、普段の生活とは大きく異なる状況だ。欧米では、被験者の自宅を訪れ、その商品、例えば車なら車を見ながら話を聞くそうである。確かにコストはかかるが、日本でも考えるべき点といえよう。

さて、ここで興味深いのは、インタビュー調査の練習方法だ。ひとつには、職業でインタビューをする人を観察することがあげられている。日本では、さしずめ「徹子の部屋」のような番組だろう。このような番組は、どのように自然に話を引き出すかの勉強になる番組である。また別のお勧めとしては、パーティが良い練習方法だと述べられている。日本では、欧米ほどパーティは多くはないが、懇親会などの催しもあると思う。その時は、同じ人と話をするのではなく、初めて会う人から話を引き出すことが良い練習だと思って欲しい。

9　「特定の話題に焦点を絞り込み、タイムスケジュールもある程度事前に決めた上で進行するグループインタビュー」のこと（『体系マーケティングリサーチ事典』，1993，p.174）。

5-11. 3つの質問テクニック

課題12では、質問をさらに深めることのできる3つのテクニックが述べられている。ひとつは投影法である。心理学でのテクニックだが、回答者の内面を見つける良い方法である。私も実務の時によく行っていたが、その中にも様々な手法がある。特に私が使ったのが、ダブルバブル、文章完成法というものであった。簡単な絵を描き、その心の中にあることと実際に言葉として話すことを被験者に書かせる。ドッグフードの広告の仕事をしている時は、飼い主が犬に餌を与えている絵を提示し、飼い主と犬の心の中を書いてもらうようにした。犬が話をするわけでも、考えるわけでもないが、犬がこう思っているのではないかと飼い主が思っていることが明らかになる。このことから飼い主の深層心理が浮かび上がってくる。その時は、自社ブランドと競合他社で行ったのだが、大きな違いがあり大変参考になった。この他、雑誌から自由に写真を切り取り、テーマに沿って説明してもらうコラージュ法など、多くの種類がある。

2つ目のテクニックはブランドパーソナリティだ。これは、ブランドを人に見立て、どのような性格かを答えてもらうものである。私が勤務していた広告代理店では、広告表現のクリエイティブ・ブリーフ／オリエンシートを書く時にもこの項目があった。広告主と担当する広告代理店が共通認識をもつことにもプラスになる。何より、このブランドの強さ、弱さが明らかになり、商品理解が深まる。課題13では、このブランドパーソナリティを考える練習で、いくつかのブランドをピックアップして、そのブランドが人間であれば、どのような性格なのかを書いてみる。この本の中では、例としてIBMがあげられ、「強い」「男性的」「傲慢」「協力的」「知的」などであるとされていた。もちろん、この本が出てから随分時間も経過しており、今のIBMのパーソナリティは大分異なると思う。このように、ブランドも日々変化をし続けていることは忘れてはいけない。

3つ目のテクニックは、「ラダリング」だ。ラダリング（Laddering）は「はしご」という意味だが、調査では、はしごのように、「なぜ」を繰り返すテクニックと述べられている。この手法の目的は、属性、便益、価値というブランドの構造を明らかにすることである。例えば、前述したスニッカーズというチョコレートバーなら、属性が「たくさんのピーナッツ」、便益が「本当に満腹にさせる」、そして価値は「お腹がすいた時に、集中できないことを改善する」となる。属性は製品から来るもので、多様なものである。消費者がそのいくつかの属性を検討し、それがどのように消費者に直接的なプラス面をもたらすかということが便益となる。そして価値であるが、その便益により消費者自身の肉体的・精神的欲求を満たしてくれるかということである。上記の流れでスニッカーズのテレビCMは作られていた。YouTubeでも見ることができるので、確認してみて欲しい。尚、何十年も前の話ではあるが、私の勤めていた広告代理店では、ブランドホイールと呼んで、この3つを決め、最終的なブランドエッセンス、というブランドの核を決め、USP（ユニークな売りの命題）を明らかにしていた。スニッカーズでは、「空腹を満たしてくれるチョコレート」「お腹がすいたらスニッカーズ」となる。

課題14は知覚マップを作成せよ、というものだ。知覚マップとは、ポジショニング・マップと同様に、縦軸、横軸を書き、その4象限にブランドをマッピングするものである。特に自分自身がどのように感じているかを位置づけていく。この後、課題15としてセグメンテーションを行うことも勧めている。一見すると一般的なマーケティング戦略の教科書に出てくるような内容だ（詳しくは5章を参照）。しかし自分でそれらの軸を考えていく中で自然と消費者がどのようにブランドを知覚しているか、その軸が見えてくる。たくさんの軸の知覚マップを作れば、その中のどれを選ぶべきかのトレーニングにもつながるわけである。同様にセグメンテーションもそれらを行うために括る枠組みを考えなければいけない。その競合他社を含めてそのブランドについてよく考えることのきっかけにもなってくる。

むすび

この本（Fortini-Campbell, 2001）では、このように、既存の手法を否定もしていない。それどころか、量的な2次的調査データも重要だと述べられている。問題なのは、これらの統計データを絶対的なよりどころとして戦略を組み立てしまうことである。ひとつの軸、基準で行うと考えやすく議論も早く終わる。但し、それでは十分ではないことはこれまで述べてきた通りである。これらの既存の分析枠組みや量的な2次的調査などは、インサイトを考える上の良いスタート、ヒントになるが、それ以上のものではない。よく、インサイトの本などでは、調査データ、数値データを目の敵のように扱っている。私もそれらについて問題を感じてはいるが、逆にインサイトを考えていく上には絶対に必要になるものと考えている。良いものであれば何でも用い、前に進むことが大切だと考える。なぜこれらのことを行うかを再度述べれば、課題に対し、推論、あるいは仮説を導き出し、検討することこそがインサイト発見のための行為だからである。これらのことは本著の5章でも戦略開発のステップとして述べている。

課題としてはここまでであるが、上記のようなことを行って見つけたインサイトが本当にスイート・スポットであるかを確かめる方法がこの本で述べられている。それについて、基本的に2章で指摘した信念を固めていく、ということになる。これは後の章でさらに詳しく述べる。

長く書いてきたが、最後の知覚マップやセグメンテーションでさえ、直接的な手法というよりは、消費者インサイトを見つける能力を高めるために、数多くそれらを行い、そして常にその時の消費者インサイトは何なのかを深く考える癖をつけることが一番の方法である。これらの手法を日頃から行い、インサイトを発見する能力を高めて欲しい。

8　章

消費者インサイトとビジネス・インサイト　そしてヒューマン・インサイト

前章では、消費者インサイトを発見するための個人的な能力を高める方法をリサ・フォーティーニ＝キャンベル（Fortini-Campbell, 2001）の文献を基に見てきた。次に広告を行うためのブランドや製品がすでに決まっており、そのブランドを購入してもらう、あるいは興味をもってもらうために、そのターゲットとなる消費者のインサイトを見つける方法を考えていきたい。そのための私の方法論を述べる前に、少し違う視点で、消費者インサイト論を整理したい。

消費者インサイトに近い概念として「ビジネス・インサイト」という考え方がある。新製品開発、あるいは新しいビジネスを立ち上げるためのインサイトの発見方法である。その本を書いているのが、マーケティング学者の中でも著名な石井淳蔵である。本のタイトルも『ビジネス・インサイト—創造の知とは何か—』（2009）で、岩波新書版が出されている。また、石井が、2014年に出した『寄り添う力—マーケティングをプラグマティズムの視点から—』と合わせて、私の考えと対比しながら述べていくことにする。

1．ビジネス・インサイトとの比較から見る消費者インサイト

1-1．ビジネス・インサイトと知識創造の方法論

もとより石井の理論を否定するというようなことではない。また、石井の思想のベースにはプラグマティズムがあり、私が有機体的広告論のベースにしているものと類似している。また、石井は、ビジネス・インサイトを整理するために、マイケル・ポラニー（Polanyi, 1966＝1980）の『暗黙知の次元』にも大きな影響を受けているが、その点は私も同様である。石井の著書はマー

ケティング分野で、特に得るところが大きく読むことをお勧めする。

したがって、ビジネス・インサイトについて多くの点で共感する部分が多いのも事実である。しかし、ここで取り上げている消費者インサイト、特に広告活動あるいは私が考えているインサイト論とは異なる点があると考える。その点を整理することで、消費者インサイトとは何か、そしてそれに接近する方法として私が考えている「ヒューマン・インサイト」の全体像が見えてくると思う。

加えて、混乱をさせてしまうと恐縮だが、もう1冊大変有効な文献があるため、そちらについても触れることにしたい。それは、2003年に出された野中郁次郎と紺野登の『知識創造の方法論—ナレッジワーカーの作法—』である。これは、暗黙知をどうしたら、組織の知（形式知）にすることができるかということがテーマになっている。多くの古典と呼ばれる思想に関する文献を基に、独自の理論を展開している。野中は世界的にも著名な学者であり、上述の石井の本にも触れられている。

まずは石井と野中・紺野の本を比較しながら、考察を進めたい。2つの著作と私の考えの違いであるが、扱う範囲を指摘することができる。野中・紺野（2003）は、経営学、特に企業組織の中のナレッジワーカー、知識労働者をどう育成するのか、組織の中の知の創造と継承とでもいえる。一方、石井（2009）は、マーケティングの分野である。例えば、ヤマト運輸がどのように宅配システムを生み出したか、セブン-イレブン・ジャパンがどのように今のような巨大なビジネスになることができたか、またキットカットが「きっと勝つぞ」のキャンペーンをどのように導き出したかということが述べられている。

一方、私が取り上げているのは、あくまで広告の中で人の心を中心にし、人の心に刺さり、行動を起こさせるようなキャンペーンのためのインサイトである。この点でいえば、石井のキットカットの事例は類似するものである。私は、石井（2009）が述べるヤマト運輸のような新しいビジネス・モデルとキットカットのプロモーションキャンペーンを同じ土壌で語るべきか疑問に思った。前者は、扱う商品／サービスの問題であり、後者は商品自体を変えることはできないもので、その副次的なものともいえる。前者と後者では費やす時間等も当然異なる。恐らく石井（2009）としては、そのアプローチ方法は同じであり、方法論が同じであることから、同じレベルで取り上げていると考える。

もう少し上記の2つの文献の共通点を見ていくことにすると、それは2つとも創造というものの重要性が述べられている点である。どのようにしたら創造的なものを生み出すことができるのかということに焦点が当てられている。そして、2つとも実務家向けのノウハウ本ではないことも述べている。上述したフォーティーニ＝キャンベルの文献には、能力を高めるためのトレーニング法が述べられているが、こちらはインサイトを見つけるための考え方・方法論を重視している。そして石井は特にケースの解説を通し、その方法論を述べている。野中・紺野（2003）もケースの重要性は述べているが、そこまで大きな割合は占めていない。また、どちらも「観察」という手法を重視しているが、石井はそれがかなり大きな役割を果たしているのに比べ、野中・紺野は多様なものを組み合わせて近づこうとしている中で、観察もある程度重要な役割をもつものとして扱っている。

そしてどちらもポラニーの「暗黙知」という概念を非常に重要視している。但し、その暗黙知の捉え方は、若干異なると考えられる。野中・紺野は、暗黙知の捉え方として、匠の技といった、マニュアルを読んでもまねをすることができないものという概念を強く意識している。一方石井は、誰でももっているがそれに気がつかないものとして捉えている。ポラニーにより近いのは石井の捉え方である。野中・紺野も明らかにポラニーに影響を受けているが、『知識創造の方法論』では、多くの思想の中のひとつとして自説を整理している。

石井（2009）は、ポラニーの『暗黙知の次元』を自身のインサイト論の基礎に置いている。さらに、石井（2014）は、『寄り添う力』の中で、副題として「マーケティングをプラグマティズムの視点から」と名づけ、石井のインサイト論が、プラグマティズムにも影響を受けていることも指摘している。石井のビジネス・インサイトの基盤は、ポラニーの暗黙知とプラグマティズムであるといえる。そして、ビジネス・インサイトでは、ポラニー（Polanyi, 1966＝1980）の文献にも出てくる対象に棲みこむ＝オブザベーションを行うことが彼のインサイト論の中で最も大切だとしている。ここでいうオブザベーションとは、「観察」よりもっと広い意味と考えられる。注意深く話を聞き、見ること等すべてを吸収して、一体になるということだと私は理解した。この対象に棲みこむ力を養うために、最適なものがケース・スタディを通しての学習だと述べられている。

一方、野中・紺野（2003）はより多元的な立場を取り、多様な思想や方法を使い暗黙知に近づこうとしている。野中・紺野は暗黙知と形式知を行き来することで、暗黙知が組織の中に根づくと考えている。形式知とは、言葉で言い表すことのできる知識である。消費者インサイト論では、比較的形式知は重視されていない。但し、特に米国では、多少考え方が異なると考えられる。フォーティーニ＝キャンベル（Fortini-Campbell, 2001）も形式知はインサイトを見つけるひとつのヒントとして重要であると述べている[1]。

私の知る限りでは、米国のインサイト論は、調査を基本にしてその中から見つけ出そうという傾向が強いと思われる。一方、英国では、形式知というよりは暗黙知を重視している。後者を言い換えた例とすると、ある有名なクリエイティブ・ディレクターの方が、どのようにアイデアを見つけるかという質問を受けた時に、「温泉宿にこもり、何の資料ももたずに時間を過ごす、そうするとある時にふっとアイデアが浮かぶ」というようなことを述べていた。水越（2014）が勧めている「本質直観」のようなものに近いのだと考える。これは、エトムント・フッサールの「本質直観」から整理されているのだが、これについても後ほど触れることにする。

野中・紺野（2003）もこれを否定しているのではなく、恐らくデータなどの形式知と、観察などから得られる言葉にできない要素を互いに行き来させて暗黙知に近づこう、というものであると考えられる。野中・紺野は、質的調

1　*Hitting The Sweet Spot* の6節において、Fortini-Campbell（2001, pp.57-76）は、調査、産業統計、世論調査などがインサイトを発見するための助けとなると指摘している。

査のトライアンギュレーション[2]を例に出し、複数の思想を組み合わせて最終的な知のプロセスに到達しようとしている。私も、この考え方が正しいと考えている。元来プラグマティズム的に考えれば、ひとつのことだけに固執するのではなく、求めるものに近づくことができるのであれば、それが正しいと考えるからである。石井（2009）はプラグマティズムにも大きな影響を受けているが、この点では野中・紺野（2003, p.43）がよりプラグマティズムの考え方に沿っていると考えられる。実際、野中・紺野は、ジョン・デューイ[3]を引用し「役立つものは全て真理である」というプラグマティズムの思想も紹介している。

尚、石井（2009）も、プラグマティズムのリチャード・ローティ[4]をベースにし、ビジネス・インサイトの発見プロセスの中に、セオリーを用いることとして4P分析などを行うことを推奨している。多少異なることはあるとは思うが、両者ともプラグマティズム的な真理に到達するためには、有用なものは用いるという姿勢は感じられる。また、私は、前述したクリエイティブ・ディレクターも、温泉宿にこもる前には、多くの情報に接しているわけで、最後の最後にそれをひとつのものに組み立てる時には、過去の情報などを直接的に見ていないというだけだと思われる。また水越（2014, p.218）も、本質直観を行う上で大事なこととして、最初に「できるだけたくさんの知見に日常的にふれていること」をあげている。

さて、前述した、野中・紺野（2003）の暗黙知と形式知を行き来するということをもう少し述べたい。彼らは知的創造のモデルとして、共同化（暗黙知から新たな暗黙知）、表出化（暗黙知から新たな形式知）、連結化（形式知から新たな形式

2　トライアンギュレーション（方法論的複眼）の重要性について、佐藤（2002, pp.155-161）は、『実践フィールドワーク入門』で詳しく述べている。

3　教育論で著名なデューイについては、本著補講の「有機体的広告教育論」でも触れている。デューイの思想については、魚津郁夫, 2001,『現代アメリカ思想』に分かりやすく述べられている。

4　ローティのプラグマティズムについては、魚津郁夫『現代アメリカ思想』の15章、あるいは伊藤邦武『プラグマティズム入門』2章2節に比較的分かりやすくその思想が整理されている。

知)、内面化(形式知から新たな暗黙知)というものを提起している。そして、その中の表出化と内面化を行き来することで、新たな知が創造できるとしている。一方、石井(2009)の主張は、暗黙に認識する力を得るために、対象に棲みこむことの重要さ、そのために、実際の現場に行き消費者を観察し、使用者の話を聞き、内在化してその人と一体化することを指摘している。

1-2. 暗黙知について

先ほどから、暗黙知という言葉を使っているが、それが何かが明確ではないと思う方もいると思う。そこで、再度立ち戻り、暗黙知とは何かについて述べることにする。暗黙知とは経験や勘に基づく知識のことで、個人個人はこれを言葉にされていない状態でもっているというのが前提である。

野中・紺野(2003)は、日本企業の研究において暗黙知を以下のように捉え、形式知の対概念として用いている。例えば、個人の技術やノウハウ、ものの見方や洞察が暗黙知に当てはまる。日本企業では、個々の社員の暗黙知を形式知化し、組織で共有することによって知識を創造するということだと主張している。

暗黙知の概念は、元々ハンガリーの科学哲学者ポラニー(Polanyi, 1966=1980)が提唱しているものである。彼によれば、人は常に言葉にできることよりも多くを知ることができる。個人がもつ知識には、言葉で表現できる部分と、言葉で表現できない部分とがあり、前者よりも後者の方が多くを占めているとしている。ポラニーはこの後者を暗黙知と呼んでいる。つまり、野中・紺野(2003)が「まだ言葉にされていない知識」を暗黙知と考えるのに対し、ポラニーは「言葉にすることができない知識」を暗黙知と考えていたわけである。

ポラニーの暗黙知をさらに精査し解説を加えているのが、大崎(2017)の研究である。大崎(2017)は、ポラニーの「暗黙知」を以下の4つに分け、詳しく述べている。①識別の「暗黙知」、②技能の「暗黙知」、③ゲームの「暗黙知」、④問題の発見、創意工夫、発明・発見の「暗黙知」の4つである。

識別の暗黙知は、人が顔を識別する例が分かりやすい。古い友人が何年かたって再会した時、なぜか昔の面影がありその人を友人と識別することができる。顔のパーツひとつひとつということではなく、口では説明できないが全体としてその人であると識別するわけである。2番目の技能の暗黙知は、伝統工芸の匠の技や、古くからの機械工の技術などである。より分かりやすい例で述べれば、子供の自転車を大崎はあげている。はじめ自転車に乗れない子が、何度か練習するうちにコツをつかみ乗れるようになる。この乗れた時のことをわれわれは説明できないのが一般的といえる。

3番目のゲームの暗黙知は、将棋のプロなどの対戦で、必ずしも定石を覚えている方が勝つというものではなく、より段位の高い者が勝つ場合も多くなる。これらの熟練や勘が影響するといわれている。4番目が、今回のテーマに関係することで、石井（2009）が、「棲みこむ」ことで可能になると指摘するものである。確かにこの考え方を否定するわけではないが、それを実現するために、深く観察し、あるいはインタビューを長く行うことで可能となるのか、疑問に残る。

その前に②の技能についても、ポラニーの暗黙知は元々、言葉にできないものであり、師匠の仕事と弟子の仕事が全く同じだと述べることはできず、どこまで近づいたとしても、それは弟子の新しい仕事であるとしている。その考え方を当てはめれば、消費者インサイトは、単に消費者が口では語れないものをその通りに自分の中に感じるということよりは、それになるべく近づき、そして④の問題の発見、創意工夫、発明・発見の「暗黙知」を生み出すことが大切になると考えられる。それについて、ポラニー（Polanyi, 1966＝1980）は『暗黙知の次元』の2章、創発でそのことを述べている。私は、1章の暗黙知の仕組みについての記述より、よりこの創発の考え方からインサイト論を検討すべきと考えた。

ひとつのモノを作り上げるなど技能に関わる暗黙知は、人の心（問題の発見他）よりは複雑でないと考えられる。技能なら、ある意味作っている人に、「棲みこむ」だけで良いかもしれないが、人の心は過去から影響を受けており、その人の今意識していない部分でも、過去に影響を受けているわけである。柴田・遠山（2005）は、場の重要性を述べている。場に入り込み、身をゆだねることが大切であるということだ。しかしその場その瞬間だけで良いのだろうか。過去からの人の流れに、その場にはない暗黙の姿があると思っている。それを含めてすべての要素で近づくべきだと私は考える。

ポラニー（Polanyi, 1966＝1980）は自身の暗黙知と呼んでいるものを、アルベルト・アインシュタインの相対性理論の例をあげて説明している。アインシュタインは直観でその理論を発見したと述べている。但し、アインシュタインの直観であっても、多くの物理学の知識を蓄え、思考を繰り返して出てきたものであり、それが最後に統合したものが直観で、その前の段階で推論をしていないとは考えられないと私は考えている。物理学の知識がない人がいきなり相対性理論を見つけることはできないはずである。

尚、記憶、音楽、絵画などで特異な能力をもつサヴァン症候群といわれる人がいることは事実だ。その数は限定されている。ここまでくると私の理解の域を越えるが、それでも多少は過去の刺激や、経験が影響をしている気がしている。

したがって、直観は、チャールズ・サンダース・パースのアブダクティブ示唆と呼ばれるもの、すなわちアブダクションを繰り返すことによって、それらが統合され、ひとつの腑に落ちるものとして現れるものだと私は結論づけている。

尚、パースのアブダクティブ的な思考は、明示的で意識して仮説を出し続けているように思われるが、実は、それを考え続けていると、本当にわずかな時間ではあるが無意識にも近い状況で推論を繰り返していることが起こっているのではないかと私は考えている。例えば、AIDMA[5]でも、コンビニエンス・ストアの棚を見た瞬間に自分では意識せずに情報が入り、その商品ごとに思考を繰り返しているとも思われる。この商品は、かつて見たことがある、新しい味、パッケージが違う、○○の味……などである。さらに明示的なアブダクション、推論を意識的に繰り返すことにより、それに伴って無意識な思考も行われている。

5　5章注5を参照されたい。

創造活動が生み出される時に、どのような瞬間があり、それをどのように理解すべきなのか、脳波を測定し判断することもできると思う。但し、それもひとつの見方しかできない。1章で説明した思弁的哲学、すなわち思考をめぐらして真実に近づくという方法が最良であると私は考える。推論をして、多くの情報を考える中、これまで考えたことが一番腑に落ちることこそがインサイトだと私は結論づけた。

1−3．直観について

2章でも直観については詳しく述べたが、再度ここでも検討したい。有機体的広告論では、まず内在においても本質的直観であったとしても、それに影響をする要素は現存すると考えている。アンリ・ベルクソンでも、ポラニーにおいても、直観に到るまでに多くの思考活動があり、その上で、ある沸騰点が訪れるように、何かが生み出されると解釈している。フッサールを基にした水越（2014, p.218）の本質直観でも「①なるべくおおくの知見に触れること、②できるだけ考えること」と述べている。

これはパースのアブダクティブ示唆とほぼ同じである。問題は、多様なものを見聞きし、多くの知識を取り入れ、思考を繰り返した後に、最終的なアウトプット、何かを生み出す時に何がきっかけになるかを考察すべきと考える。それは、本質直観で考えられるようなエポケー状態、「判断停止」状態を作り、例えば座禅のような瞑想状態に入り、見つけていくのかもしれない。あるいは石井（2009）は深いインタビューや観察を行い、その上で対象に棲みこむことが大切と述べている。あるいは野中・紺野（2003）のように、暗黙知と形式知を行き来してその上で到達することにも通じる。このポイントが実際の広告活動に価値をもたせるためには重要になると私は考えている。

エポケー[6]の判断停止状態を作り出し、無の状態の思考を行うことが大切ではあるが、その無にして内面に問いかけることだけに注目しても、新たな

6　『岩波哲学小辞典』には、「現象学の対象となる領域をうる方法として自然的観方に基づく判断をカッコに入れて排去する作用を現象学的エポケーとよぶ」（1979, p.23）とある。また水越（2014, p.54）は、「判断停止状態」としている。

価値をもつ創造的なものには辿り着かない。それよりも、その前の日常的な知見にいかに多く触れておくか、知識を蓄積しておくか、そしてそれを意識的、そして無意識の中で思考をするかが大切になる。たとえ、エポケー状態である瞬間でも、実は体のどこかでは当該問題の知が残っていて、それが表に出てくるということではないか。それがパースのアブダクティブ示唆と本質直観の違いだと私は結論づけた。この意識の中にない、言葉に表すことができないものが、ポラニーの暗黙知であり、その暗黙知も実はこれまでの経験や知識が統合され表に現れてきたものであると考える。したがって、ポラニー（Polanyi, 1966＝1980）の「創発」でも書かれているように、創造のベースは過去の蓄積であると考えるのが妥当だといえる。

1-4．棲みこむこと

さて、次に石井（2009）の対象への棲みこみについて考えてみたい。これは明らかにポラニーの「暗黙知」から出てきているものである。しかし、筆者が感じるのは、石井（2009）については、特にケース・スタディを重視し、当該ブランドに関わる人々へのインタビュー、そして観察に寄り過ぎているのではないかということである。関連する人々へのインタビューも、実はインタビューをされる側の被験者自身が、自分の行ったことを頭の中で整理し、最終的な結果に結びつけるように物語を作っていることも考えられる。結果から推測してその時に自分はこう考えたのだろうということを逆に作り上げるということである。ベルクソン的[7]にいえば、今現在の知覚すら過去の記憶であり、当人が作り上げたものである。当人の過去は、あくまでも記憶であり、事実そのものではないといえるのではないかと考える。したがって今ここにいる人へのインタビューでは、この瞬間の当事者に棲みこむことはできても、その商品やアイデアを生み出したその時に棲みこむことが本当にできるのかと、疑問に思った。例えば、自転車に乗るといった（大崎，2017，

7　ベルクソンについては、Bergson（1896＝1999）の『物質と記憶』を基に筆者が理解したものである。

p.92）技能の暗黙知であれば、ある程度近いものは生み出せるのかもしれない。もしかすれば、その近いことでも良いと判断しているかもしれない。あるいは、棲みこむ／一体化したのではなく、その内容を基に無意識化したのかもしれないが、これまでの他の情報と結びつけて推論をし、最も腑に落ちる解を得ているのかもしれない。私は後者の考えに立っている。

2．ヒューマン・インサイト

私の消費者インサイトの接近方法において、「有用と思われるものは用いる」という考え方を取っている。この点は、石井（2009）の考えと若干異なるかもしれない。しかしそれ以上に異なる点は、発想するためのスタート地点である起点だ。特に石井（2009）のビジネス・インサイトはマーケティング的スタンスから、あくまでも商品あるいはブランドが起点となっていると考えられる。私は、商品やブランド起点からスタートするのではなく、その人、そのものを見つめるヒューマン・インサイトが大切だと考えた。

棲みこみ、その商品との関連でその人になり切るのではなく、なぜこの人は嬉しいと感じているか、幸せと感じているかなど、その人の心の動きについて、なぜを繰り返す作業である。言い換えれば、パースのように仮説を立てて、その中で矛盾がないかを検討するということになる。それを行う上では、まず商品を忘れ、その人を見ることが大切になる。なぜならば、何度も書くが、今人々は、有り余るほどの商品に囲まれ、それがないと一瞬は必要と思うかもしれないが、常にその商品やブランドのことを考えているわけではないからだ。

もちろん、熱烈なファン、ロイヤルティの高い人はいる。またそのような人たちへのアプローチをすべて否定するわけではない。多くの人、大半の人はその商品のために生きているわけでも、広告のために生きているわけでもなく、自分自身のために生きているのである。

特に石井（2009）のケースに取り上げられている人々は、カリスマ的な経営者であり、その人々と同じように、インサイトを発見できる可能性は低いと私は思っている。石井（2009）も偶有性という言葉で、インサイトは誰でも発見できるものではないと述べている。

もちろんケースを繰り返し行うことのメリットはある。それは、有名な成功のケースとして書かれているより、ビジネススクールで行われているような、自分たちで解を探すようなケース・スタディである。そのようなケース・スタディを繰り返し行うことで、その思考プロセスに慣れ、フォーティーニ＝キャンベル（Fortini-Campbell, 2001）が書いているように、インサイトを思いつくことができる地頭を鍛えることになる。なぜこの人は、このような行動を起こしたのか、このような活動が、なぜ人々の心に響いたかの問いを繰り返し考えて、仮説を出し、答えに辿り着くプロセスが重要であり、思考のプロセスを見つけることにつながる。

３．過去から未来への創造

このように述べると２つの疑問が浮かぶと思う。ひとつは、効果的な広告アイデアは、必ずしも人からの情報で生まれるだけではないはずだ。例えば、CM ソングで人気が出たり、見たこともない動物に人気が集まるといったものである。但し、それらについても、人々が求めていること、過去からの記憶が影響している場合もある。後から考えるとなんでこんなダンスが流行ったのかというようなものである。その時に人々が感じていることをクリエイターが感じ取り生み出しているのではないか。何のヒントもなく生み出している例は、かなり稀なケースだと考える。また、未来を感じ取るためにも、過去を振り返り、過去からの続きとして未来はある。東日本大震災にしても、コロナ禍にしても、人々が生きている中で、新たなものが加わり、少しずつ人々の考えや社会が変化し、未来を作っているのである。新たな情報を加えて仮説を立て、未来を予想している。

有機体的広告論では、ヒューマン・インサイトを分析することを推奨している。すなわち、消費者でなく、人である。但し、過去の事実をそのまま描くだけではなく、今この瞬間にそれらの過去がどう変化し、またどれだけ今のこの瞬間に強く響くかを考えなければならない。例えば、大学生が狭い部屋で、お酒を飲みながら夜通し語るシーンがあったとしても、コロナ禍の前と後では人の感じ方は異なる。人と熱く語れる喜びをこれまで以上に感じている人も多いだろう。

もうひとつの点は、商品やブランドから離れ、人を見ることから始めることについてである。これについては、広告活動では、主体となる商品やブランドがあり、それを無視して、他のものだけ記憶されるということでは問題である。もちろん、それでは、広告活動とはいえない。最終的にはその商品やブランドとの接点を見つける必要はある。但し、スタートして、あるいはその商品やブランドのことだけ考えても、受け手の人々の心に響く、創造的なアイデアとはならない。5章の戦略開発でもその商品やブランドの情報を集めることは大切だと述べている。但し、その前に、一度その商品に関連する消費者という視点は取り払い、まずは人を見ることである。何に喜び、何に感動し、何を求めているかを考え、それを選び出す中で、商品との接点を見つけていくことになる。そうしないと、単に送り手側の都合だけの押しつけの広告コミュニケーションになってしまう。

2章のパースのアブダクションでも述べたが、過去の事実だけで帰納的に導き出した答えは、新たなものを生み出しにくく、異なるものから推論を用いて整理し、そのものから少し外れていると思われる答えを導き出すことにより、創造的なものになっていくのである。

また、6章の多様な表現戦略の整理でも述べたが、有機体的広告論では、効率を追求し、Aという情報をAのままで確実に伝えるといった広告があることも、それが必要であることも否定はしていない。但し、モノがあふれ、そして情報の波に飲み込まれている現在の状況を考えると、それだけではなく、より創造的な広告コミュニケーションが必要であり、それを導き出すための方法論が有機体的広告論である。

4．消費者インサイトをもつ人とは

この章あるいは本著の最終的な目的は、創造的な広告活動のためのヒューマン・インサイトとは何か、それをどう見つけていくかを明らかにすることである。しかし、インサイトはひとつだけではない。一人の人でもいくつものインサイトはもっている。それも日々変わっていくと考えるべきである。有機体的広告論の考え方では、「人々は常に新たなものが入り込み、そして生まれ変わっており、それを繰り返している」と考える。この瞬間と同じ場面や、気持ちは存在しないのである。今ある人のお腹が減り、何か食べたいと思ったとする。昨日も同じことを考えたなと思っても、実は昨日と今日ではそのお腹のすき方や、食べたいものも微妙に変化している。昨日からの1日、それまでとは異なる色々な情報が入り、また自分の体自体も変化しているかもしれない。分かりやすい例なら、今この本を読みながら流れているテレビから美味しそうなステーキの「ジュー」という音が聞こえてきたとする。今、それを食べたいと突然心のどこかで思っているかもしれない。しかし1日という時間の中ではそれは意識されず、昨日と同じように、お腹がすいたと感じるだけである。

例えば、20歳の頃のお腹のすき方が、50歳、60歳になった時には明らかに違うことは理解できる。30年、40年の間に少しずつ変化していることが理解できれば、わずか24時間でも、多少の変化があることも理解できるはずである。しかし、それが大きく変わらないと感じるのは、生きている人々そしてこの社会が過去からのプロセス／過程の中にあって、過去をベースにしているからなのである。人々は過去の出来事をベースに新たなものに触れ、少しずつ変化をしているわけである。しかし例えば、東日本大震災やコロナ禍のような大きな出来事があれば、人々は社会が大きく変わったと理解できる。その前と後の消費者のニーズ、インサイトも変化をし続けているのである。それが大きな変化か小さな変化かでは、別なインパクトを人々に与えている。

それは、個人個人の経験にも当てはまる。私は20代に1年間米国に留学をしていた。その1年間、ノースダコタ州にある田舎の町に住んでいたのだが、その町には日本人は1人も住んでいなかった。まだインターネットもなく、貧乏学生である私は日本に電話をかけることもできず、日本との接点は家族や友人からたまに送られてくる手紙程度であった。帰国後、私の記憶からは1982年の日本の思い出は存在していない。どんなにヒットした曲を聴いても懐かしいと思うことはない。その後、メディアなどからその情報は入り埋められているが、他の年のヒット曲とは違い、無機質な気がする。

違う例をあげれば、ゼミ生と合宿に行った時、食事後のレクリエーションの時間にある学生が中学時代の合唱の歌を歌い始めた。そうすると他の学生も懐かしいのか、その曲を歌い出したり、中学の合唱の歌だとは分かるが自分の学校では違う歌だったといって、別の歌を歌い出す者もいた。その中に帰国子女の学生がいたのだが、彼女だけは、ポカーンとつまらなそうにしていたのが印象的だった。このように、人々の記憶と共に、懐かしく思うものは異なり、インサイトも異なるわけである。当然ながら、60代の私には、全然理解できないことであった。彼らにとっては、この合唱の歌はインサイトにつながるひとつの大きな重要なものだと感じた。

このように、インサイトは人それぞれで微妙に異なるものだ。しかしそれは過去の経験が類似すれば、似通ったものになるともいえるのである。したがって、米国など他の国で育った人々では、同じインサイトもあるが、日本人同士よりは異なる場合が多くなると私は考えている。

先ほど、東日本大震災やコロナ禍が大きな変化をもたらすものであること、そして大学生にとって、中高生時代に歌った合唱曲は特に印象に残ることを書いた。そしてこのように特に人の気持ちに残っているものがヒューマン・インサイトであり、そのヒューマン・インサイトの中で、実際ブランドや製品に影響を与えるものが、消費者インサイトであり、フォーティーニ＝キャンベル（Fortini-Campbell, 2001）が提唱したスイート・スポットになるのだと私は考えている。

むすび

実際にヒューマン・インサイトをどう見つけていくのかということが問題になる。７章のフォーティーニ＝キャンベルの消費者インサイト論でも述べたが、それには２つの方向が考えられる。ひとつは、そのような人のインサイトを見つけ出すトレーニング、訓練によって自身の能力を高める方法である。これについて、７章で述べた消費者のインサイトの手法が役に立つ。その中でも商品やブランドに関連するものではなく、例えば、人の行動を１日や数時間観察してみる。あるいは街を歩いている人々がどのような人かを想像してみるといったことが有用であろう。ぜひ７章を参考にして欲しい。

もうひとつは、直接広告プランを立案する際に消費者インサイトに変化する可能性をもつヒューマン・インサイトを見つける手段である。これについては、特に11章の創造的メディア・プランニングで取り上げる、「The Day in The Life」の手法をお勧めする。また、この手法で得た知識に加え、５章の戦略開発のステップを通し、最終的には２章で取り上げたアブダクションの考え方で推論し、最終的なインサイトを見つけて欲しい。

上記でヒューマン・インサイトも一人の人でも数多くあると書いた。その中でもこのインサイトが最も人に影響をもち有効なインサイトだと判断するのは、２章で述べたアブダクティブ示唆、すなわちあらゆる情報を集め最終的に最も腑に落ちるものがインサイトであると考えるべきである。２章でも述べたが、すべてのものは間違いを孕んでいる。絶対的に成功する答え、解答はないのである。しかし最も自分がそれに近いと結論づけたもの、確信をもって前に進めるものができれば良いと考えるべきである。

それらによって、これまでにない創造的で人の心に届く広告が生み出せると信じる。

9 章

メディア・プランニングの定義と研究そして現状

これまでの章でも述べたが、広告活動は大きく分けて広告表現戦略に関わることとメディア戦略に関わることがある。それらの前提になるのが全体的な広告戦略である。5章では広告戦略を取り上げ、6章では広告表現の整理を行った。7章・8章ではその表現開発に重要であるインサイト論について述べてきた。このインサイトは、メディア戦略についても重要な役割をもつものである。この章からの4つの章では、インサイト論を意識した中でのメディア・プランニングについて述べていく。

まずこの章では、メディア・プランニングの定義から入り、日本でどのような研究がなされ、現在どのような状況かを概観する。すでに何度も述べているが、広告業界もインターネット広告が隆盛となり、メディア・プランニングにおいてもそれを検討せざるをえない。しかし本著では、インターネット広告のメディア・プランニングの技術等を解説することはしない。あえて、これまで行われてきたマス・メディアのメディア・プランニングを整理することから、インターネット時代に役立つメディア・プランニングを検討していきたい。そこで、そもそもメディア・プランニングとは何か、そしてわが国でどのような文献が出版されたかを見ていく。そして、新しいメディア・プランニングの流れを述べた後、現状のインターネットの問題点などを指摘する。このような広告環境だからこそ、それらの分析を通し過去を振り返り、未来に有用な知見を得るべきだと考える。

1. メディア・プランニングの必要性

近年デジタル・メディアの急速な進展から、広告戦略、特にメディア戦略においてデジタル・メディアを抜きにして語ることができない。しかしその急激な変化に対応し切れない広告代理店も多く見られる。またこれまでのアナログ・メディア、特にマス・メディアと呼ばれるもののメディア・プランニングから検討すべき新たな要素が驚くほど増えている。またその仕事を担うメディア・プランナー自体も、計量的な分析をもつ人々やそれまでマス・メディアのメディア・プランニングに携わってこなかった人々が、デジタル広告会社に入社し、業務を行っていることも多くなっている。後述するが、そもそも日本のメディア・プランニングの歴史はさほど長くなく、その知見も限られている。しかし外資系広告会社を中心にして、欧米で研究実践されてきたメディア・プランニングは確実に存在し、それらを今日のデジタルも含むメディア・プランニングに活かすことができないことは、単なる機会の損失だけなく、誤ったプランニングの方向に舵が切られる可能性も孕んでいると考える。

特に懸念するのは、ひとつのデータにあまりにも依存し、それに対して単純に費用が使われるといったことである。ひとつのブランドの広告業務においても、多くの要素が有機的に影響を与え、形作られている。

そこで、9 章から 12 章では、メディア・プランニングの視点から、そもそもメディア・プランニングとは何か、どのような研究がなされてきたのか、そしてインターネット時代になりどのような問題点が山積しているかを見ていく。次章では、歴史的視点から日本でどのようなメディア・プランニングの手法が取られてきたかを、日経広告研究所で平成期約 30 年にわたって出版された『広告に携わる人の総合講座』のメディア・プランニングの章を整理し、主なメディア・プランニングの理論を概観する。それらを受けて、特に質的なメディア・プランニングの手法を中心に私がぜひ行って欲しいメディア・プランニングの新たな考え方を述べる。最後の 12 章では、「エンゲージメントと共視性」という概念と共に、スポーツのスポンサーシップなどマス・メディア以外の新たなコミュニケーションに関する私論を述べることにする。最初にメディア・プランニングとは何かといった定義から入ることにする。

2．メディア・プランニングの定義

アーノルド・バーバンとスティーブン・クリストルとフランク・コペック（Barban et al., 1987＝1993, p.2）は、メディア・プランニングの定義を「マーケティング目標の達成に貢献するために広告のタイムやスペースをどのように利用するかということを示した、行動の方向づけを企画化するプロセス」と述べている。尚、宣伝会議版の『マーケティング・コミュニケーション大辞典』では、メディア計画＝メディア・プランニングの項目を私が執筆した（2006, p.660）。以下がその定義である。

「広告キャンペーンにおいて、ターゲットに最も効果的および効率的にメッセージを到達させるため、メディア目標や地域戦略、季節戦略などを立案し、どの銘柄媒体（ビークル）でいつ、どのような時間帯に、どのくらいのサイズあるいは秒数で広告を出稿するかを決定すること〈以下省略〉」。

また、American Marketing Association（AMA）, Association of National Advertisers（ANA）そしてMarketing Science Institute（MSI）のコラボレーションサイトである「Common Language Marketing Dictionary」には、以下のように述べられている。

「メディア・プランニングが含むものは、特定の広告主によって用いられる広告メディアに関連する広告の目的、戦略、そして戦術である。また、メディア・プランが含むものとしては、目的、ターゲット市場、使用すべき広告メディアのタイプ、そして使用するそれぞれのメディア・ビークルの配分量（メディア・ミックス）とタイムスケジュールである」となっている。これらを見る限りでは、ほぼ私の定義と同様と思われる。

3．日本におけるメディア・プランニングの研究

広告メディアの業務を大きく分類すれば、媒体計画／メディア・プランニングと媒体購入／メディア・バイイングに分けることができる。古くは広告

代理店の営業を「連絡」と呼んだ時代もあった。それでも分かるように、広告代理店の媒体部門と広告主の間の連絡業務を行う部門として営業部門が位置づけられていたわけである。それほど、媒体部門は広告代理店において重要な位置を占めていた。しかし、日本において、古くからメディア・プランニングの業務が重視され、研究がなされてきたとはいいがたい。それでも、文献等で広告メディアに関する業務について解説がなされていることは古くから見ることができる。

1932年に出された粟屋義純の『廣告原論』には広告媒体の編成の項目で、「広告媒体の編成は広告計画の内容に基づいて種々な形式において行われる。完全なる広告計画の実行は、種々の広告媒体を統合して一体となしたる組織的な活動力をもってのみ期待し得るのである。元来、広告媒体にはそれぞれ独自の長所と短所を有しているがため、ある一種の広告媒体のみをもってしては到底全体の広告運動の目的を完全に達することは不可能で、広告計画に応じて幾種かの広告媒体を適宜に組み合わせて、長短補って複合的に一体の努力となすことが必要である」（筆者により旧字体を新字体に変更）と述べられている（p.136）。このことからも、基本的に媒体の特徴を理解し、最適な組み合わせを行うことに注目が集められてきた。

日本で、テレビCMが初めて放送されたのは1953年8月28日であった（放送番組センター，2001）。精工舎の時報CMで、放送局は日本テレビである。6年後の1959年に訳書だが、アーサー・ベレヤー（Bellaire, 1959＝1959）の『テレビ広告入門』*TV Advertising: A Handbook of Modern Practice*が出版されている。この中には用語集が記載されているが、媒体計画やメディア・プランニングの項目はない。但し、特徴的なことは、参考資料として博報堂調査部編資料として、テレビ所有世帯の特性の欄に、職業、世帯主、妻の年齢、家族構成の他、世帯所得や教育レベル、そしてパン食や飲酒状況、電化製品の所有状況、新聞や雑誌等の他媒体の購読状況など詳しく調査していることが記載されていた。この時点で、これらのデータを基に詳細なメディア・プランニングを行っていたとは思えないが、メディア・プランニングに通じる意識が一部の人たちにあったことはうかがえる。

また同じく1959年には全日本広告連盟理事長でミツワ石鹼の衣笠静夫が編者となり出版された『テレビ放送の広告』ある。前著同様、かなりの部分をテレビ広告の表現面を扱っているが、11ページほどであるが「広告費の最適配分」という章が見られる。執筆者は、森永製菓の藤本倫夫が担当している。この本は、22名が分担執筆を行っているが、9名がテレビ局、6名が広告代理店、4名がメーカー、その他映画会社、民放連、大学の教員といった者になっている。このことからも広告代理店に広告メディアの戦略面での知識をもつ者があまり多くいなかったことが見て取れる。

「広告費の最適配分」の章で書かれていることの中で、現在の状況にも通じることを見ることができる。例えば、この時代テレビ・メディアが急速に発展し、広告予算をどの程度テレビ広告に配分するかが問題であると書かれている。これは現在のインターネット広告にどの程度の予算を注ぎ込むかという問題と類似している。ここで書かれているのは、単にテレビなどが急激に伸びているメディアであっても、それぞれのメディアには特性があり、その特性を見て配分をすべきであるということである。至極当然なことだが、現在にも通じる点といえよう。その他、媒体の特性が主に述べられており、それに合った使用が勧められている。例えば、何十年にもわたってひとつのブランドで売られている商品は、他の媒体での反復購入や継続広告を推奨し、潜在ニーズや新たなアイデアを訴求する時はテレビ・メディアが優れていると書かれている。前者については、後述するリーセンシーに通じる点である。メディア・プランニングとしても興味深い記述であった。

その後訳書に関しては、数冊メディア・プランニングに関する文献が出版されている。ポール・ロスの（Roth, 1968＝1970）『新しい広告媒体計画』、ミカエル・ネイプルス（Naples, 1979＝1986）の『広告の効果的な頻度』、バーバン他（Barban et al., 1987＝1993）の『マーケティングからみた媒体プラニング』とケント・ランカスターとヘレン・カッツ（Lancaster & Katz, 1988＝1992）の『戦略的メディアプランニング』などである。加えて、ジョン・フィリップ・ジョーンズ（Jones, 1995＝1997）の『広告が効くとき』は有効フリクエンシーに特化はしているが、特にテレビのメディア・プランニングに関する文献といえる。この本でこれまでの有効フリクエンシーを中心としたプランニングから、リーセンシー理論を基にしたプランニングを進める広告会社も増えたこともあり、ひとつの重要な文献であった。これらの概念については、次章で詳しく述べることにする。

一方、訳書ではなく、わが国のメディア・プランニングに関して述べられているものを単著では見ることは難しい。1983 年に日経広告研究所から出された『広告媒体―その機能と選び方―』があるが、これは、テレビ、新聞といった各メディアの特徴を解説したもので、メディア・プランニングに関してはほとんど触れられていない。

メディア・プランニングの全体像を見るものではないが、より専門的な内容が書かれているのが、1979 年に『ブレーン別冊』として出された『効果的テレビ CM 打ち方・活かし方―テレビ CM の広告効果―』(JNN データバンク編) と 1997 年に同じく JNN データバンク編として出された『データによる効果的なメディア戦略―マルチメディア時代の広告プラニング―』である。これらは、メディア・プランニングというよりむしろテレビ・メディアを中心とした広告の効果を個別的に表したものだ。

また 1996 年に出された『テレビマーケティング入門―広告媒体としてのテレビの効果―』(横山, 1996) はテレビ広告を含む、テレビに関する用語の解説書といったものであった。またこれまで日本で出された広告に関する文献を整理した『日本の広告研究の歴史』(嶋村・石崎, 1997) に「広告媒体の研究」という章があり 1945 年からの文献について述べられている。しかしこれを見る限りでも、メディアの特徴を記述したもの、個別媒体の効果について書かれたものなどが多く、メディア・プランニングに関して書かれたものに関しては上記以外を見ることはできなかった。

当然ながら、広告論のテキストには、媒体計画、メディア・プランニングの章は設けられているものが多くある。上述したが、古くは 1932 年に出版された粟屋義純の『廣告原論』に広告媒体の選択という項目を見ることができる。しかしこれまで出されたものはいずれも用語の解説と基礎的なプランニング・プロセスについて書かれたものがほとんどであった。そのような中で、福田浩人が2012年に『ビジネスマーケティング分析入門ガイドブック』を出版した。外資系広告会社で長年メディア・プランナーとして勤務した知見を基に、高度なメディア・プランニングのノウハウを明らかにしている。残念ながら、アマゾンのみの販売であったこと、すでに購入ができないことなどかなり限定されたものであった。

また、大手広告会社では、自社で独自のハンドブックを作成している企業も見られる。博報堂DYメディアパートナーズ編（2020）『広告ビジネスに関わる人のメディアガイド2020』とADKコミュニケーションチャネルプランニングプロジェクト編著（2014）『MEDIA PLANNING NAVIGATION』だ。前者は、多少データ集の色彩が濃く、その中に多少解説が述べられている程度である。後者は、私が見た中では欧米のメディア・プランニングの手法を参考にし、日本の実務でも役に立つものになっている。

『MEDIA PLANNING NAVIGATION』は、総合広告代理店のアサツーDKの編著だが、それぞれの手法については、網羅的に解説を行っている。尚、この本の編者の一人は私もかつて別の広告代理店ではあったが共に仕事をした沼田洋一である。氏は実際の広告プランニングの業務に長く携わり、また欧米のメディア・プランニングにも精通していた。この本が実務的に有用なものとなっているのも氏の役割が大きかったものと考える。但し、日本のメディア・プランニングがどのような歴史的な流れで検討され、実施されてきたかは述べられていない。時の流れの中で、メディア・プランニングのどのような点に注目が集まり、今日まで使われてきたのかを見ていくことは、デジタル・メディアのメディア・プランニングについても有益だと考える。

デジタル・メディアのメディア・プランニングについては、トリプル・メディア[1]を日本に紹介した横山（2010）が数多くの著作を出版し、米国で始まったDSPやRTB[2]といったマス・メディアのメディア・プランニングには存在しない多くの専門的な考え方を紹介している。また、日本インタラク

1 「ペイド・メディア（Paid Media）」「オウンド・メディア（Owned Media）」「アーンド・メディア（Earned Media）」のことを指す。詳しくは10章を参照されたい。

ティブ広告協会（JIAA）が2019年に出版した『必携インターネット広告』の3章にも触れられている。それらの多くは非常に学ぶべき点が多いと感じている。メディア・プランニングのステップは述べられているが、定義といったものはない。尚、メディア・プランニングのステップを見る限りは、従来のステップを大きく変わるものではない。

4．メディア・プランニングの新しい流れ

2021年3月号の『宣伝会議』に「進化するデータと取引プラットフォーム『テレビ広告』新時代」という特集記事が載った。メイントピックスは今後のテレビ・メディアをどう活用するのか、どう変化するのかという内容である。但し、それはデジタル技術の進歩なくしては語ることはできず、デジタル技術とテレビ・メディアがどう融合し、新たな価値をもたせるかといった内容であった。この内容は、日本のテレビとインターネットの技術の融合は欧米に比べ10年は遅れており、あと10年後には、恐らくこのようなサービスや考え方が主流になるといった、近年に開始されたサービスが紹介されている。詳しくは後の項で述べることにする。

但し、今欧米で行われているようなデジタル技術がそのまま日本で10年後に普及するとは考えていない。また欧米でもその頃には大きく状況が変わっていることは十分に考えられよう。

4−1．日本に参入しなかったサービス

2005〜2006年頃米国では、TIVOという全番組を録画し、視聴者が好む番組を自動的に選び見ることができるサービスが人気を博し、日本にいつ上陸するかと話題になった。NHKの番組[3]でも取り上げられたが、残念ながら日

2　DSP（Demand Side Platform）とは、デマンドサイド・プラットフォームのことで、デマンドサイド（需要側）すなわち広告主／広告会社など広告を買う側のプラットフォームで、サプライサイド（供給側）のプラットフォームはSSPとなる。またRTB（Real Time Bidding）については1章注14を参照されたい。

本には進出しなかったようである。今のYouTubeのレコメンド機能のようなものだが、それよりも1本の番組は長く、視聴者が、例えばお笑い番組が好きと判断評価をすると、そればかりが流れ、視聴者は何も考えなくとも、好みの番組を見ることができる。NHKの番組でも紹介されたが、米国とのケーブルテレビの環境も異なり日本上陸はなく、今ではネットフリックスなどサブスクリプションのプラットフォームが日本でも浸透し始めているというのが現状である。またインターネットと地上波のテレビ番組が両方1台で楽しめるスマートTVも他の国よりは普及が進んでいない。このように、日本は、他の国とメディアの進み具合が違い、人々の嗜好も異なるといえる。

4-2．インターネット広告の課題

現在インターネット広告が行っているサービスが、このまま続くとは思っていない。一番の課題は、個人情報の保護である。アップルやGoogleは、個人情報を守る姿勢を鮮明に表している。これまでのインターネット広告では、行動ターゲティングなど、その人が見たサイト情報などを手がかりに、その人に合った広告を配信してきた。このために、すでに買った商品なのに、同じ広告を何度も見た経験をもつ人も多いと思う。それらについて、多くの人は不快に感じているのも事実である。これまでのテレビ広告では、基本的に世帯視聴率が広告の取引をする基本指標であった。それらは、実際にその時に広告を見た人ではない。数週間前に同じ時間帯に流れた番組枠の視聴率である。同じドラマのシリーズであれば同じ人や同じ属性をもった人が見ている可能性はあるが、特番や番組改編などで全く異なる番組視聴率が使われることもあった。通常のドラマのための視聴率の指標として、FIFAワールドカップサッカーの試合の視聴率が使われるといったものだ。そのために、テレビ・メディアは、効果の可視化ができないメディアと呼ばれてきた。そこを改善できるということが前述の『宣伝会議』（2021年3月号）で紹介されて

3　NHK，2006，「放送記念日特集　テレビとネット　アメリカ最前線リポート」では、今後視聴者のテレビ視聴が大きく変化するであろうことが、TIVOを解説しながら語られていた。

いるサービスだ。

このような書き方をすると、個人情報を守ることが悪いような感じに取られるかもしれないが、私の考えは異なる。色々な犯罪も横行しており、そもそも個人情報は守られるべきである。また、インターネット広告が増加して、広告自体がつまらなくなり、より嫌われ者になったともいわれている。テレビ・メディアと異なり、いくらでもサイトを増やすことができ、そのために単価はどんどん下がり続けている。また効果の可視化ができるために、自社サイトへの誘導などで、より直接的で最終的な効果だけを求める広告が増えているのも事実であろう。そのために、受け手の心理より、いかに数多く何度も同じものを流し、人々の前に広告を表示させるかに注目が向いている。ゲームなどの前に表示される広告などは秒数も短く、そのうち一度でもクリックをしてくれれば良いというようなまるでスパムメール[4]のようなものである。

そのような状況であれば、動画配信などのサブスクリプションだけになれば良いのではと思われるかもしれない。しかしそのようなことが起これば、お金をもっている一部の人だけがコンテンツを楽しめる世界となってしまい、情報の格差が益々広がることになろう。オリンピックやFIFAワールドカップサッカーは、ユニバーサル・アクセス権[5]の考え方で、IOCやFIFAが有料の独占放送を認めていない。テニスなどは有料放送に加入していないと見られない試合も多くあるが、良質なコンテンツを誰でも見られる環境にするためには、ある程度の広告は必要と考える。

4-3．著作権の問題

もうひとつテレビとインターネットの融合が難しい点は、著作権の問題である。NHKが同時配信番組をスタートし、文化庁もその法整備を行っている。少しずつではあるが進んではいる。しかし、テレビドラマなど、単に出

4　スパムメールとは、ユーザーから配信許諾を得ていない迷惑メール。
5　ユニバーサル・アクセス権とは、誰もが自由に情報にアクセスできる権利。

演者だけでなく、非常に多くの権利が発生する可能性を含んでいる。それらをクリアすることは大きな労力がいる。また、もうひとつの問題は、同時配信をした場合に、ローカルテレビ局の価値が益々下がり、キー局から支払われる金額も低くなることが予想される。ローカルテレビ局も非常に厳しい経営状況であり、ある意味ローカルテレビ局の存続を含めた議論が必要になる。

4-4．新たなテレビとインターネットの融合サービス

前述の『宣伝会議』(2021年3月号) で紹介されているサービスを少し述べることにする。それらは、この後に述べるテレビ・メディアを中心としたメディア・プランニングの考え方にも大きく関連をしている内容である。

旧来からのテレビ・メディアの特徴はここでも指摘されているが、一度に多くの人に届くリーチ力、そしてその人一人に届くための価格が安いことである。一方、視聴率という過去の限られたサンプルに対する調査であるために、その効果の可視化という点で、テレビ・メディアは十分とはいえない。その効果の可視化という点で優れているのはインターネット広告だが、もしテレビ広告の可視化を図るのであれば、その価値は上がる。しかしそのためには、当然ながらテレビがインターネットとつながることが必要となる。2020年現在では、コネクテッド・テレビといわれている、インターネットとつながっているテレビは、17.9％にとどまっている[6]。

今後その率が高まることも予想されるが、日本の場合には特に若者がコンテンツをスマートフォンで見る率が高く、どこまで急激に変化するかは不透明な部分が大きい。

そのような中、まずはデータ放送で集められる情報を使って、視聴者の分析をするという方法が考えられる。但し、十分に個人の情報を使用することの議論がなされているわけではないため、今後制約がかかる可能性もある。また、フジテレビなどの地上波キー局では、テレビの画面上に2次元コードを写し、それを読み込ませてクーポンを配布する、あるいはさらに詳しい情

6　総務省，2021，「令和2年通信利用動向調査の結果」，p.5.

報を提供するということを始めている（『宣伝会議』，2021，p.82）。こちらも確かに個々の視聴者と直接的につながる方法ではあるが、より多くのデータを取るという点では、難しさを残している。

2020年2月からスタートした、SAS（スマート・アド・セールス／Smart AD Sales）[7]について、このサービスであれば、広告主が希望する日時時間にテレビ広告を流すことができるため、それと連動した広告効果を測ることもある程度可能である。また気象データなどその他のデータと組み合わせて、高度な計量的なモデル分析をし、広告の可視化を図ることも検討されている。

究極的には、アドレッサブル・テレビ、すなわちテレビの番組とは別に広告だけ放送するという仕組みが実現すると思っている。まさに今のインターネット広告と同じ方法である。視聴者が見ているテレビ・モニターそれぞれに合わせて、テレビ局は別のところから広告を流すスタイルである。一部日本でも実験が行われているようだが、これであればテレビ広告もインターネット広告と同じような情報が得られ、効果の可視化が可能となると考える。但し、そのためには上述したテレビとインターネットがつながることが前提となる。

このように、現在多くのことが挑戦的に試されている。しかし、特にアドレッサブル・テレビなどは、テレビ業界のビジネス・モデルを大きく変えることになるため、既存のテレビ局がすぐにその方向に向かうとも思えない。したがって、広告主、テレビ局、広告代理店が知恵を絞り、テレビを見る視聴者にとって最も良い広告メディアのあり方を検討する必要がある。

テレビ視聴をしていた人がデジタル・メディアにアクセスするデジタル・コンバージョンレートや、番組コンテンツと広告の融合など、かつてのメディア・プランニングでも類似したことが行われていたため、その知識を活かせるだろう。ここで一度過去のメディア・プランニングの広告知を見直し、

7　SAS（スマート・アド・セールス／Smart AD Sales）とは、2020年2月より地上波のキー局がスタートした、テレビCMの新しい購入システム。好きなCM枠を指定して、1本15秒から購入できる。詳しくは、日本テレビ営業局総合ポータルサイトが詳しい。日テレADPORTAL，https://ad.ntv.co.jp/sas/index.html（最終更新日2021年9月2日）．

その上で、今後のインターネット広告を踏まえた新たなメディア・プランニングを組み立て直すべき時期にあると考える。

むすび

これまで述べてきたように、メディア・プランニングは大きな変化の時期に直面している。しかし、そのような時期だからこそ過去を振り返り、そこで何が研究され、実行されたかを顧みることは重要と考えた。そのことができる唯一の文献が日経広告研究所から出されている『広告に携わる人の総合講座』だ。

昭和から平成に移った1989年に初版が出版され2018年版まで続いた。現在は『広告ってすごい！がわかる人気講座』とタイトルが変更されている。ほぼ30年続いたこの本は、広告に携わる社会人を対象としたセミナーの内容を書籍化して出版したものである。内容としては、広告の定義・総論といったことからクリエイティブ、メディア、そしてケース・スタディを含む幅広い範囲をカバーしている。非常に多岐にわたる内容を1冊にまとめているということであまり深く掘り下げることは困難だが、どのようなことが広告界で注目されているかを知る上では大変貴重な文献である。またそのことを裏づけているのが、各章を書かれている執筆者だ。特にメディア・プランニングの章では、毎年大手広告会社の現役の社員が担当しており、まさにその年にメディア・プランニングにおいて検討されているもの、そして、その後注目されると考えられる項目が簡潔に述べられている。広告業界では、広告表現については若干あるものの、メディア・プランニングの分野においては自社の手法をそれほど詳細に明らかにしない。また、これまで広告表現と比較すると興味をもたれる割合が少なかったことも影響し、ビジネスの中でどのようなメディア・プランニングの手法が注目されていたのかを大手広告会社の関連部署を除いてはあまり知る機会はない状況だった。

次章では、『広告に携わる人の総合講座』を基に平成の30年間にマス・メディアを中心としメディア・プランニングがどのように考えられてきたか、そして主な用語や理論の解説を行うことにする。

10 章

メディア・プランニングの理論と現在への応用

この章では、『広告に携わる人の総合講座』[1] の中で、広告メディア・プランニングとして取り上げられている内容を吟味し、メディア・プランニングの基本的な考え方と、日本での変遷を見ていく。1989（平成元）年版から、この本が大きく内容を変えメディア・プランニングとして取り上げられなくなった2018（平成30）年版まで、約30年間その取り上げられ方も大きく変わっていった。

1.『広告に携わる人の総合講座』の分析概要

図表10-1は、30年間のこの本の、媒体計画あるいはメディア・プランニングについて書かれた章の一覧である。2000年版まで媒体計画という言葉が使われていた。また30年間のうち、媒体計画やメディア・プランニングとは異なるタイトルが2度あったが、内容的に含まれると判断した。また、メディア・プランニングが扱われなかった年も3度あった。2014年版から2016年版まで取り扱われてこなかったのは、必要がなくなったわけではなく、デジタル・メディアの隆盛と共に、それをマス・メディアとデジタル・メディアという大きな括りで分け、現状を述べている。またその両方を合わせてメディア・プランニングとして述べることのできる人材が少なかったことも要因と考えられる。

初期の頃は、まだメディアをトータルで考え戦略を立てるという発想がな

1　2008年版から『基礎から学べる広告の総合講座』に、2015年版から『広告コミュニケーションの総合講座』に、書名が変更されている。

図表10–1：『広告に携わる人の総合講座』での「メディア・プランニング」の章の概要

平成	タイトル	ページ数	執筆者（所属企業／部署）
元年（1989）	媒体計画立案の基本	29	電通マーケティング局プロモーション開発部部長（杉山静雄）
2年（1990）	同上	30	同上
3年（1991）	媒体計画の理論と実際	22	同上
4年（1992）	媒体計画の基本	24	電通マーケティング局第3マーケティングディレクター室マーケティングディレクター（同上）
5年（1993）	媒体計画の理論と実際	22	日本経済社常務取締役（田原三生）
6年（1994）	同上	20	日本経済社常務取締役マーケティング局長（同上）
7年（1995）	同上	29	日本経済社常務取締役マーケティング担当（同上）
8年（1996）	同上	23	博報堂メディア計画管理室メディアマーケティング部長（大橋恭一）
9年（1997）	同上	22	同上
10年（1998）	同上	15	城西大学教授（清水公一）
11年（1999）	同上	12	同上
12年（2000）	同上	12	博報堂メディアマーケティング局局長代理（中村博）
13年（2001）	メディア・プランニングの理論と実際	10	電通メディア・マーケティング局ストラテジック・メディア・プランナー（片山直子）
14年（2002）	メディア・プランニング	14	電通メディア・マーケティング局統合メディアプランニング部ストラテジック・メディア・プランナー（瀬戸口健三）
15年（2003）	メディアプランニングの理論と実践	22	電通メディア・マーケティング局統合メディアプランニング部ストラテジスト（中野雅之）
16年（2004）	メディアプランニングの理論と実際	17	電通メディア・マーケティング局統合メディアプランニング部ストラテジック・メディアプランナー（春田英明）
17年（2005）	メディアプランニング理論と実践	14	同上
18年（2006）	メディアプランニング	17	電通メディア・マーケティング局統合メディアプランニング部ストラテジック・メディアプランナー（金井耕一）
19年（2007）	同上	18	電通メディア・マーケティング局メディアプランニング部チーフ・メディア・プランナー（小林大記）
20年（2008）	同上	25	電通メディア・マーケティング局メディアプランナー（櫻井大）
21年（2009）	メディアプランニングの基礎	20	電通コミュニケーション・デザイン・センターコミュニケーション・プランニング室（一文字守）
22年（2010）	メディアプランニングを考える	21	博報堂DYメディアパートナーズメディアプランニングディレクター（藤原将史）
23年（2011）	メディアプランニング	21	電通MCプランニング局（長谷川英次）
24年（2012）	広告計画の基礎知識―トリプルメディア時代のコミュニケーション戦略―	20	電通　電通総研ナレッジ・センター情報サービス部長（望月裕）
25年（2013）	メディア・プランニングについて	20	電通MCプランニング局メディアマーケティング室プランニング部コミュニケーション・プランナー（中野雅弘）
26年（2014）			なし
27年（2015）			なし
28年（2016）			なし
29年（2017）	メディアプランニング最前線―環境変化にどう立ち向かうか？―	14	博報堂DYメディアパートナーズデータドリブンメディアマーケティングセンター　センター長代理兼プランニンググループ部長（中澤壮吉）
30年（2018）	戦略的コミュニケーションプランニング	20	マーケティングコンサルタント（元アディダスジャパン）（河合健太郎）

出典：日経広告研究所『広告に携わる人の総合講座』『基礎から学べる広告の総合講座』『広告コミュニケーションの総合講座』

かった。したがって、個々の媒体の特性を理解し、媒体計画を作成していた。その後テレビ・メディアを中心に据えたメディア・プランニングに移った。デジタル・メディアを含む他のメディアの重要性も増し、少しずつ変化をしてきている。そして、2014年版頃からは、もうメディア・プランニングという言葉では言い表せないような状況になっている。強いていえば、最後の2018年版のタイトルでつけられた「戦略的コミュニケーションプランニング」の方が的確かもしれない。しかし、インターネット広告がテレビ広告を金額ベースで追い抜いた2019年以降であっても、それら全体のコミュニケーション・プランニングは必要である。デジタル・メディアの専門広告代理店でも、インターネット広告だけでなく、マス・メディアも取り扱い、総合広告代理店と競合状況にあると聞いている。このような状況だからこそ、過去にメディア・プランニングでどのような研究がなされ、検討されてきたかを吟味することは大きな価値がある。

年度ごとの吟味の前に、図表10-1から、興味深いことが見えてきた。執筆者であるが、初期の頃は大学の教員である研究者も担当していた。但し基本的にほぼ大手広告代理店の担当者が執筆をしている。電通16回、博報堂5回である。これからも分かるように、メディア・プランニングの解説を行うためには、実際の現場に関わり、また専門的な知識を必要とする。欧米では比較的この分野を専門にする研究者もいるが、日本ではメディア・プランニングを専門とする研究者は多くない。

また広告代理店でも執筆者の所属する部署名も様々に変化していることが読み取れる。このことを取っても、この分野の環境がわずか30年間に大きく変わり、それに対応する人たちも変化せざるをえなかった状況が見て取れる。次に年ごとの章の内容と、そこで使われている用語について解説を加えていく。

2．媒体計画と呼ばれた時代

2−1．1990年代のメディア・プランニング（1989年版〜1992年版）

この本が創刊された1989（平成元）年版から「媒体計画立案の基本」という章が設けられている。この段階では「媒体計画」という章とは別に、新聞、テレビ、ラジオ、雑誌にそれぞれひとつの章が割り当てられ、その媒体特性が説明されていた。但し、その内容は単なる用語の説明というわけではない。例えばテレビの媒体特性では、スポット、タイム[2]といった用語の解説だけではなく、その年にテレビ業界で話題となった「視聴率論争」と「料金改定」問題にも触れられていた。また「広告主が望んでいること」といった節が設けられ、テレビが成熟期に入り、質的な転換を図る必要があることもすでに述べられている。

その後2005年に出されたものまでラジオ媒体を含めひとつの章が割り当てられ説明が加えられている。2006年版以降は放送媒体、プリント媒体という区分けになったが、その媒体特性ではなく、各メディアの厳しい状況が述べられている。加えて、最初の年にはなかった、OOH（Out of Home／屋外広告と交通広告）、インターネット、クロス・メディアといったものにひとつの章が充てられている。

1989年版からの最初の4年間は、電通の杉山静雄が担当している。注意すべき点は、杉山の所属部署である。基本的にマーケティング局であり、最初の3年がプロモーション開発部であるが、4年目は第3マーケティングディレクター室となっている。2006年版を執筆した金井（2006）によれば、電通と博報堂にメディア・プランニングの部署ができたのが1998年で、それ以前には大手広告会社においてもメディア・プランニングが重要視されてこなかったことがうかがえる。この頃のタイトルに「媒体計画立案」という用語

2　基本的にタイムは番組内でテレビCMを流すことを条件にするもの。但し、スポットCMでもPT（パーティシペーション）と呼ばれる番組内で流されるものと、ステブレ（ステーションブレーク）と呼ばれる番組と番組の間に流されるものがある。

が使われていたことは述べたが、現在では一般的になっているメディア・プランナーという役職も存在しておらず、プランナーといえば、媒体計画にも関わるマーケティング・プランナーを指し、また媒体部員は、基本的に媒体社とメディアの枠を交渉する媒体担当として仕事をしていた。

1989年版と1990年版は「アサヒスーパードライ」といった今でも大きなブランドであるいくつかの商品についての具体的な媒体計画の事例が述べられている。例えば、それぞれ2〜8か月程度のキャンペーンについて媒体別の出稿状況、テレビ・スポットの曜日別、時間帯別の本数一覧が掲載されている。かなり詳細な数値が載せられており、この頃は競合他社への情報開示という意識があまり強くなかったようである。

このキャンペーンの効果に関してだが、このような文章がある。「このキャンペーンの効果はどうであったか。これは、キャンペーン終了時点に近いところで効果調査をしたものだが、銘柄の認知率が全体で45.5％、テレビのコマーシャルの認知率が53％。出稿量から考えるとかなりいい線をいっているということで、最近のラーメンのキャンペーンでは話題になったものである」(杉山，1989，p.225)。この当時、あるいは現在でも同じようなことがいえるかもしれないが、何をもって「いい線」という言い方をしているのかは定かでない。しかし、近年マーケティングや広告の分野でもROI (Return on Investment) が問われている中、この頃のメディア・プランニングに関して、恐らく経験を重視し比較的曖昧な視点であったことがこの文章からも読み取れる[3]。

このケースでは6つのメディア・プランニングにおけるポイントが述べられている。その後の章でも、基本的に類似した項目になっているため、ここでは少し丁寧に解説を行う。

ひとつ目のポイントは「商品によってメディアの考え方が違ってくる」という点である。すなわちカメラや自動車のような耐久消費財では情報探索が

3　機密保持のためにあえて不明確な表現で書かれていた可能性もあるが、特にそのような補足説明はなかった。

必要となり、洗剤のような日用品では認知に重点が置かれたメディア選定が必要であることが述べられている。また、テレビ・スポット広告と他メディアとの出稿量の比率の違いはあるようだが、花王アタックに関しても新聞、雑誌にかなりの量を投入しており、メディア別の出稿金額に関しては十分には検討されていなかったようだ。これは、私の個人的な経験に基づくが、どうしても、テレビ・メディアの広告出稿金額が重視され、その上で新聞などの他媒体への出稿が検討されていた状況があった。メディア・ニュートラル、媒体の価値を理解し、公平に広告の出稿を行うという視点は、データも多くなく、難しい状況であった。

次にあげられているポイントは、広告の目的により媒体の使い方が異なるという点である。特に新製品発売キャンペーン時における短期的に知名率を上げる戦略とそうでない場合の出稿の違いが指摘されていた。これは、後年取り上げられるリーセンシー理論に通じるものだが、ここで取り上げられているブランドはすべて1987年に発売が開始された、新発売キャンペーンであった。アサヒスーパードライとキヤノンEOSに関しては新発売当初にテレビと新聞での大量出稿の状況が見受けられるが、特に花王アタックに関しては比較的平均して出稿されている。最もテレビ・スポットが多く出稿されたのは４か月後の８月であった。花王そのものの知名度、そして洗剤という製品特性からこのような出稿パターンを用いたと思われるが、比較すると過去のプランナーの経験に基づいたプランニングの状況が見えるようで興味深い内容であった。

３番目にあげられているのがターゲットである。広告ターゲットによるメディア配分と時間帯による接触状況の検討を行っている。その中で、テレビ・スポットの曜日別本数一覧が載せられ、主に逆Ｌ型や全日型ターゲット別の露出パターンの説明を行っている。実務を担当している人にはよく理解されていることだが、日本のテレビ・スポットの売買では希望する番組に確実に広告を出稿することはできない。一定の金額と期間その他いくつかの条件をつけて、広告会社を通して依頼すると、どこにテレビ広告が放送されるかの案が出てくる。その広告の発注時点での、テレビ広告の単価に影響するのが露出パターンである。一番単価が安くなるのが、全日型といって、どこに広告を入れても良いというもの、一方、逆L型という露出パターンでは、平日の夜から深夜および土日の全日に広告が流れる。平日仕事をもっているビジネスマンなどには、全日型では無駄な部分が多くなるため、逆L型を指定する。

近年、一部のテレビ局では、SAS（スマート・アド・セールス／Smart AD Sales, 9章注7参照）という新しい販売方式がスタートしている。こちらは1本から購入ができ、したがって日付やポジションも指定できる。当然ながら単価は上がることが予想されるが、少しずつテレビ・スポット広告の販売方法もその効果を意識し変化を見せている。

話をこの本に戻すが、ここに書かれているのは、男性をターゲットにするカメラブランドのキヤノンEOSに関して、平日の午前午後には出稿せず、平日の夜と土日に集中する逆L型を行っていた。但し、その一覧に載せられているのは、GRP／延べ視聴率ではなく本数であった。かつてテレビ・メディアの出稿では、本数やAタイムのシェアと呼ばれゴールデン・タイムのような良い時間帯にどれだけの本数の広告を入れてくれるかといったことでプランの評価をしていた。

現在でいえば、インターネット広告の世界でも、インプレッション数（広告の配信回数）などの指標だけを見ていると、実はしっかりとしたコミュニケーションを行うことができないのと同じようなことが見えてくる。私の基本的考え方とすると、ひとつの指標で判断をするのでなく、総合的に判断をすることが重要である。機械式の個人視聴率の計測が始まるのは1990年代初頭なので致し方ないともいえる。しかし多様なデータを入手できる現在であるからこそ、逆にそのデータの波に飲み込まれ、正しい判断ができない状況があることも忘れてはいけない。

4番目の記述は広告予算、広告目標、そして広告地域である。ここでも、その不十分さを感じた。「広告目標と予算の関係でいうと、最初、キャンペーンの計画を立案するときにブランドの知名率、あるいはテレビコマーシャルの知名率をどの程度にするかといった目標を立てるわけである。この商品は新発売なので、ブランドの知名率を40％にしたいとか60％にしたいといった目標を立てるわけだが、ブランドの知名率を60％にするのだったら、このくらいの広告予算が必要だということが経験則的に分かるようになっている」（杉山，1989，p.231）。この時期のプランニングでは、データの分析より、経験則を重視したことがうかがえる。尚、この年の解説でも、電通のDMPモデル805というメディア・プランニングのソフトの説明は行っている。しかし、私は経験則が悪く、オプティマイザー（最適な資源配分を行うソフトウェア）といった分析だけが良いとは思っていない。近年インターネット広告のプランニングでは、特定のアルゴリズムを使って、自動的に最適解を見つける方法が多く用いられている。大学生をターゲットに設定しインスタグラムに広告を載せれば、ターゲットに対して、最も適切な広告出稿を機械がしてくれる。したがって、面倒な分析もいらず、人間の恣意的な判断が、最適解を壊してしまうかもしれない。しかしここでの条件づけ、アルゴリズムを組み立てたのも人間である。一定の条件の中での最適なものを導き出しているだけであると考えられる。特に過去のデータを基にしているので、未来のための創造的な広告プランという点では、完璧ではないと思っている。しかしながらそうとはいっても、それら計量的な分析を完全に否定するということではない。基本は、科学的に考えられた方法、因果律で組み立てられた方法だからである。この1980年代に行われていた経験則を基にしたメディア・プランニングもある意味重要なものである。科学的な視点に立ち、一部の数字に固執するのでなく、経験等を活かし、実際の場面に即した総合的な視点でプランを作成することが重要である。但し、三十数年前のように、経験のみに頼ることが大変危険な行為といえることは事実だ。いかにデータと経験則を含め、他の情報を統合できるかがプランニングの鍵となる。

5番目にあげられているのが、広告の出稿時期の問題である。この問題は、実は非常に重要で色々な要素が影響するのだが、その章の数行、マーケティング計画に沿って考えられなければならないと書かれているだけであった。この話は量と時期に関する話で、その後色々議論されている。それぞれの年に改めて述べることにする。

6番目は、競合他社の分析である。競合他社の出稿実績はぜひ調べるべきであるという数行の記述である。テレビ・メディアを中心に行っていたメディア・プランニングでは、競合他社の出稿実績を調べることは必須であった。直接競合となる他社が大きなキャンペーンを行うことが分かっていれば、それに対抗して広告を打っていく、あるいはそれを避けるなどの戦略を組み立てることになる。インターネット広告の出稿が増える中、その出稿量とスピードなどから競合他社の出稿などを考慮して、自社の戦略を組むことは難しいだろう。それより、サイト内での行動履歴や、逐次変化するコスト効率が優先されるのかもしれない。しかし、ターゲットとなる消費者の頭の中ではそこまでは意識されなくとも、自社および競合の情報が蓄積されていく。大きな戦略を立てていく上では、競合のマーケティング行動を全く無視するのではなく、ひとつの情報として押さえておく視点は必要と思われる。

その後、この年では、媒体計画の手順が述べられている。予算、目標、地域、ターゲット、時期、表現戦略の確認後、媒体クラスの設定、予算の配分、広告単位の決定、ビークルの設定、回数、スケジュール、ミックス案などの計画作業がある。その後の具体的な出稿計画は、広告効果予測を行うDMPモデルというものを使い、購入作業に進むという流れになっている。

効果については、特にテレビ媒体についてGRP＝リーチ×フリクエンシー（頻度）などのオーソドックスな説明がなされている。また、テレビ広告の種類とその特質を一覧にし、説明している。インターネット広告であっても、単に数値だけで決定するのではなく、自社の目標と、それぞれの特性を考え理解しながら作業を行う必要がある。マス・メディアの出稿に比べ、インターネット広告の出稿作業は、多くの場合にスピードが求められる。したがって、個々の作業に追われ中々プランニング・レベルでの基本的な考察、確認は行いにくい状況であろう。しかしこの時代だからこそ、単に機械が出してきた案だけではなく、それが目的に沿うものであるのかを検討すべきである。

ここまでで多くの部分を割いてしまったが、1989年版からの1992年版までは、同じ電通の杉山が書いているためあまり大きな違いは見られない。上記に詳しく述べたが、もうひとつ付け加えれば、電通のプランニングツールであるDMPについて詳しく述べられていることである。特に1992年版に詳しく述べられているが、簡単に触れておく。DMPモデルは電通が開発したコンピューターシミュレーション・モデルである。一定の出稿量を打ち込むことで、広告効果の予測を行ってくれる。広告効果とは、①媒体到達率、②広告到達効果、③心理変容効果、④行動効果である。また①媒体到達率はマス4媒体と交通、②の広告到達効果はリーチとフリクエンシー、そして③心理変容効果はブランド知名率、内容理解率、好意的態度率、購入意図率、となっている。そして④行動効果は購入の前段階の応募率などを用いている。

テレビの視聴率など、間接データを基に予測するために、このような流れになっているが、インターネット広告の時代になっても、このような考え方で整理することは実は大切である。そのターゲット設定に合った人に広告を見せ、あるいはすでに一度自社のサイトを見ている人に広告を届けたとしても、その状況はそれぞれ大きく変わる。私自身もすでに商品を買ったり、競合の商品を購入し、そのカテゴリーに興味を失っている状況で、際限なく広告を見せられるという経験をする。テクノロジーの進歩により、より的確にターゲット設定ができるようになるとしても、そのアルゴリズムを作り出すためにも仮説が必要である。これまで研究された消費者心理や購買行動は十分にその仮説を生み出すためのヒントにもなると考える。

2-2．新聞媒体を重視した視点（1993年版～1995年版）

1993年版から1995年版の3年間は、日本経済社（日本経済新聞社グループの広告代理店）の取締役の田原三生が執筆している。したがって、新聞そして雑誌というプリント媒体のプランニングが中心になっている。全体的なメディア・プランニングの話の後に、新聞と雑誌と電波媒体の媒体特性の話が述べられていた。ここで興味深い、またインターネット広告の時代にもプラスになると考えられるのは、媒体としての特性である。これまでもいわれている通り、新聞は他より信頼されているメディアであるという調査結果はよく見られている。この媒体によって受け手が受ける印象が異なるということを表す理論に、情報源効果[4]というものがある。ゴシップなどが書かれているスポーツ紙などで、宇宙人が発見されたとあっても、あまり信じないと思われるが、新聞の全国紙に取り上げられていれば、信じる人も増えるはずだ。インターネット広告でも、ブランドセーフティの問題がいわれているが、出稿の自動化が進み、サイトを含めその媒体のもつ価値を再度評価すべきと考える。また雑誌でいえば、その専門性であり、世界観というものがある。世界観を無視した無機質な広告出稿は、単に広告に触れさせるだけで、ブランド構築という点では、十分とはいえない。その意味から、近年のネイティブアド[5]は、その流れである。また、マス媒体が所有するサイトや、インターネットと接続させるようになったラジオ媒体などは、より注目すべきと考える。単価では測れない価値もあることは分析の項目のひとつとして加えたい。そのような作業を行う時に、この時代の雑誌、新聞といった媒体の研究は得るところが大きい。

また、1994年版と1995年版には、広告（情報コミュニケーション）の座標という図があり、その後、共生・関係のマーケティングという軸が示されている。戦術的なメディア・プランニングと同様に、今後はより長期的で受け手との関係性を重視するメディア・プランニングについて語られていることは興味深い。インターネット広告でも、ぜひ検討すべき軸である。

この3年間は、執筆者が媒体社グループの広告代理店の方であったこともあり、PCを使ったシミュレーション・モデル等の記述は見られない。しかし逆にそのような内容であるからこそ、インターネット広告時代のヒントとなる分析方法がある。

4　情報源効果を一言で述べれば、マス・メディアの送り手の信憑性が情報受容に影響することである。詳しくは、仁科貞文編著，2001，『広告効果論―情報処理パラダイムからのアプローチ―』の6章を参照されたい。

5　「デザイン、内容、フォーマットが、媒体社が編集する記事・コンテンツの形式や提供するサービスの機能と同様でそれらと一体化しており、ユーザーの情報利用体験を妨げない広告を指す概念」（日本インタラクティブ広告協会，2019，p.293）。

3．新たなメディア・プランニング理論の登場

3−1．リーセンシーの登場（1996年版〜1997年版）

1996年版からの2年間は、博報堂の大橋恭一が執筆している。ここから、メディア・プランニングについて大きな変化を見せている。実は私は、1995年はメディア・プランニングについてひとつの大きな年だと考えている。偶然であるが、メディア環境においてもWindows 95が発売され、インターネット時代の大きな転換の年を迎えた。また1995年には阪神淡路大震災やオウム真理教の事件も起こっている。

なぜ1995年がメディア・プランニングにとって、重要な年であるかといえば、1995年にジョン・フィリップ・ジョーンズ（Jones, 1995＝1997）の *When Ads Work* が出版された年だからである。欧米で、長年メディア・プランニングの重要な指標として使われてきた有効フリクエンシーの考え方を否定し、広告は1回でも価値があると唱えたアーウィン・エフロン（Ephron, 1997）のリーセンシー理論の背景となる研究である。

メディア・プランニングにとって、非常に重要な概念であるため、少し長くなるが、有効フリクエンシーとは何かを簡単に述べることにする。元々メディア・プランニングの基礎は、広告をどれだけ多くの人に、そして深く、何度も見せるかということに焦点を合わせるリーチとフリクエンシーで表される。1989年版からその考えを基にこの本でも述べられていた。リーチとは全体のオーディエンスの中で少なくとも1回広告を届けることのできる人の割合である。またフリクエンシーとはその届いた人に何回広告を接触させるのかという頻度を表している。このリーチとフリクエンシー（頻度）をかけ合わせたものがGRP（延べ視聴率）となる。

米国でのメディア・プランニングでは、単純なリーチ指標ではなく、広告の受け手に影響があるとされる3回以上の頻度、すなわち有効フリクエンシーだけでのリーチをリーチ3＋と呼んで指標として使っていた。実は、大橋も1996年版ではリーチではなく、有効リーチ・フリクエンシーを日本で

も使用すべきと述べている。

少し遡るが、この有効フリクエンシーの考え方が米国に登場したのは、1979年のミカエル・ネイプルス（Naples, 1979＝1986）の研究とされている。彼の調査で1〜2度広告を見ても効果はない。3回以上見ることによって広告の効果があると結論づけた。彼が広告主の協会の委員をしていたこともあり、この考えは一気に米国に広がり、メディア・プランニングの基本的な考えとなっていった。確かに、われわれも一度見た広告では何の広告だったか覚えておらず、2度目にこの商品カテゴリーの広告か、3度目にこの企業の商品か、などと理解することはあるかもしれない。尚、上記に3回以上が有効であると書いたが、ネイプルスが述べているのは、3回以上は必要だが、あまり多くの頻度もまた効果がないということで、多過ぎることへの警鐘も鳴らしていた。しかし、広告業界では、まずはリーチ3＋を基準にメディア・プランを立案することが常識となっていった。

その考えを否定したのが、ジョーンズ（Jones, 1995＝1997）の研究であった。彼の研究では、商品の状況によっては一度の接触でも広告効果は確認できたというもので、その後エフロン（Ephron, 1997）のリーセンシー理論によって広まることになる。

尚、気をつけなければいけないことは、どのようなブランドでも一度で良いとはジョーンズも述べていない。すでに一定の認知度のあるブランドでは、1回の接触でも効果が確認できた。しかし新製品など消費者に認知がされていないようなブランドでは必要となる頻度は異なるということである。すなわち、ブランドの状況により必要となる頻度は異なることを述べている。有効フリクエンシーからリーセンシーに関することについては、小泉（1998）を参照されたい。

大橋の記述に戻るが、基本はリーチ3＋であるとするものの、リーセンシー理論もひとつの考え方として紹介している。

インターネット広告が重要になってきているが、その中で上記のことから学ぶべきは、頻度について、ブランドごとにその回数は異なるが一定の回数の露出は必要であること、それが単にリーチ3＋のように、ひとつの指標ではないことである。インターネット広告であれば、最終的に購買につながるような指標でメディアを購入すれば、頻度など考えなくても良いと思うかもしれない。しかしそれは誤りである。購入につながる最後のクリックであっても、その前の恐らく別の機会でその商品や広告に消費者が触れている可能性は高い。そのように、最終の行動の前に影響をおよぼしているメディアも分析することを述べているのが「アトリビューション」という考え方である。このアトリビューション（田中他, 2012）の考え方は、有効フリクエンシーやジョーンズの研究にもつながるものであると考える。尚、大橋は1996年版において、「帰結・産物でなく、プロセスが大切」と指摘している。上記にもつながるが、まさにメディア・プランニングに求められることである。

さて、この本とは直接関わらないが、1995年がメディア・プランニングにとって重要な年であるもうひとつの事柄について触れることにする。それは、個人視聴率である。1994年にその当時ビデオリサーチと共に、視聴率データを供給していたニールセンジャパンが機械式の個人視聴率調査を行うと発表した。実際の調査がスタートしたのが1995年である。それまで、手書きの日記式個人視聴率調査しかなく、その精度からそれをメディア・プランニングに使用することはなかった。またそれ以降も基本のテレビ・メディアの売買は、テレビ局と世帯視聴率で行われている。サンプル数の問題などもあるが、例えば、女性向きの商品で男性には必要なく女性にだけ見てもらえば良いものでも、プランニングは世帯視聴率を基に行うことは効果的でないといわざるをえない。この導入については一部の革新的な広告主が賛同し、ニールセンのサービスはスタートしたが、業界全体を巻き込み大きな問題に発展した。当時私が勤務していた外資系の広告代理店が最初にそのデータの購入を決めたが、テレビ局などの業界では、かなり異質な目で見られていたことを記憶している。その後ニールセンは日本でのサービスから撤退し、ビデオリサーチも機械式の個人視聴率を調査することになる。2020年4月からは、関東・関西などに加え全27地区に調査範囲を広げている。また同じく2020年4月からビデオ録画したものの視聴率であるタイムシフト視聴率も公表している。また他の組織もテレビ・メディアに関するユニークなデータを調査している。そのような調査データにも注目すべきだ。

ここから読み取れるのは、データの質の大切さである。判断を下すデータが十分でない場合に、どのように良い分析をしても効果的なメディア・プランにはならない。単に供給されるデータだけなく、そのデータの質にも注目すべきだということは肝に銘じるべきである。

少し話が長くなったが、実は1995年がメディア・プランニングについて大きな年であったことをもうひとつ書きたい。それは、総合広告代理店ではない独立系のメディア・プランニングの草分けである株式会社エスピーアイ（以下SPI）が、この年に設立されたことである。現在インターネット広告では、多く存在する独立系広告会社であるが、SPIはメディアの購入業務を行わず、完全にメディア・プランニング業務のみに集中し、購入業務は総合広告代理店が行っていた[6]。メディア・ニュートラルという考え方からも非常に画期的なことであった。インターネット広告を含め、独立系広告会社など多様な選択肢があることは、メディア・プランニングの質の向上からも重要と考える。

3-2．研究者からの視点（1998年版～1999年版）

このシリーズの中で唯一この2年間のみ、実務家ではなく大学に所属する教員が執筆している。城西大学の清水公一である。しかし、この2年間の内容を見てもそれまでと特段大きな違いは見られない。尚、1999年版には清水のオリジナルの「コミュニケーションのオーケストラ」モデルを紹介し、メディア・プランニングにおいてもIMC（統合型マーケティング・コミュニケーション）が必要であることが述べられている。近年でもテクノロジーの進歩でマス・メディアやSP広告[7]であっても、その効果を測る技術的進歩が著しい。

6　その後、2013年に電通インターナショナルが、SPIの持ち株会社でもあるエイジスグループの持ち株会社になったが、2014年に経営の独立性・透明性の法的担保を目的とし、電通・イージスグループからの完全独立を行い、再び独立事業体としてのサービス提供を開始している。尚、筆者も1997年から2005年までSPIに勤務をしていたが、現在、創業時のスタッフはおらず、現在のスタッフとの面識はない。

インターネット広告と他のメディアを融合・統合し、より効果の高いメディア・プランニングを計画すべきことの必要性は増している。

また、消費者の意思決定プロセスを解説していることも興味深い。すなわち、消費者心理や消費者購買行動でも検討し、メディア・プランニングに活かすべきである。近年インターネットでも広告が映し出されているモニターを消費者が見ている時に、どのような心理状態であるかを測定しようとする試みもあると聞いている。また、その瞬間だけでなく、どのようなプロセスで今クリックをしようとしているのか、購買行動の段階も考えるべき時期に入ってきたと思われる。脳の反応を分析する「ニューロ・マーケティング」も一時期活発にメディアに取り上げられていた。単に刺激反応的に、結果としてのクリックだけに注目し、その前段階はブラックボックスで良いと考えては、効果的・創造的なメディア・プランニングを立案することはできない。対象者を1台の端末として捉える、あるいはひとつの行動だけで捉えるのではなく、人として見ることが現在必要とされている。

4．媒体計画からメディア・プランニングへ

4−1．計量分析とクリエイティブ視点（2000年版〜2005年版）

2001年版のタイトルから媒体計画がメディア・プランニングになった。その後9年ほど電通のメディア・プランナーが執筆している。2000年版は博報堂のメディアマーケティング局局長代理の方が執筆している。この年の特徴としては、1996年版に初めて登場するリーセンシーが比較的多くのスペースを取って解説が行われていたことである。また、最後の節でデジタル放送時代のメディア・プランニングが述べられているが、2003年に地上波デジタル放送がスタートし、そして2011年の完全地上波デジタル化に向けての内容である。インターネット広告についてはあまり触れられていない。ここで

7　電通が毎年発行している「日本の広告費」において、マスコミ4媒体（新聞・雑誌・ラジオ・テレビ）の広告以外を総称しSP広告と呼んでいるため、ここではそれに倣い、SP広告と呼ぶ。

強調されているのは、あくまでもテレビ・メディアのデジタル化である。因みに、メディア・プランニングとは別の章でマルチ・メディアの一部としてインターネット広告について述べられているのは、1997年版からであった。この時代のデジタル化でのキーワードはインタラクティブであった。

2001年版からは上述の通り、電通のメディア・プランナーが執筆している。そのためか2001年版は特に実際の技術的な部分が多く書かれている。前半部分では電通のメディア管理プロセスD-MACSの説明、その後広告管理指標について述べられている。その後、有効フリクエンシーとリーセンシーについてかなり多く書かれている。それまでと比べるとこれらを擁護する記述が見られた。最後にメディア・プランニングの今後の展望として、①ターゲットの細分化、②各メディアの統合、③デジタル化からのインタラクティブ性が指摘されている。

2002年版は、前年よりは若干概念的な説明に戻るが、有効フリクエンシーやリーセンシーの説明が多く述べられている。この年の「今後のメディア・プランニング」の節は大変興味深い。第1にインターネットの影響がある程度述べられていること、そして第2に「クリエイティブ・メディア・プランニング」についてである。一般的にいえば、新しいメディアの使い方を指すが、メディア・プランニングにもクリエイティビティが必要となっているとし、カンヌの広告賞（現カンヌライオン）が、その数年前に新たな賞を設け、注目を集めていた。ここには特に具体的な例は載っていないが、私の記憶では、アディダス社が、ビルの壁面をよじ登るという広告を作り、サントリーが発泡酒のラベルを広告面にし、商品価格を下げるということも行われていた。

3番目には、「レレバンシー（適合性・関連性）」と「レセプティビティ（受容性）」をあげている。前者は、その広告を載せるメディアとの関連性であり、一般的なメディア・エンゲージメントのことを指す。エンゲージメントについては、12章で述べることにする。

また、後者のレセプティビティはタイミングや場所についてで、広告を受け入れやすいタイミングで行うべきという考え方である。例えば、ビールの広告を平日の日中に流したとしても、サラリーマンなら飲みたくても飲めず、逆にイライラするかもしれない。土日のラジオであれば、丁度ビールを買いにディスカウントショップで自社ブランドを選んでもらえるチャンスになるかもしれない。このように、場所やタイミングを重視することは、インターネット、特にモバイルの進歩から適切なタイミングで適切な場所にいる時に広告を配信することも可能となり、今のプランニングに通じるものである。GPS の制度が向上したこともあり、ジオターゲティング広告[8] など、位置情報でのメディア・プランニングも重要である。

この本の内容から外れるが、メディア・プランニングにおいて、エリア戦略は重要な視点であった。「BDI / CDI」といった分析がよく使われていた。BDI とは Brand Development Index、CDI は Category Development Index の頭文字である。前者は当該ブランドの全国平均を 100 とした場合の販売量であり、CDI は当該カテゴリーの全国販売の平均を 100 として当該エリアの販売を分析したものである。前者は、当該ブランドがそのエリアで強いブランドであるか、また後者はそのエリアが当該カテゴリーとしてどの程度成熟しているかを判断することができる。これを分析することで、自社ブランドが強い地域に投資するべきか、今後伸びが期待できるエリアに投資するかの戦略を立てることができる。デジタル化が進み益々位置情報が入手しやすい中、戦略をしっかり立てることが重要である。

2003 年版でも、一般的な解説に加えてリーセンシーを中心にした出稿スケジュールの話が多く語られている。インターネットの動向もあるがまだその重要性を指摘する程度である。また、電通の「DiaLog」という最適媒体システム、俗にいうオプティマイザーの紹介がなされている。今後のプランニングの自動化の流れに向かうものと思われる。尚、今後の動向として、コストダウンからバリューアップということで、前述した広告をより適した場所や時間に流すことが重要になるといっている。その流れから、その後一時非常に注目されたコンタクト・ポイントという言葉が登場している。スコッ

8　スマートフォンの GPS 機能など利用者の位置を特定する技術を利用し、消費者の位置情報を基に広告等を配信する手法。

ト・M・デイビスとマイケル・ダン（Davis & Dunn, 2002＝2004）の『ブランド価値を高める　コンタクト・ポイント戦略』が出版されたのが2004年であり、電通のブランド・コンタクト・ポイント、博報堂のタッチポイント、アサツーDKの体験ポイント（EXポイント）など、この考え方が広まるのはこの頃からである。尚、私は、上記の広告代理店のコンタクト・ポイントには、若干異なる考えをもっている。それについては、次章を参照されたい。尚、最後にこの年の執筆者である中野雅之は、スティーブ・アレン氏の言葉を紹介している。「メディア・プランニングには、ゴールデンルールはない。メディア・プランナーに必要なのは、生活者に対する深い洞察と、メディアに関する知識、経験、直観に基づく判断力である」（中野，2003，p.125）は、現在にも当てはまる金言であると私も考える。

2004年版もほぼ前年と類似した内容が書かれている。尚、特に注目するキーワードはメディア・プランニングの中で登場する「アカウンタビリティ」という言葉である。広告の説明責任と訳されるこの言葉は、実際の商品の販売に、広告がどれだけ影響をおよぼしているかという視点である。1961年にR・H・コーリーが発表したDAGMAR理論[9]から、広告効果は直接的に販売と結びつけるのではなく、その前の段階の5つの指標を明確にし、それをもって効果測定を行うべきであるという考え方から、直接的な販売との関係性を検討することは、かつてタブー視されてきた。近年はM・ROI（Marketing Return on Investment）の考え方や、インターネット広告で販売との直接的な関係が重視されるが、そこまで昔からいわれているほどではなかった。

上記のように購買意向などと広告の関係について計量的に深く分析を試みているのが、2005年版である。質的な要因である、接触態度やメディアとの相性、またタイミングなどについて、これまで以上にページを取って丁寧に解説を行っている。

9　DAGMAR理論については、『マーケティング・コミュニケーション大辞典』2006, p.422を参照されたい。

4-2．メディア・プランニングの歴史の解説と新たな展開（2006年版～2010年版）

2006年版では、他の年とは異なる解説がなされている。それがメディア・プランニングの歴史である。執筆者の金井（2006）は、メディア・プランニングの定義をそれまでの媒体計画と分け「測定可能な効果指標予測に基づいて媒体展開計画を作成すること、および媒体購入時に判断基準を作成すること」（pp.51-52）としている。このようなメディア・プランニングという概念は、金井が電通に入社した時点ではなかったと述べている。米国で生まれたこのようなメディア・プランニングは1980年代、広告などのマーケティングの費用はコスト（経費）ではなくインベストメント（投資）であるという考え方であり、投資としてアカウンタビリティ（説明責任）の考え方が普及し、専門的な理論や記述が発達したと述べている。その後1990年代に入り、それらの要求から、広告会社のグループ化（ホールディング会社）、例えばWPPやインターパブリックといった世界的ネットワークができた。そしてそのグループ内にグループの媒体部門を集約する形で、メディア・エージェンシーが分離・独立していった。この部分については、広告取引の16章でも触れている。WPPグループのマインドシェアなどであるが、それらのグループにより、さらに精緻化されたメディア・プランニングが確立していく。

一方、金井（2006）よれば、電通・博報堂にメディア・プランニングの部署が設けられたのは1998年とのことである。また1999年にマインドシェアが日本にもできている。このように、この本が刊行された1989年にはまだ日本にメディア・プランニングというものは存在しておらず、少しずつ時代と共に育ってきたことがうかがえる。

その他にも、この年の記述にはユニークなものがある。テレビ・メディアでの分析でよく使われるSOV（Share of Voice）、すなわち商品カテゴリー内の広告シェアを管理するという考え方であるが、それと想起集合（Evoked Set）の関係である。同一カテゴリー内で人が想起できる商品数（想起集合）は3～7個といわれており、広告接触回数が多いことは商品を思い出させる可能性が高いといった分析に使われていた。

またリーチマックスというものもメディア・プランニングではよく使われている。すなわち量が決まったら具体的にどのビークルを選定するかで、到達率を最大化させるメディアの組み合わせが求められる。いかに多くのターゲットに広告を届かせるかということである。また広告を載せるメディアと広告の親和性に着目した「アフィニティ」という考え方も述べられている。基本的な考え方はメディア・エンゲージメントと同様であると思われる。最後に最近の潮流として「コンタクト・ポイント」や「クリエイティブ・メディア」と共に、WOM（Word of Mouth）／クチコミ・プランニングをあげていることが注目される。この頃モバイルやインターネットのブログなどに少しずつ注目が集まってきたようだ。

2007年版は前年とは多少雰囲気も変わり、よりオーソドックスな内容となっている。かなり以前にはあった、各メディアの役割をそれぞれ述べている。恐らくインターネットを含め多様なメディアを融合し、用いているかを意識しているようである。また最近のトレンドとして、「ブランデッド・エンタテインメント」の説明がある。プロダクト・プレイスメントやショート・ムービーがその代表であり、その後のネイティブアドへの流れではあるが、コンテンツを意識し、消費者の興味を邪魔しない、自然な形でのコミュニケーションがこの頃から意識され始めている。

2008年版は、この年も内容的にはオーソドックスなものである。但し、執筆者のポイントとして戦略と戦術の違い、特に戦略がなく、実際のビークルを何にするかといった戦術面だけに意識がいってはいけないことが述べられている[10]。大きな視点で、広告効果の高いプランを立案するため、いつどこでどのようなメディアを用いるかというしっかりとした大きな戦略が大切である。近年のインターネット広告では、結果が見えやすいこともあり、戦略面より、具体的なアウトプットの数値に目が行きがちである。大きな視点でメディア・プランを考えるべきことは今の時代にも通じることである。また、この年の潮流として「クロス・メディア・プランニング」があげられている。

10　戦略・戦術の違いについては、本書の5章で詳しく述べている。

テレビと雑誌とインターネットなど、初期のIMC論であるような「ワンボイス・ワンルック」といったような統一した広告表現を用いるというだけでなく、いかに複数のメディアを使用することでシナジー効果を生み出すことができるかが大切となる。インターネット広告が増え続けているが、複数の媒体を使用し、そのシナジー効果を生み出すことは今の時代でも非常に重要なものである。

2009年版も前半はオーソドックスな流れである。メディア・プランニングの流れ、各メディアの特性、代表的プランニング手法としてのリーチマックス、有効フリクエンシー、そしてリーセンシーなどが語られている。特徴的なことは、この年は事例を基に、オリエンテーションの内容からステップ・バイ・ステップで解説を行っている。もちろん昔と異なり架空のブランドで述べてはいる。その中では、基礎的な情報の収集分析が大切であること、もちろん数字的な分析で語ることが多いが、プランナー個々人の勘と経験が大切であると述べられていることも印象的であった。

2010年版は10年ぶりに電通の担当者でなく、博報堂の方が執筆している。しかし全体の構成はそこまで変わることはない。多くの執筆者も書いているが、メディア・プランニングというとまず数値的なデータを思い浮かべるが、むしろ方法論や戦力論が大切であることを強調していた。また、マーケターやクリエイターなどの他の部署の人々とどう協力していくかも重要だと述べられている。内容的には、複数メディアの統合と検証が述べられているが、「やみくもに計算シミュレーションの結果を追うよりは、主軸となるメディア戦略の骨組みを作る方向でプランニングを進めていくべきだ」という言葉が印象的であり、現在のプランニングに有用な一言と思われる。また、これからのプランニングでは、リーチとフリクエンシーを基にした手法を前半では紹介しているが、今後は「コミュニティ内だけで熱く取り上げられる『プチブーム』がたくさん発生している。〈中略〉そういうことを考えても、単純にリーチという量的な側面だけを追い求めるプランニングではなく、いかに情報を活性化させるかという戦略性をもって、多様なメディアを通じて設計するプランニングの重要性が増すことは間違いない」（藤原，2009，p.137）と述べられている。

5．新しいメディア・プランニング

5-1．デジタル・メディアへの意識の高まり（2011年版〜2013年版）

2011年版でも、全体的には大きく異なることはない。但し、前半で、「ROI」や「アカウンタビリティ」が強調されている。興味深いのは、メディア・プランニングの潮流である。4つのポイントをあげているが、ひとつ目は「消費者を能動的に動かすこと」、2つ目は「メディア・ニュートラルの視点で考える」、3つ目は「メディア・プランにストーリー性を持たせる」、4つ目は「デジタル・メディアの機能を活用する」である。この後に、初めてAIDMA理論がAISAS理論に変わったとの記述があり、明らかにこれまでのメディア・プランニングに比較してインターネット・メディアを中心にデジタル・メディアを意識してきたことが読み取れる。AISAS理論が電通から商標登録申請が出されたのは2004年だと思われるが、その当時は、まだインターネット広告もメインのメディアとはいいがたく、またメディア・プランナー自体もマス広告を中心に据えたプランが王道であると考えていたのであろう。2つ目の「メディア・ニュートラル」とは、マス・メディア特にテレビ・メディアだけでなく、すべてのメディアを公平に検討するということである。また、今後のメディア・プランニングで求められることとして、「コンタクト・ポイント」の抽出と共に、ターゲットをリアルに想像すること、また情報のバリアを突破するために新しいアイデアを発想すること、そしてそのためにできる限り自由な発想で楽しみながら考え抜くことが大切であるとしている。

2012年版では、章のタイトルから「メディア・プランニング」を見ることができない。前年までと同様に、プリント、電波、交通、インターネットという個別の章はある。それに代わり、メディア戦略全体を括るものとして、「広告計画の基礎知識―トリプルメディア時代のコミュニケーション戦略―」がある。この章を読むとかなりこれまでのメディア・プランニングの内容と重複していた。またこの章を執筆しているのも前年の電通のMCプランニング局の方から、電通総研のナレッジ・センター情報サービス部の方に変わっている。

トリプル・メディアとは、ひとつは「ペイド・メディア」で、従来のメディア費を支払って行う広告である。テレビなどのマス・メディア広告と共に、インターネット広告も含まれる。2つ目は、企業のWebサイトなど送り手側自らが所有する「オウンド・メディア」である。この中にオンラインのメディアだけでなく、会員組織や自社の店舗なども含まれる。3つ目はSNSやブログなどのソーシャル・メディアを中心した「アーンド・メディア」である。この本には述べられていないが、テレビ番組などで取り上げられるパブリシティなども含まれる。これからのメディア戦略はこの3つを意識しプランを立案する必要があるという視点である。

その他に、コミュニケーション戦略の基本ということで、これまでと類似したものが述べられているし、またメディア・プランニングとして有効フリクエンシー、リーチマックスも扱っていた。かつて、「今後の新しい流れ」で取り上げられた「クロス・メディア」「コンタクト・ポイント」が節レベルで取り上げられている。また、「メディア・コンタクト・ポイント」の価値評価というものを行っており、情報性⇔娯楽性、接触多様性⇔同質性の4象限での分析を行っている。最後の「おわりに」では、検討すべき軸としてターゲットをより深く考えるということで、単にその人だけではなく、それに影響を与えるまわりにいる人、「影響ターゲット」を見据えてプランニングを行わなければいけないと述べられている。

2013年版では、また「メディア・プランニングについて」という章が復活している。メディア・プランナーの役割や、メディア・プランニングの必要性などが述べられた後に、そのプロセスが述べられていた。最後に課題が述べられているが、ROIに対する答えと同様に「データをよりどころにし過ぎない」「過去をよりどころにし過ぎない」(中野, 2012, p.87)とある。特に後者は、これまでいわれてきたこと、例えば、テレビ・メディアの強みが商品の認知を高めるのに役立つといった点である。これは今でも正しいことは理解しつつも、そのメディアがこれまで認められていなかった効果についても、これまでそのような使い方をしてこなかっただけで、今後のチャンスとすることができるという点が指摘されている。テレビはこういうメディア、インターネットはこういうメディアと単に決めつけるのではなく、創造的なプランを作る必要を述べている。また、それとも通じるが、これまで「計画」という意味が強かったメディア・プランニングであるが、「企画」の側面をもう少し意識すべきと述べられている。「インサイト」「アイデア」「クリエイティビティ」という言葉もあげられていた。

5-2．メディア・プランニングからストラテジック・プランニングへ（2014年版～2018年版）

2014年版から2016年版の3年間は、メディア・プランニングは章立ての中では見ることはできない。内容的にもこれまでのそれに近い内容もない。2014年版は新たなテクノロジーを意識してそれぞれのメディアがどう変化するかを指摘している。2015年版はデジタル・メディアがひとつの大きな章で扱われ、その他のメディアが別の章で述べられている。特にそれを横断するようなプランニングの話はない。2016年版はマス・メディアとデジタル・メディアという分け方になっているが、2015年版2016年版にはインサイトという言葉がひとつの章として取り上げられていたのが印象的であった。

2017年版から再びメディア・プランニングという名前が章として復活している。しかしそれも翌年「戦略的コミュニケーションプランニング」という章があるものの、平成が終わる2019年版に、1989年版から30年間続いていた流れから大きく変更され、『広告ってすごい！がわかる人気講座』に変わる。メディア環境の変化から、従来の表現とメディア、マス・メディアとデジタル・メディアという区分けが難しくなったと考える。最後の年の「戦略的コミュニケーションプランニング」という章は、従来までのメディア・プランニングとは異なる。どちらかというと、マーケティング・プランニングに近く、論理的思考法からビジネススクールで登場するKPIなどについて多く語られていた。また執筆者が外資系のメーカーに勤務されていたことから、メーカーサイドから見て、組織やビジネス・プロセスとしてどのようなことを注意すれば良いかという点が述べられている。

私が「戦略的コミュニケーションプランニング」という章に注目したのは、そのタイトルである。いくつかの広告代理店が近年、ストラテジック・プランニング局という名称を使っている。それだけマーケティングあるいはメディアという枠組みでは捉えられない分野が多く存在している。特にクリエイティブの発想を組み入れるために、クリエイターが所属する場合もあると聞いている。まさにメディア・プランニングという言葉は死語であり、より広い視点で見ていく必要があると思う。また、量的な分析が多いインターネット広告の業務こそ、このストラテジック・プランニングの発想が必要だろう。

その意味から、2017年の「メディアプランニング最前線─環境変化にどう立ち向かうか？─」は、この章のまとめにふさわしい内容だと考える。博報堂DYメディアパートナーズのデータドリブンメディアマーケティングの中澤（2016）が執筆しているため、若干データに対する思いは強いと思われる。ここでまず指摘されているのは、環境変化を捉える3つの視点で、①生活者の変化、②メディアの変化、③データの変化である。確かにこの3つの大きな変化により従来のメディア・プランニングでは語ることのできない部分が増えていった。

中澤（2016）は、これまでのメディア・プランニングの目的は、コストカットや効率化に置かれがちで、今後は成果創造型に変えるべきだと述べている。インターネット広告で確かに成果は見やすくなった。しかしその単純化された指標をクリアするために、おおもとの成果の想像ではく、一定の予算内で効率をいかに高めるかに目が行きがちだと指摘している。この点は重要であろう。最後のまとめとして、「データを真ん中に置くことでマーケティングとメディアの分断の解消に大きな意味をもつはずだ。その上で、データに翻弄されるのではなく、データをうまく使って何を作っていくのかを考えることこそ、頭の使いよう、時間の使いようだと思う」と述べている。加えて、最後に開高健の言葉を引用し、「分析の踏み台を直感の脚力で蹴ることのできるものこそ独創的な啓示を得る」としている。私はデータといっても量的なものだけではないはずだと考える。あらゆる情報を真ん中に置き、しっかりとした分析の上でプランニングを行うことこそ、メディア・プランニングそしてストラテジック・プランニングの肝だと考える。

むすび

本章では、日経広告研究所から30年にわたり刊行された『広告に携わる人の総合講座』(1989〜2007年)、『基礎から学べる広告の総合講座』(2008〜2014年)、『広告コミュニケーションの総合講座』(2015〜2018年)の中からメディア・プランニングの章を抜き出し、時代と共にメディア・プランニングの分野でどのような内容が議論され、使われてきたかを明らかにした。すでにこの本も体裁を大きく変え、最後の数年については、時にメディア・プランニングという名前を含む章がない年もあった。しかし、約30年の記述を見ることでメディア・プランナーと呼ばれる人、あるいはその業務に携わった人々がどのような視点をもっていたかが明らかになった。特に重要と思われるのが、リーチマックスといった数値的な目標や、分析が中心にはあったが、その中で、単に戦術に走るのではく、大きな視点で背景となるターゲットや市場を見、分析を行って戦略を立てる必要性があることが述べられていたことである。このことはインターネット広告の隆盛となった2020年代においても、変わらず心に置くべきであろう。

また個々の用語、例えば「有効フリクエンシー」や「クロス・メディア」や「SOV」などがどのような意味合いで検討され、使われてきたかを学ぶことは新たな時代のメディア・プランナー、ストラテジック・プランナーにとっても有用と思われる。古典から学ぶことは多いという話はよく聞く。過去は宝の山であり、新たな挑戦から多くのものを得るためにも、ぜひ過去の知識から発想し、活かしていってもらいたい。

11 章

創造的メディア・プランニング

10章のメディア・プランニングの系譜では、接触率を中心とした量的データがメディア・プランニングで使われてきたことは述べてきた。この章では、メディア・プランニングには量的な分析だけでなく、質的分析も必要だという視点から、特にヒューマン・インサイトを深く理解した上での有機体的メディア・プランニングの考え方を述べていきたい。

視聴質という言葉が、テレビ局などからも出てきており、TVISION INSIGHTSは2015年より関東1000世帯、関西100世帯を対象に独自の調査で行い測定を行っている。同社は、滞在度（VI値）と注視度（AI値）をかけ合わせ、専念視聴度を提供している[1]。但し、視聴質という指標が必要だという議論はかなり以前からあった。

正確なことは分からないが、少なくとも私が外資系の広告会社で働いていた20年以上前から海外では専念視聴のデータを取り、メディア・プランニングに役立てていた。また、石山・黄（2016）によれば、視聴質の研究は1953年のテレビ放送開始の翌年には始まっている。「視聴質」は、CiNiiの論文検索でも21件ヒットする（2021年8月19日現在）。古くは1988年に個人視聴率が議論され始めた頃から研究がなされていたようである。視聴質には、視聴者がそれぞれの番組をどう評価して観ているのかということや前述の専念視聴といったものがある。まずは、メディア・プランニングにおける質的とは何を指しているかということから整理する。

1　詳しくは、TVISION INSIGHTS「視聴質データについて」のサイトを参照されたい。https://tvisioninsights.co.jp/quality/（最終更新日2021年9月1日）.

1．質的メディア・プランニングとは

メディア・プランニングでは、量的データが媒体選択の基準になっているが、質的分析を一言でいえば、消費者の心理や行動からメディアを見ていこうということである。近年インターネット広告がCPAといった量的な指標でプランニングされていたが、アドベリフィケーション[2]の問題もあり、広告が置かれている場所、サイトの質も重要ではないかという意見もある。メディア・エンゲージメントの研究からも、また古くは情報源効果研究などからも当然ともいえる。さて、質的データをメディア・プランニングに取り入れる考え方には2つある。

ひとつは、効果測定のために消費者の心理を深く捉えた「指標」があるのではないかという考え方。もうひとつは、メディア・プランニングにおいてユニークなアイデアを見つけていく分析手法として、質的側面を見ていくという考え方である。これまでの研究は上でも述べたような、主に前者の意味が強かった。後者についてもう少し述べれば、広告クリエイティブ作業で行うようなユニークな消費者インサイトを探す手順を、メディア・プランニングでも方法化できないかということである。

前章で述べたリーセンシー理論も、実はこれに関連する。この理論は多少誤解されており、広告は消費者に1回届けば十分で、それを継続的にやること、つまりリーチ最大化の理論のように理解されている。しかしそれだけではない。「広告メッセージは、商品を購入しようとしている消費者に対して、最も直接的に機能するメディアの伝達は何か」という考え方に基づいた理論である。

具体的な例を示せば、例えば、トイレットペーパーが必要もないのに欲しくなる人はいない。トイレットペーパーがある時に広告メッセージを届けて

2　「DSPやアドエクスチェンジを通じて配信される広告が広告主の意図・条件に沿ったサイトや場所に掲載されているかを検証する機能。条件に基づき不適当な掲載先を除外することができる」（日本インタラクティブ広告協会，2019，p.288）。

もそれほど効果はない。トイレットペーパーがなくなった時に、初めて広告のメッセージは効果をもつという考え方である。なくなるタイミングは人それぞれ異なるが、その中で極力リーチを高めること（人々にメッセージを届けること）が投資効率を高めることになる。要するに、リーセンシー理論というのは、購入者が本当に欲しくなった、必要だと感じている時にメディアに接触させる、そうしないと効果がないという考え方である。

2．消費者に近いメディアを探す

この考えを発展させると、クリエイティブ・プランニングという考え方が出てくる。上記は人が欲しいと考える時にコミュニケーションをするという考え方だが、さらにその上を考え、その場所、場面で特別なコミュニケーションをすることでさらに強い印象を受け手に与えることができるということになる。アンビエント広告（Ambient Advertising）と呼ばれるようなものがそのひとつといえる。アンビエント広告の実例としては、ナイキは公園のゴミ箱の上にバスケットのバックボードを設置した。人は、思わずバスケットのシュートをするようにゴミを捨てたくなる。そのゴールのバックボードにナイキのロゴがあるわけである。このように、アンビエント広告は、その環境や場所にうまく馴染ませている広告である。また、広い芝生に自然の素材を原料にしたビールの広告を描くなどの例もある。広々とした屋外の芝生に大きなビール瓶が描かれており、飛行機などの狭い空間にいる人がその開放的な状況でビールを飲みたくなることを狙っていると考えられる。そのように今までにないユニークなアイデアのメディアを考えていくわけである。アカウント・プランニングの手法と同じように質的データを基に創造的な広告場面を探し、新たな広告メディアを創出し、コミュニケーションを行っていくわけである。

そのためには、まず、本著で何度も述べているヒューマン・インサイト、生活している人々を深く捉え、彼らの心の動きを感じ、本当に人々に届くメディアは何かを考えていくことが大切である。

3．質的メディア・プランニングの新たな方法

3－1．The Day in The Life の活用

私は「The Day in The Life」（以下 DIL）[3] という分析手法を、広告プランニングの仕事をしている時も、またゼミ生が企業プランを作成する際にも勧めてきた。これは、量的・質的な調査データを基にメディア・プランナーが消費者のプロフィルと彼らの1日を日記形式で記述するというものである。例えば、36歳のサラリーマンで、年収は500万円前後、分譲マンションに住んでいて、家族4人。奥さんの趣味は……というように、ターゲットはどういう人たちなのかを具体的に描いていく。さらに、朝起きてから夜寝るまでのメディア接触も見ていく。「Aという人は、起床後まず朝刊に目を通す。あまり時間がないので、話題になるような記事と、娘が来春小学校に入学することもあって、教育や育児に関する記事に目を通すことにしている」など、単にどんなメディアに接触しているかではなく、なぜ接触しているかを含め消費者の心理を深く推察しながら書き留めていく。

このように分析することで、消費者がどのような場面で、どのような気持ちでそのメディアに接しているのかが見えてくる。そうすることで、単に量的な接触データからでは現れてこない新たなメディア価値の発見や発想を引き出していくことになる。例えば、洋画を観ることが好きな人は英会話学校に行く人が多いということがあった場合、それらの人たちは、外国に行きたい、外の世界に接したいという気持ちが強いからだと考えられるかもしれない。一種の推論であるので、間違いかもしれない。但し、それが見えてくれば、英会話学校に洋画のポスターを貼るという発想も出てくるわけで、その後、その施策の効果が高いかを量的な分析を含め自分で納得できるまで検証

---

3 「DIL」という手法については、私が外資系の企業に勤務していた時代に学んだもので、オリジナルの手法ではない。但し、この企業のオリジナルの手法であるということはない。また、私が調べた中では、他の文献で見ることができなかった。したがって、この手法について出典は不明である。

をすることができる。

メディア・プランの仕事の時には、1日単位で作っていたが、学生とプロジェクトをしていく中で、もう少し長い時間軸で考えることも行っている。例えば、学生なら入学して卒業式を迎えるまでに、どのような行動を取るかといったことである。すべての日々を書くことはできないが、できるだけそれらの人々の心に深く刻まれているものをピックアップする。例えば、初めて一人でアパートを借りた日、サークルデビューなどである。

3-2．ペルソナ分析との違い

このようにターゲットを深く分析する手法では、「ペルソナ分析」が一般的である。ペルソナ分析と私が勧めているDILは異なるものである。ペルソナ分析はあくまでその商品のユーザーあるいは潜在顧客という部分から100％は離れていない点を指摘したい。DILはユーザーや潜在顧客と一旦離れる。もうひとつの違いは、ペルソナ分析は、今現在の状況を意識していると考えられる[4]。現在のユーザーはどのような人で、何をし、何を考えているかということが中心になる。DILでは、過去からのプロセスを大切にしている。有機体的広告論の基本的な考え方に沿った形である。ペルソナ分析が点を集め分析し、DILは線の上の強弱を見ていくイメージである。ペルソナ分析が悪いということではないのだが、新たな創造的な広告プランを考えていくことにDILはより貢献できると考える。またペルソナ分析はどちらかといえば、広告活動より新製品開発の場面に強い力をもっていると考える。

メディア・プランニングという点でいえば、ここであげられた人が心を動かす場所・機会は、より良い接点にもなるわけである。具体的なメディア・プランを考える上でも大きなヒントとなりうる。例えば、2章のアブダクションの説明でも述べたが、学生にとって、初めてアパートを借り、部屋に

4　ペルソナ分析においてもライフスタイルのフェーズはある。Pruitt & Adlin（2006＝2007, p.13）を参照されたい。尚、本著で、ペルソナ分析をついて否定的な書き方をしている部分があるが、決してそれ自体に価値がないと考えているわけではない。但し、創造的な広告活動のためには、よりDILが適していると感じる。

入る時には大きな心の動きがあるはずである。もし学生にとって、その時が心を大きく動かす瞬間であれば、不動産屋を通し、部屋の鍵と一緒にサンプルの商品を渡すのも良いかもしれない。なぜなら新しく借りる部屋は、何もなく、すぐに使える日用品は心を落ち着かせるものにもなり、その後通常の生活が始まった後とは異なるものであると思われるからである。

IMCやブランド論で「ブランドコンタクト」という考え方があるが、「有機体的広告論」では、受け手をターゲットの固まりとして捉えるのではなく、一人の人間として、どのような生活を送り、どのような行動をどのような気持ちで行っているのかを見ていくという考えである。

3-3. 本当に効く場所への広告出稿

多くの人が考えるメディア・プランニングの発想は、たくさんの人が集まる場所に広告を置くということではないかと思う。ゼミナールに入ったばかりの学生に、メディアのアイデアを聞くと、梅田駅に大きな交通広告を出し、イベントを行うというものを考えてくる。理由を聞くと、人が集まる、特にターゲットとなる層が多く集まるからだという答えが返ってくる。1章で主客の逆転ということを書いたが、上記のアイデアを考える学生の心の中心にあるものは、当該商品であり、自社の広告で、それをターゲットとなる人々に見せるという発想だ。そうではなく、あくまでも主に考えるべきは、生活をしている「人」なのである。広告はあくまでもその人にとって主にはならない。生活のわずかな一部にあるものである。したがって、ある人の生活の中に広告を近づけていくという発想をもつべきであり、それが有機体的メディア・プランニングの基本的考え方である。そして今のメディア状況の中では、広告を「置く」というより「近づける」という発想がないと、消費者に対する伝わり方が弱く、その効果が期待できないと考える。また、一人に効果が出ないものは、大勢の人にも効果が出ないわけで、ターゲットを個で捉えるということが基本的な考え方となる。

4．質的データと量的データの役割

4−1．仮説立案のための質的データ

しかし、やはり広告には多くの人に知らせる役割もある。実際のメディア・プランニングでは、定量的な要素を無視することはできない。私自身も、無視をすることは全く考えていない。但し、定量的なデータ、全体の中のこれだけの人がこの広告を見る可能性がある、何%かが自社サイトに移動するためにクリックをしてくれる可能性があるということでは、効率を高めるためには適していても、創造的なプランニング、すなわち100の効果を120、150にしていくメディア・プランニングは行えない。ここで書いていることは、あくまでも創造的な広告活動である。いかに創造的な広告活動を行うかということで、効率的に維持するために量的なデータを用いることは否定していない。しっかりとその違いを理解すべきである。私は、起点となるアイデアでは、特に質的調査データ、そして量的調査データと組み合わせての仮説の創出が基となると考えている。

質的データは、メディア・プランニングの発想の基盤や個々の機会の中で、何かの仮説を見つける時に用いる。量的なデータでも可能であるが、質的なデータはその人の顔を思い浮かべることができ、次の行動を想像しやすい。質的データは仮説立案の段階で特に有効な手段である。私も、以前は量的なデータでプランを作成させていた時期もあった。その方が依頼主の企業を説得しやすい、奇麗なプランを作ることができる。但し、インサイトにあふれたユニークなアイデアは出すことは困難である。まずは2次的なデータを調べ、基礎となる知識をもってから、質的なインタビュー調査などを行うことを勧めたい。いきなり質的な調査でも効果は期待できない。両方を組み合わせることが基本であり、特に質的な調査を多く実施することを勧めたい。

まとめれば、有機体的メディア・プランニングを行うには、単純な数字だけではなくて、ブランド全体の環境をベースに「人」を見る必要がある。メディア・プランナーというと、PCに向かって数字を足したり、かけたりし

ている人というイメージがあるが、数字だけではないことを念頭に置くべきである。

4−2．数字への固執の限界

例えば、高齢者になっても若者と一緒にスポーツをし、海外にも積極的に出かけるお年寄りがターゲットのブランドがあるとしよう。その広告メディアとして何が良いか。単に 65 歳以上が接触するメディアということで、その CPM[5] だけで選んでしまうと、『壮快』『健康 365』というような雑誌が上位に出てくる。常識で考えればすぐ分かるが、こうした雑誌は元気なシニアよりむしろ、健康になりたい人が読む雑誌である。ところが数字だけ見ていると、それを見落としてしまうことがある。

もし、そのターゲットが、朝起きてスポーツクラブに行くという行動パターンがあると分かれば、そのブランドを印象づけるには、スポーツクラブが非常に効果的なメディアになるかもしれない。そのように質的データは、ブランドとの関わり合いを見つけていくための、アイデアを出す段階で使っていく。インターネット広告が隆盛の時代になり、日々膨大な量のデータを用いることができる。しかし、どのデータを使うかでも効果は大きく異なる。また、そのデータは、高度なアルゴリズムで組み立てられたもので分析がされている場合も多い。担当者はどうしてもひとつの目標だけに目が行き、これは高度な量的な分析で作られたもので、最適な回答が出てくるから心配は要らないという説明だけに終わってしまう場面もある。近年のメディアの分析ツールは、アルゴリズムや、計算手順や計算方法でも、これまでとは比較にならないほどに進化し、複雑なものだと思う。しかしそれであったとしても、何かしらの選択が働いている。また、最終的な目的を決めるのは人である。目的を決めることを機械に任せれば、人は単にボタンを押すだけになる。また、効率は高まるとは思うが、創造的なものはできてこない。もちろん、

5　Cost Per Mil の頭文字で、広告ターゲット 1000 単位当たりの広告到達費用。詳しくは『広告用語辞典』，1997，p.81 を参照されたい。

AIの進歩は驚くべきものであるが、それを進めていくにしても、過信せず、2章で述べた誤謬の発想、すなわち間違いはあるということは頭に置き、プランを作成すべきである。

5．創造的メディア・プランニング

5−1．創造的メディア・プランニングの必要性

創造的なメディア・プランニングが必要だと感じる理由を再度述べれば以下のような点を指摘できる。広告効果をより厳しく見ていく流れが来ている。本当の意味でどのメディアがどれだけ効果があったのか。特にインターネット広告の隆盛から広告効果の可視化がある程度可能だといわれ、それが既存のマス・メディアにも求められる時代となっている。

しかし、それが行き過ぎると、100の投資で、いかに100に近づけるかに頭が行き、広告本来がもっている大きく飛躍する力が失われてしまう。そこで効率は頭に残しながら、創造的な広告活動を行う必要がさらに増している。創造的なアイデア、面白いアイデアというと、効果は二の次にし、インパクトを求める広告主、広告マンも過去には存在をした。今はそのような時代ではなく、100の目標に対して、80しか到達しなかったか、120、150になったかを検証し、その高い効果を目指すべき時代である。

さらに付け加えれば、アカウント・プランニングや消費者インサイト論から出てきた考え方であるが、量的な分析だけで果たして十分なのかという疑問が出てきている。学生プロジェクトなどで、広告主と話をする機会もあるが、量的なデータより、インサイトを見つけられる質的な調査を希望する広告主が増えている。それは10年前よりさらに増していると感じる。新聞の閲読率やテレビのGRPなど、これまでのメディア評価は接触者をベースにした評価のみで動いてきた。しかし、消費者をもう少し深く捉えていかなければ、広告目標を十分に達成できないのではないかと感じている広告担当者も多くいる。

近年では、テレビ・メディアでもそのような質の分析を行う企業が増えて

きた[6]。例えば、実際の目標を達成するためには、これまでの広告活動を踏襲し、リスクの少ないメディア・プランニングでは十分ではない。もちろん、インターネット広告をはじめ、デジタル広告の進展から、目まぐるしいほどの新しいサービスが、多くの会社から提供され、それを判断していかなければいけない時代である。しかしそれだからこそ、100 のものを 2 倍、3 倍に大きくできる、創造的な広告活動を追求すべきである。

5-2．既存メディアの再検討の必要性

私は、デジタルの活用は創造的なメディア・プランニングには欠かせないと考えている。例えば、チームラボ、ライゾマティクス、そしてワントゥーテンなど非常にユニークな施策を開発している企業もある。少し古い事例であるが、ワントゥーテンが渋谷のスクランブル交差点で行った「渋谷デジタル花火大会」（ワントゥーテンサイト「1 → 10works」）は秀逸であった。渋谷駅前の大型ビジョンに、そこを通りかかった人々が、自分のスマートフォンを使って、デジタル花火を打ち上げるというものである。花火大会は、若者特にカップルにとっては夏の大きなイベントだと考える。数年たっても心に残るひとつの大きなイベントではないか。その花火大会で見るだけではなく、そこにいた人々自身が花火を打ち上げることができるというのはデジタルの世界でしかできないものであろう。まさに有機体的メディア・プランニングの良い例であると思う。過去の思い出、そして場、デジタル・テクノロジーの融合である。

デジタル技術を積極的に取り入れることは推奨すべきである。しかし、スパムメールのようなコミュニケーションは勧めることはできない。デジタル広告も一長一短で、それは、すでに古いメディアと思われがちなマス・メディアでも同じである。例えば、テレビ広告は、そのリーチ力やコストの安さでは評価できるし、また日本のテレビ局のコンテンツ制作能力も素晴らし

6　『宣伝会議』, 2021,「進化するデータと取引プラットフォーム　『テレビ広告』新時代」宣伝会議，953，pp.77-109. を参照されたい。

いものはある。またオリンピックやFIFAワールドカップサッカーなどの大規模スポーツ・イベントを無料で見ることができるのも、地上波テレビの大きな魅力である。それらを踏まえ、メディア・プランニングを行う際には、固定観念、既存の枠に捉われずメディア・ニュートラルに考えるのが基本である。

ある一定の目標、例えば認知を高めたい時には、テレビ・メディアはまだ大きな力をもっている。業種やカテゴリーによっては、マス・メディアだけで十分な場合もある。例えば、お菓子は認知されれば売れるという場合もある。過去のデータ分析では、駅の売店などあまり熟慮せずに購入する場合には、テレビ広告の出稿が多い時は売り上げも上昇する。しかし、耐久消費財やBtoBでは、そのようなわけにはいかない。それぞれのメディアの役割に沿ってメディアの重みづけをすることはデジタル・メディアが隆盛の現在でも重要である。

ラジオがインターネット・メディアとつながるようになり、下降傾向もある程度止まっていると思う。その割合は低いが、ラジオが効果をもたらすこともある。酒のディスカウントショップの事例では、ラジオ広告をプラスすることで売り上げが伸びたケースがあった。恐らく、車に乗って買いものに行く人がディスカウントショップによく行くということだと考えられる。しかし、もしラジオを最初から除外してしまえば結果には出てこない。仮説として検討するかということが大切になる。その購買行動を起こさせたバックグラウンドには、テレビや新聞、雑誌などの広告から得た過去の情報の蓄積があるはずだ。単に今の行動だけではなく、一定の期間の中でもメディアの役割を見ていく必要がある[7]。

7　ラジオ・メディアについての私の考えは、小泉秀昭，2021，「Radioの時代　第4部神戸発ネットで戦う『10分間』」『産経新聞』3月17日大阪朝刊第4社会面．に述べている。

6．量的分析における考え方

6−1．広告効果の要因をニュートラルに分析

広告効果の分析という話を述べたが、計量的な広告の投資効果という観点から、その考え方について少し触れることにする。広告効果の分析を行う最も重要なことは、何を効果とするかをまず決めることである。例えば、売り上げを効果とするなら、その要因として、商品の価格、配荷率、使用したメディアの投下量などをモデル式に入れ、それぞれどの程度売り上げに貢献したかを見ていくという方法である。売上金額あるいは市場での売り上げの占有率を示すシェア・オブ・マーケット（Share of Market）に対して何が影響したかを見ていくことである。売り上げなどのデータは時系列のデータを月ごとに用いることになる。結果として、一般的には価格の影響（寄与率）が大きくなることが考えられる。また、テレビ広告を主に行っていても、2 番目にテレビ広告ではなくチラシが来る場合もある。当然ながら、商品や広告展開、使っている販売経路などによって結果は異なるので一概にはいえない。

このような分析を行う際に問題となるのは、何を売り上げの分析変数として用いるかということである。テレビ広告の費用と、テレビ広告の GRP の両方を入れても意味がなく、基本的にモデル式を変更する、あるいは分析変数を何度も入れ替え最も当てはまりの良い、すなわち、実際の売り上げの推移に合致するような結果を導くことになる。本著は、このような計量的な分析のテキストでもない。専門的なことではなく、考え方を理解して欲しい。ひとついえることは、コンピューター上で計算を繰り返し、最適なものを見つけることはできたとしても、その前段階のデータを準備する、それを残しておくということをしなければ、このような分析に用いることはできない。例えば、店頭に商品が置かれている割合である配荷率がとても大切である商品でも、そのデータを継続的に取っていなければ、用いることはできない。もちろん、多くのデータが利用できる今日、それらを使用することを妨げることではない。但し、どうしても過去の事例や一般的なものからそれらの項

目を選ぶことになる。その商品は他のカテゴリーの商品とも異なり、また競合の商品とも異なる。それら様々な状況の中、消費者は購入に至っているのである。したがって重要なのは、多様な要因をニュートラルに検討し、推論を重ねデータの種類を選ぶ必要があるということである。計量的な分析であっても創造的なプランを作成するためには、既存メディアを中心に分析していくだけではなく、推論を重ね重要な要因が抜けてしまわないようにしなければならない。尚、推論を検証するために計量的な分析を繰り返すことは推奨する。あくまで自身の推論、信念を確固たるものにするために、有用なものは使用すべきである。

6-2．広告の長期的効果と短期的効果

このような計量的な分析を考えると、短期的な作業のようなイメージがある。特にデジタル・メディアの進歩から、自社サイトへのアクセスを広告目標などに設定する場合に、その日のうちに、インターネット広告の表現を変えることも可能となり、日々のデータに基づいて、業務を変更する場合も見られよう。しかし、有機体的広告論では、プロセスを重視することを何度も述べてきた。最終的なひとつのクリックであっても、色々な要素が組み合わさってその行動に至っている。それは、スマートフォン上だけではない、テレビ広告の影響かもしれないし、YouTubeのインフルエンサーの言葉かもしれない、あるいはたまたま歩いていた時にやっていたプロモーションの言葉かもしれないのである。したがって、短期の指標のみで物事を判断することは、リスクが小さくなる可能性があっても、大きなリターン、創造的な広告という意味合いでは、十分ではないのである。上記のモデル分析でも、最低でも1年間程度のデータの使用は必要と思われる。その前に仮説を基にデータの収集選別という作業も必要である。こういうと、何年もかかり、また費用的にも大きな負担に感じるかもしれない。しかし、私はこのような分析でもやれるものから行い、少しずつより良いものにしていくという姿勢をもつべきと考える。できる範囲で行うが、それが絶対的に正しいと考えるのではなく、常に間違えている可能性はあるという姿勢をもち、その計量的な判断

も全体の判断をするためのひとつの情報として捉えるべきである。

さらに、広告の効果は、単に売り上げを上げるということだけではない。多少利益が出なくとも、先行投資として広告活動を行うことは昔から多くあった。ブランドの構築のためである。そのためには、メディア・プランニングの目的であっても、5年後、10年後、あるいはさらに長い軸でのそのブランドがどのようにあるべきなのかを、検討・想像し、目的を決定する必要がある。長期的な目をもって未来の社会を想像することも重要である。デジタル・メディアの登場から短期的な効果の可視化がかつてより容易にはなっているが、その時だからこそ、長期的な視点、またプロセスの中でこのブランドがどう成長するのかを検討し、こうなって欲しい、こうあるべきだというブランドの理念、思想をもって、判断をすべきである。

6-3．消費者とブランドの接点での発想

インターネット広告、デジタル・メディアの時代になり、私が憂慮しているのは、細分化ということである。担当する人にしても、より専門性が求められ、インターネット広告の本当に狭い分野のサービスのみを供給する企業も多い。この細分化の流れではなく、人を中心とした統合に視点をもつことが大切である。細分化は全体を大きく見るための課題の発見にとどめるべきである。

また広告の細分化が求められ、さらにその中で、デジタル・メディアが得意とする、情報を届けるという分野のみに焦点が集中しているのではないか。インターネットでは、一人一人の情報に沿って広告が配信される。しかし、それには感情はなく、ひとつのスマートフォンあるいはPCという無機物の中にある情報に対して広告を配信しているだけである。人の心よりは、クリックすること、サイトに行くことだけを求め、そこに至った人の顔を見る必要もない。そのようなことを続けていけば、益々人々は広告から離れていく。

ネイティブアド[8]が、注目を集めている。決して悪いことではないと私は

8　10章注5を参照されたい。

考える。そのコンテンツの内容が、人に共感を抱かせ、見たいと思うものであれば、それが広告であろうが、記事であろうが、人は気にしない。その証拠に、例えばJR九州新幹線開通のテレビ広告[9]は、一度しか放送されなくとも、インターネット上で話題になり、多くの人が視聴した。そのコンテンツを見て、人がどう感動し、感じたかが大切になる。メディアについても、単にクリックする可能性のある場所に広告を置くのではなく、いかに人に近づく、寄り添うメディア・プランを組むことができるかがポイントである。

むすび

この章では、創造的なメディア・プランニングの立案のため、「広告を多くの人がいる場所に置くことから、人に近づける」という視点からDILという手法の紹介と、計量的なモデル分析でも、長期的な視点が大切だということを述べてきた。それらの前提には、8章で述べたインサイト論が大切になる。表現戦略と同様、まずは消費者を、商品ブランドから離し、人として見る、すなわちヒューマン・インサイトを確認することが大切となる。その上で、そのインサイトと商品カテゴリー、商品、ブランドとの接点を見つけていくことになる。その意味では、表現が先か、メディアを先に決めるかということ自体ナンセンスとなる。まずは人が優先になる。それらを基に創造的なメディア・プランニングを行い、それを自社が設定する目的に合致させる必要がある。これらの考え方を常に心にもち、日々のメディア・プランニングを行って欲しい。

9　詳しくは、東畑幸多，2011，「市民を巻き込み九州新幹線開業を祝ったキャンペーン JR九州『THE 250 km WAVE（祝！　九州縦断ウエーブ）』」『広告朝日』，https://adv.asahi.com/special/contents160066/11052278.html（最終更新日2021年9月1日）を参照されたい。

12 章

エンゲージメントと「共視性」

9章から11章まで広告メディア戦略について述べてきた。本章では、その中でも特にエンゲージメントという言葉を取り上げることにする。その理由は、これまでも述べてきたが、広告が好かれ、積極的に見てもらえる時代ではないからである。かつてマス・メディア特にテレビ広告が全盛であった時代、テレビ広告を行えば、視聴者はテレビCMを観、それを認知し、商品が売れるといったこともあった。しかし9章でも述べたが、テレビ・メディアは大きな変革を迫られている。またインターネット広告においても、インプレッションなど、広告が表示されることを重視し、それに気がついたとしても、嫌悪感をもって、できれば避けたいと思う人も多い。もちろんネイティブアドなど、いかに興味をもって、広告に触れてもらうかは考えられている。それらの救世主ともいえるものがエンゲージメント、すなわち「絆」である。定義などは後ほど述べるが、本章では特にメディア・エンゲージメントと共視性という概念を説明したい。この2つの概念を説明することで、有機体的広告論の広告メディア戦略の基本的理解が深まると考える。

本著の中で繰り返し述べてきたのは、「人」からの発想、消費者というブランドや製品を基本とした視点ではなく、生きて生活をしている人が求めているものから、創造的な広告を生み出すことである。そして、ブランド以外のものに着目し、アイデアを創造することを検討してきた。そこには、人が興味をもち、自分事と考え、共感し、最終的にはブランドと商品との絆をもつことになる。

広告の分野で「絆」というと、エンゲージメントを思い出す人も多いだろう。私がエンゲージメントに興味を覚え始めたのは、2006年11月の日本広告学会での報告が最初であった。その時の報告タイトルは「広告メディア取引における新基準への方向性―メディア・エンゲージメントに関する考察―」である。前年の2005年、米国でエンゲージメントの論議が交わされ、2006年3月にはARF（米国広告調査財団）からエンゲージメントの定義が、十分とはいえない形ではあるが提示された。ある意味非常に漠然とした概念であり、多くの要素を包含していた。

その後の多様な研究による示唆、刺激を基に、2011年に私は「共視性」という言葉を用い、共視性とエンゲージメントの関連性を提示した。共視性は私の中で大切な概念である。エンゲージメントと共視性を整理し、有機体的広告論の中で位置づける。

1．エンゲージメントとは

エンゲージメントと聞くと、多くの人は、エンゲージメント指標、すなわち、Facebookなどの SNS上で、「いいね」をつける、シェアする、クリックするといった回数から算出するメディアの効果指標を思い出すだろう。もちろん、これも正しいが、元々は、関心や愛着、また絆といった心理的な関係を、その広告やその周辺にある記事などのコンテンツと共に触れた人々とブランドや送り手側がもつことである。広告表現に接触し、単に記憶した以上の深い関係・効果をもつことができないか考えたのである。

2006年3月に出されたARFの定義は「Engagement is turning on a prospect to a brand idea enhanced by the surrounding context」であり、「エンゲージメントとは、（広告が、番組や記事、イベントなどの）コンテキスト、すなわち文脈によって包み込まれることにより強化されたブランドのアイデアに対して顧客・見込み客が引きつけられること」とある。ここで注意すべきは、広告単体では起こらず、そこには、番組や記事、イベントなどの、広告を取り巻くコンテキスト[1]、文脈が存在するわけである。エンゲージメント状態とは、広告が行われている文脈と当該広告が影響し合うことにより生み出されるオーディエンスの心理状況であるともいえる。もちろん、単に、心理的な変化が起こるだけではなく、そのブランドについて何らかのポジティブな態度変化が必要となる。

2006年以降エンゲージメントに関する研究は欧米で多く見られる。例えば、ミッシェル・シュライバー（Schreiber, 2008）は、テレビ・メディアとPCや携帯端末の多画面による相互作用性を取り上げていた。今では、若者の多くが行う、スマートフォンとテレビなどのダブル・スクリーン視聴についての研究である。

また日本の研究では、初期の頃では、石崎（2009）の研究がメディア・エンゲージメント分野においては注目すべきものであった。石崎（2009）はこの分野の研究を非常に丹念にレビューしており、学ぶべき点が多くある。この研究において、これまでのメディア論でも質的効果研究の領域で、実はエンゲージメントに類似する研究が数多くなされていることが指摘されており、無意識的な文脈効果や無意識的な情報処理効果はこの研究を行う上の基礎となっている。

2. エンゲージメントに関する課題

初期の段階でのエンゲージメント論における 3 つの課題は、第 1 に、エンゲージメントの説明変数とされるもの、インプットの部分である。例えば、その広告物が置かれている特集の記事など、SNS のネイティブアドが置かれているコンテンツのようなものを考えて欲しい。またメディア自体の特質からくる影響、例えば雑誌などの紙媒体やSNS などのデジタル媒体、それも文字を中心とするものや写真や動画などといったことである。また広告とその文脈との連動の状況という点も重要であり、どうすれば、エンゲージメント状態を起こすことができるかといった点がある。

第 2 に、インプットに対してアウトプット、すなわち結果として何が期待

1　本著ではコンテキスト（文脈）とコンテンツという 2 つの用語を用いている。コンテキストはコンテンツを包含する概念と考える。コンテンツと述べている場合には、テレビ番組の内容など具体的な表現内容を表しており、コンテキストは、それを含むものと考え用いている。

できるのか、という点である。ブランドへの好意、購入意向といったものがあげられるが、上述した「いいね」ボタンや他者へのシェアなどもその可視化という意味では、結果ともいえる。当初は売り上げへの影響という点も重視されていた。石崎他（2011）が指摘するように初期の研究の多くは、この説明変数、どのようなことがシェアされやすいのかなどといった測定尺度、すなわち「いいね」の回数などを明らかにすることにフォーカスされてきた。

私は、この要因と結果に加え第3として、エンゲージメント状態、それ自体を明らかにすることが重要であると考えている。これは初期の欧米での研究で指摘されているものであるが、何らかのメディアやコンテンツとの連関がある中で、広告に接した人々が、何か特殊な気持ち、感情をもつと考えられ、それがどのような状態なのかを明らかにする必要がある。単に、「いいね」ボタンを押すということでも、本当に人々の心が動いたとは一概にはいえない。例えば数年前の中高生では、他者からの同調圧力でシェアされてきたものに、「いいね」を押さなければいけないという心理状態が発生していたということを学生から聞いている。単純な行為より、それを行った人々の心の状況、心理を深く考えていくことが、より強い絆、共感を得られるのではないかと考える。

3．エンゲージメント状態を考える上での基本的仮説

エンゲージメント状態を検討する上で、私が考える基本的な仮説を述べることにする。まず人々がエンゲージメントをしている時に、何らかの特殊な感情をもっていることは確かだと考える。しかし、そのレベルには強弱があり、暇つぶしのような状況でメディアに接している、すなわち広告を含む当該メディアへの関与が低い場合、そしてそれとは逆に強いエンゲージメントの状況が起こっている場合もある。11章の冒頭でも述べたが、集中して見ている専念視聴を測定している企業もある。その状況は当然ながら、オーディエンス個々人のそのコンテンツへの関与により異なることが予想されるが、またそのコンテンツと広告の連動の状況にも影響を受ける。

一部のメディア・エンゲージメント研究では、個々のビークルや内容ではなく、新聞、インターネットといったメディアの特性からエンゲージメントを明らかにしようとする試みもあるが、それらは、数十年前からあるメディアの特性を明らかにし、戦略を立案する旧来型のメディア・プランニングと類似する点が多く、より個々のビークルやコンテンツに根ざした分析が必要である。すなわち、特定の記事や番組内容に関連するオーディエンス個々人の心理的状態に踏み込んだ考察が必要となる。

なぜ、このような考えに至ったかを述べれば、それはテレビ・メディアの特性が近年変化してきたと考えるからである。これまで、特にテレビ・メディアでは、寄りかかって見る媒体、受動的なメディアといわれてきた。しかし、ハードディスク・レコーダーの普及や多様な媒体の出現により、メディアの使い分けが若者を中心に起こっている。例えば、サッカーの国際大会が非常に高い視聴率となっているなど、オンタイムのスポーツ中継などは集中して視聴するが、ドラマやバラエティなどはYouTubeで観る、あるいはSNSやゲーム等に時間を割くことも増えている。つまらないものに時間をつぶす暇はなく、興味のあることと共にメディアの中を浮遊しながら生きているともいえる。このオンタイムの番組への興味という点では、佐藤達郎(2011)が指摘する、「一回性」「真正性」[2]の考え方にも通ずるものがあると考えられる。再度述べるが、私は、一部のコンテンツであるが、テレビ・メディアは受動的メディアではなく、徐々に能動的メディアへの変化を遂げていると考える。但し、興味のないテレビ番組への接触は益々少なくなっていることは事実である。

これらは、コンテンツ・マーケティングやブランデッド・エンタテインメント[3]にもつながるが、それらのコンテンツに触れているオーディエンスは、

2　広告表現における「一回性」とは、「そこでただ一度だけ」制作した表現、また「真正性」とは、コンピューターグラフィックなどデジタル技術に頼らず本当の姿を制作した広告表現のことである。

3　「広告主によるメッセージの入ったエンタテインメント作品、または一社の広告主により作られたエンタテインメント作品」(『マーケティング・コミュニケーション大辞典』, 2006, p.583)。

何か特殊な感情的な状況の中でそのコンテンツを消費しているといえよう。前にも述べた通り、エンゲージメント状態とは、何か広告されている文脈と広告が影響し合うことにより生み出されるオーディエンスの心理状況と大きく関わるわけである。広告される文脈、すなわちコンテンツと広告が影響し合うには、広告表現の内容が重要であり、広告表現とコンテンツが巧みに融和することができれば、広告表現に対して、ポジティブな反応を引き出すことができる。逆にそれがなされない場合には無視され、広告のみで提示するよりマイナスの効果さえ起こしかねないものと考えられるのである。この「巧みな融和」こそ、単なるコンテンツと広告の連動を超える何かであり、それを検討することが、エンゲージメント研究の大きな課題であると考える。

本章の目的は、どのような要素がこの巧みな融和を実現するのかを明らかにすることにある。

3-1．FIFAワールドカップサッカーを事例として

このコンテンツと広告表現の巧みな融和を検討するために、コンテンツ、例えばテレビの番組等にオーディエンスが触れる場合に引き起こされる特殊な心理状況について検討を行う。それは、グラント・マクラッケン（McCracken, 1988＝1990）の意味移転の考え方にヒントを得ている。ここでは、サッカーを事例にあげ、特にFIFAワールドカップ（以下ワールドカップサッカー）を取り上げる。この大会の試合でオーディエンスが感じる興奮、喜び、楽しさ、といった意味が、その番組中に流れる広告について意味移転し、最終的にコンテンツ、広告、オーディエンスが一体となると考えたためである。このことが一種の強いエンゲージメントの状態ではないかと私は考えた。

ここでは、ワールドカップサッカーが中継されるテレビ番組中のCMを取り上げることにした。非常に高視聴率な上、試合後多くの観客やスポーツバーでの観戦者が街に繰り出し、一種の興奮状態にあるシーンをニュース等でよく見る。オーディエンスがコンテンツに影響をされた特殊な心理状態の例としては、非常に測定しやすいと考えたからである。また米国のスーパーボウル中継中に放送されるCMも有名だが、それらのCMは、通常巨額な

CM放送料が支払われている。それら国民的イベント等で流されるテレビCMは、接触ベースの指標を基本として、私が知る限りでは、特にオーソライズされた客観的な指標で取引がされてはいない。そのことに違和感をもっていたためでもある。

3-2．フロー体験の概念と遊び

スポーツ・イベントや芸術鑑賞等、感情的な関与の強いコンテンツに関する消費研究については、エリザベス・ハーシュマンとモリス・ホルブルック（Hirschman & Holbrook, 1982）の快楽消費論が有名であり、特に堀内（2004）は多様な文献を整理し、快楽消費についての丁寧なレビューを行っている。堀内の整理によれば、快楽消費で扱っている快楽とは「感動・興奮・熱狂・癒し・うきうきすること」である（p.54)。しかし、さらに深い消費者の心理的な状態等を見ることはできなかった。

そこで、着目したのが、米国の著名な心理学者であるミハイ・チクセントミハイの「フロー」概念である。人間の没入過程を「フロー」という概念で明らかにし、以下のように述べている。「集中が焦点を結び、散漫さは消滅し、時の経過と自我の感覚を失う。その代わり、われわれは行動をコントロールできている感覚を得、世界に全面的に一体化していると感じる。われわれは、この体験の状態を『フロー』と呼ぶことにした。〈中略〉集中した精神的、情緒的、身体的活動を通じてもたらされる、世界との完全な一体化の状態である」（Csikszentmihalyi, 1997＝2010, p.iii)。その状況が、広告との接触のみにおいて起こるとは考えにくいが、広告が置かれている文脈、例えばテレビ中継されているワールドカップサッカーの試合を見ているオーディエンスの心理的状態では起こりうるのではないかと考えた。そして、そのフロー状態の中で広告に接することにより、その状態が持続、関連することになれば、それがエンゲージメントしている状態に通じるのではないかと考えたわけである。

しかし、チクセントミハイのフロー状況は、実際の行動が伴うことが前提であると読み取れる。例えば登山をし、極限の状況に達した時に起こる心理的状況である。また、彼はマス・メディア、特にテレビを通してフロー状態を起こすことについては否定的である。彼の言葉を引用すると以下のようになる。「テレビを見たりくつろいだりというような、受身的レジャー活動をしている時には、フローはほとんど報告されない」(Csikszentmihalyi, 1997＝2010, p.46)。しかしこれは、テレビ番組を画一的に捉えたものであり、特にテレビ・メディアを能動的に視聴することが増加していると考えれば当てはまる可能性はある。

いくつかの文献を当たる中で頭に浮かんだことは、フロー状態は、大人になってからより、子供時代の方がその状態になりやすいのではないかという仮説である。子供は好きなものになると単純な遊びに夢中になり、他のものが見えなくなる、これも一種のフロー状態ではないか。例えばロジャー・カイヨワ（Caillois, 1958＝1970）は、遊びの分類を行っており、「競争、偶然、模擬、眩暈」の４つの主要項目に区分することができるとしている。この考えを基に、ワールドカップサッカーを例に取ると、日本代表の選手と一体化し、夢中になっているオーディエンスがいる。これは模擬行為ともいえよう。また。眩暈に近い状況もあるのではないか。贔屓の野球のチームが優勝した際に道頓堀川に飛び込み、スポーツバーで奇声を発するといった行動は、通常では考えにくい。その中で、何か特別な情緒的状態といったものがあるのではないか。したがって、ワールドカップサッカーの試合など、たとえテレビを通したとしても、オーディエンスは一種のフロー状態にあるのではないか、と考えたわけである。カイヨワの眩暈、そしてチクセントミハイのフロー状態がエンゲージメントの状態に通じるのではないかという仮説に至った。逆から考えれば、フロー状態に近い状態に至る状況を、私が規定するエンゲージメントしやすい状態、と定義づけたい。

3−3．これまでの整理を基にした新たな仮説

コンテンツに対して、受動的な視聴より能動的な視聴が、より強いエンゲージメント状態をもたらす可能性があると考えた。そしてフロー体験や子供が遊びに夢中になっている状況が、より強いエンゲージメント状態をもたらす状況に類似していると仮定すれば、そのような状態では、オーディエン

スは時間の流れを忘れ、当該コンテンツに集中している状況といえる。言い換えれば、オーディエンスの脳の中で、当該コンテンツの占有率が極度に高くなっており、そのような中で、広告活動を行っているブランドが知覚できる状況がエンゲージメント状態と呼ぶことができるのではないかと考えられる。当然ながら、上記のような状態がエンゲージメント状態のすべてとはいいがたいが、そのようなものもエンゲージメントの一部として捉えることができる。もしこのようにコンテンツに集中し、時を忘れるような状態にオーディエンスが身を置き、何らかの状態で当該ブランドを認知し、ポジティブな反応を得ることができたとすれば、それこそがエンゲージメント効果といえよう。

4．実証研究からの知見

これらの考察を深めるために、2010年6月に行われたワールドカップサッカー南アフリカ大会と、2014年6月に開催されたワールドカップサッカーブラジル大会において、学生を対象とした調査を行った[4]。何度かの調査といくつかの質問を行ったが、基本となったのは、この大会中に行われた日本戦の試合中に流れたテレビCMについてである。具体的な仮説としては、ワールドカップサッカーの試合中に流されたCMについて、サッカーあるいはワールドカップと関連が少ないCMは無視され、認知されないというものである。逆に、それらの関連があれば、認知は高まるというものである。結果的には2度の調査でワールドカップやサッカーと関連のあるもののテレビCMは認知率が高く、関連がないものは低いという有意な結果が得られた。また、直接的にサッカーとは関連せずとも、何かを応援していると感じさせるテレビCMも認知があったことは興味深い結果であった。

この際に、メディアの出稿量との関係があるのではないかと考え、その前

4　同様の調査を前回の2006年ドイツ大会でも実施しており、2010年と類似の結果が得られた。またその時の調査では、CMの出稿量との相関も検証したが、相関は得られなかった。

月のそれぞれのテレビCMの出稿量との相関を確認したが、関連は得られなかった。また認知が高かった表現について、その表現自体のパワーが他よりも優れている可能性があると考え、1年後にワールドカップサッカーの試合中に流れたテレビCMとは伝えず、純粋に広告の認知を取ってみたが、これについて特段の差は得られなかった。この結果から、ワールドカップサッカーという大きなスポーツ・イベントの試合中に流されるテレビCMについて、そのコンテンツに関連のあるCM表現が、そうでない表現より、CM認知は高く、人々の記憶に残りやすいという結果を得た。この2度の調査結果については、小泉（2012, 2016）を参照して欲しい。

しかし、そのコンテンツに関連が高いことで認知が高まったからといって、それを見ていた視聴者がエンゲージメント状態にあったとは断定できない。そこで彼らがエンゲージメントの状態にあったのではないかという推論を、これまでの調査結果から考えられる内容や他の文献などを通し整理することにする。2章でも述べたアブダクション的思考である。すなわち、間違っている可能性を残しつつも、他の要因を整理する中でそう考えることが最も妥当であり、「腑に落ちる」という結論を導き出す方法である。

スポーツの試合を見ている時や、好きなものに接している時など、人はすべてを忘れそのものに熱中している状況が起こる。好きなものに集中していると、意識を傾けているもの、例えばこの場合にはサッカーなどには理解できるが、それ以外の要素は見逃してしまう。もちろん人によってその差があるが、私も非常に興奮したことがあり、またそのような人を見かける。これが、前述したチクセントミハイの「フロー体験」や、カイヨワの「眩暈の概念」である。

また、クリストファー・チャブリスとダニエル・シモンズ（Chabris & Simons, 2010＝2011, p.56）は非常に興味深い実験を行っている。彼らの理論は、「非注意による盲目状態の理論」と呼ばれ、「人間の脳にとって、注意力は本質的にゼロサムゲームである。一つの場所、目標物、あるいはできごとに注意を向ければ必然的にほかへの注意がおろそかになる。つまり非注意による見落としは、注意や知覚の働きに（残念ながら）かならずついてまわる副産物なのだ」と述べている。

彼らの実験では、2つのチームがバスケットの試合をする短いビデオを制作する。チームにはそれぞれ白シャツと黒シャツを着てもらう。被験者にそのビデオを見せ白シャツの選手がパスをする回数を数えてもらう。ビデオの途中にゴリラの着ぐるみを着た学生を登場させる（9秒間）。およそ半数の被験者はゴリラに気がつかない、というものであった。

もし、ワールドカップサッカーの試合の視聴者は通常の番組等に比べ真剣に、また集中して番組を視聴していると仮定できれば、たとえ、試合がハーフタイムに入ったとしても脳はサッカーにある程度集中しており、その他の要素が挿入されても注意がおろそかになり記憶されにくくなるのではないかと考えられる。

これらのことを総合し、特に興味のあるコンテンツに接している場合に、そのものに集中し、そのコンテンツに別のものが入ってきた場合に見逃すあるいは気づかない可能性があると結論づける。

次に、調査対象としてテレビCMの認知的な効果だけではなく、表現効果を見ていくことにする。前述の調査に関連し、個々のテレビCM表現が、どの程度、ワールドカップサッカーや日本チームを応援しているかについて質的な調査[5]を行った。応援している感じが最も出ていた表現は、コカ・コーラのCM表現であった。理由として、特に商品の機能的な説明や飲んでいるシーンがなく、アニメのキャラクターが抱き合い、楽しんでいる感じがあること、また特に音楽の影響が強く、オリジナルで作られている音楽がワールドカップサッカーを想起させ、応援している感を醸成しているとのことであった。一方ソニーであるが、「カカ」というブラジル選手を起用しているがそれを認識できたのは1名のみであった。量的調査においてもほとんど認識はされていない結果であった。但し、親子がサッカーを見ているというシチュエーションが自分たちの状況とオーバーラップしたためか、VISAやア

5　立命館大学産業社会学部3回生男子3名を対象として、簡易的なグループインタビューを行った（2011年11月5日、放送後5日目）。3名とも当該試合（ワールドカップサッカーの日本対オランダ戦）を前後半視聴した。

クエリアスより応援している感を強くもったという意見はあった。

VISAカードについては、世界中の人が抱き合い応援しているというダイレクトなシーンがあり、連動もしているし、ある程度応援している感じがあった。しかし「スタジアムで使える唯一のカード」というコピーにより、オフィシャルスポンサーであることは認識できるが、商業的なイメージが強くなり、一緒に応援している感が薄くなったとのことであった。

また、アクエリアスについては、当時特に注目を集めていた本田圭佑選手がCMに出ており、全日本への応援というイメージはあったようである。しかし通常流れているCMであり、機能的な訴求内容であることから、コカ・コーラほどの応援しているイメージはないとのことであった。

VISAカードに商業的なイメージをもち、それが嫌悪感につながったということについて、嫌悪という感情について、今田（2019, p.42）は以下のように述べている。「人は自らを特定の集団、社会、文化に帰属する存在であるとみなすようになり、嫌悪は、（自らが帰属する）内集団の秩序を維持する機能をもつようになる。すなわち内集団成員間に共有される道徳、倫理判断に基づき、社会ルールからの逸脱行為に対しても嫌悪感が喚起されるようになる。ここにおいての嫌悪は社会、文化の維持・防衛に機能するようになる」。確かにスタジアムやパブリックビューイングなど、サッカーを応援する集団を認識できる場では理解できるが、一人でテレビの試合を見ている場でもそのような一体感を得るのかは、精査が必要であろう。但し、私がワールドカップサッカーの試合を一人で見ていても、日本チームの得点のタイミングで大きな歓声が近所から聞こえたこともあり、また近年ではSNSなどを理由として離れた友人と一緒に観戦し、盛り上がるということも多く行われているようである。

再度上記のことを整理すれば、テレビで大規模イベントなどを能動的に見ている時には、視聴者はそのコンテンツに集中し、それと関連しない他のものを見逃してしまう。またひとつの集団を形成し（必ずしも物理的なものだけでなく精神的なものも含めて）、その集団内に、異なるものが入ってくると嫌悪の感情が生まれる。

5．応援するイメージ、共視性について[6]

上記の考察でいえることは、大規模イベントでスポンサーシップ、応援をしている企業が、広告を行ったとしても、その表現方法の違いで、必ずしも同じ受け止められ方をされるわけではないことである。それでは、日本の広告表現に何が必要であるのかを整理していくことにする。

これまでも日本人の特質は、欧米とは大きく異なるといわれてきた。古くは新渡戸稲造の「武士道」でも欧米人が理解しがたい日本人の行動様式を指摘している。例えば、ヤマモト（2007）は、日本人が場の掟を察する術を小さい時から無意識のうちに身につけていることを指摘している。私が解釈するに、応援にも場があり、そのグループ、集団の中に土足で踏み込んできて、「私は応援している」と声高々にいうことは日本人は良しとしないのではないかということである。日本人は奥ゆかしさを求めている。大きな声でこれ見よがしに、そしてその場の他者とは違う応援行動をする者に対し、快く思わない文化がある。

広告の分野でもこの点を強調するものは多い。例えば、小林（2008）は「広告の分」ということを指摘しており、また日本人は欧米人と異なり、すべてのことを伝えなくても行間で判断をしてくれる国民であると述べている。これもそのグループの中での共通の掟、コミュニケーションの基盤があることを示していると考える。またコミュニケーション・ディレクターとして著名な佐藤尚之（2011）も「白鳥蘆花に入る」という下村湖人の言葉を引用し、共感を得るためには、一方的な押しつけのコミュニケーションはもはや通用し

6　共視性については、すでに水野（2010）が広告の文脈で用いている。しかしながら水野の論点は、消費者同士、視聴者同士のものであり、本研究とは異なると考える。またブランドとオーディエンスとの共視性の概念は、和田らが提示する関係性マーケティング（例えば、和田，1999など）と類似する概念と考えられるが、和田が取り上げている演劇は、それ自体をひとつのブランドと考えており、ブランドと観客（消費者）の2つの関係を表している。したがって、筆者が考える、コンテンツ、ブランド、消費者の3つの関係とは異なるものと整理している。

ないことを指摘している。

この押しつけではなく、真に共感を得るためのコミュニケーションとはどのようなものか、また日本人特有の文化を踏まえたものを考察するためのキーワードを探す中で、「共視性」ということに偶然触れる機会があった。

この共視性は心理学者である北山修が中心となり、日本特有の心理行動として提起している（北山，2005）。北山は、江戸時代の浮世絵の分析をする中で、欧米の宗教画には見られない、日本特有の母と子供の描かれ方を発見した。何か第3のものに対して、母親と子供が寄り添い同じ方向に視線を傾ける中で、真のつながりある関係を育むことができていると述べている。このことが、欧米人とは異なる日本人の深層心理の中に深く刻まれているというわけである。これをヒントとして考えれば、これまでのエンゲージメントは、欧米的なエンゲージメント、対面して互いに手を取り合う握手のようなつながりのように感じられる。一方、日本流のエンゲージメントは、肩を寄せ合い、直接目と目を合わせるのではなく、第3のものを一緒に見つめ合う状況である。

ワールドカップサッカーの試合を友人と一緒に肩を組み、スポーツバーで熱狂的に応援している姿がテレビのニュースで映し出されている。その友人がキリンやアディダスであることも可能ではないかと考える。近年の消費者はマーケティングの知識が豊富で、本能的にビジネスとしてのコミュニケーションを嗅ぎ分ける嗅覚をもっていると感じられる。そのような時代であるからこそ、共に同じ方向を見つめるという感覚が大切にされるべきと考える。

むすび

今回の分析結果、および共視性の考え方を整理すれば、今後の国際的なスポーツ競技や国民的なイベントにおいて、あるいはそれ以外の様々なイベントを中継するテレビ・メディアは、必ずしも従来考えられてきたような受動的なメディアではなく、より能動的なメディアと捉えられるべきと考える。そのような能動的なメディアであるからこそ、その中に組み込まれる広告表現は、時にエンゲージメント効果を発揮する可能性がある。一方、その場に適切に入ることができない場合には、雑音にもならず、全くの効果を期待できない状態にあると結論づける。

6章でも取り上げたように、広告表現にも様々なアイデアがある。またスポーツ・イベントだけを取っても、どのような表現連動がオーディエンスに対して共視のイメージを醸成させることができるのかといった検討も必要であろう。しかしながら、テレビとスポーツ・イベントにとどまらず、テレビとSNSやアプリでの連動、ブランデッド・エンタテインメントの指標の開発、また適切なアンブッシュ・マーケティング[7]の考察にもつながるものであり、広告／コミュニケーションと消費者／オーディエンスの新たな関係を今後も探る必要があることが明らかになった。広告が嫌われているといわれる今日、そのようなことから次のステップに上がるためにも、またマス・メディア中心のコミュニケーションから新たな道を切り開くためにも、さらなる研究が必要と考える。

＊本章は、小泉秀昭，2012，「応援イメージ『共視性』を視野にいれたエンゲージメント状態の考察―番組コンテンツと連動したTVCM表現の可能性―」『日経広告研究所報』日経広告研究所，46(2)，pp.10-17. および小泉秀昭，2016，「世界的スポーツイベントにおける広告効果―2014FIFAワールドカップブラジル大会の事例から―」浪田陽子・柳澤伸司・福間良明編『メディア・リテラシーの諸相』ミネルヴァ書房，pp.281-305. を基に大幅に加筆したものである。

7　アンブッシュ・マーケティングとは、「プロパティ所有者に権利金を支払わずに、そのプロパティとの結びつきを作ろうとする計画的活動を指す。アンブッシュ（ambush）とは『待ち伏せ』を意味する」（丸岡，2007，p.271）。丸岡は、アンブッシュ・マーケティングに関する消費者心理について、詳しく過去の研究をレビューしている（丸岡，2007，pp.270-279）。

第3部　有機体的広告取引

13 章

デジタル時代の新たな取引システムの必要性

本章から広告取引について述べることにする。通常広告論のテキストなどでは、広告取引について、多くのページを割くことはない。本著では、広告取引の中でも広告主と広告会社の間の取引が中心になる。さらに広告会社[1]が受け取る報酬について特に詳しく述べている。それは、より良い広告活動を行う上でも、特に創造的な広告活動を行う上において、報酬制度がひとつの大きな足かせとなっていると感じたためである。

広告会社は、少しでも少ない労働で多くの報酬、利益を得たいと考える。一方広告主は、できるだけ少ない費用で効果的な広告活動を行いたいと考える。まさに、2つの組織は異なるニーズ、求めるものをもっている。これは2章で指摘したメアリー・パーカー・フォレットの対立の構造であり、その対立を統合というプロセスで創造的な活動に導きたいと考えた。

本著の中でも再三指摘してきたが、2019年度にインターネット広告費がテレビ広告費を抜き、第1位の広告メディアとなった。そしてその後もその伸びは止まっていない。インターネットの広告の隆盛と共に、広告取引も変わらざるをえない状況にある。一方、広告主を対象にした調査では、いまだにこれまでのマス・メディアの広告取引システムを踏襲して用いている側面が見られる[2]。今後のインターネット広告、デジタル広告において健全で、そして創造的な活動を行うため、まずはインターネット広告の取引を概観し、

1　他の章は広告代理店を使っているが、インターネット広告の場合には、多様なサービスを行う企業が含まれるため、本章では広告会社という呼び名を使用する。広告代理店は、広告の制作や購入業務を広告主と媒体社の間で行う総合広告代理店が代表的な存在である。一方、広告会社の場合には、より広い範囲、あるいは特定の業務のみを行う会社を含む。特にインターネット広告では、より専門的な業務に特化して行う企業が多く存在する。それらを含め広告会社とする。

その上でインターネット広告の取引における課題を指摘する。しかしインターネット広告の取引は、必ずしもそれだけで成立しているわけではない。それは、長い間のマス・メディアの広告取引をベースとして成り立っている。

そこで、本章ではインターネット広告の取引を概観し、今なぜ広告取引の再検討が必要であるかを述べることにする。

1．インターネット広告取引

電通が毎年発表をしている「日本の広告費」の中から特にインターネット広告について、取引の観点から見ていくことにする（電通，2021）。2020年、インターネット広告費は全体で2兆2290億円、前年比105.9％と堅調な伸びを見せている。2019年にテレビ広告を抜き第1位の広告メディアとなったが、その差はさらに広がり、広告費の中でのインターネット広告費の割合は36.2％と2位のテレビ広告の26.9％を大きく引き離し、かつて4マス媒体といわれた、テレビ、新聞、雑誌、ラジオ広告費の合計の36.6％とほぼ同じ比率となっている。

インターネット広告費の中で、媒体の取引から発生する広告費は2020年、1兆7567億円である。その中の実に82.9％が運用型といわれる取引で、その他の予約型が11.5％、成果報酬型が5.6％の割合で、また予約型は前年比87.5％、成果報酬型は前年比93.9％と減少方向を示す一方、運用型は前年比109.7％と大きな伸びを示している。

運用型は、検索連動や動画広告だけでなく、予約型が中心であったディスプレイ広告でも現在広く使われている。予約型は、マス広告などと同様に、掲載される枠や金額、期間があらかじめ決められている広告であるため、ここでは、詳しく述べることはしない。

2　日本アドバタイザーズ協会編，2018，『広告会社との取引に関する実態調査（第5回）報告書』の結果では、Webの媒体取引において、40.6％がこれまでマス・メディア広告の取引で使われていたグロスでの取引を使用していた。グロス取引についいは、本著15章を参照されたい。

この後に述べる広告取引の日本の特徴は、マス・メディアの取引としてこの予約型で行われてきたものである。尚、成果報酬型（基本的にはアフィリエイト広告）は、広告が掲載されるだけでは、報酬が支払われず、その広告を通して購入に至った場合などに一定の割合で報酬が支払われるような報酬システムである。この後で、マス広告における成果報酬という言葉が出てくるが、それとは若干異なる。マス・メディアの広告で使われている成果報酬は、コミッション・システムやフィー・システムをベースにし、それを補完する形で用いられている。

運用型が現在のインターネット広告の大半を占めることを述べたが、そもそも運用型広告とはどのようなものなのであろうか。日本広告業協会（Japan Advertising Agencies Association, 以下 JAAA）は、2012年9月に「インターネット広告における運用型広告取引ガイドライン」を発表している。ここでは予約型広告、成果報酬型広告を合わせ、JAAAの定義を記しておく。

【取引手法の定義】（日本広告業協会，2012）

運用型広告：　検索連動型広告、およびデジタル・プラットフォーム（ツール）やアドネットワークを通じて入札方式で取引されるもの。

予約型広告：　純広告やタイアップ広告として、代理店・メディアレップ経由もしくは直接広告主に販売されるもの、およびデジタル・プラットフォーム（ツール）やアドネットワークを通じて非入札方式（固定価格）で取引されるもの。

成果報酬型広告：　インターネット広告を閲覧したユーザーが、あらかじめ設定されたアクションを行った場合に、メディアや閲覧ユーザーに報酬が支払われる広告。

尚、JAAAは、以下のような追加の説明を行っている。「ここでいう『運用』とは、あらかじめ設定した目標値を達成するために、①媒体やキーワード等の選定、②入札、③広告原稿の入稿、④リンク先、⑤広告配信等の初期設定と柔軟な変更を実施し、必要なレポーティングをすることをいい、これは、出稿量および媒体費用、広告効果などの情報を取得し、評価指標と比較しながら各種設定要素を調整し、最適化を行うことで実現させることである」（日本広告業協会，2012）。

マス広告とインターネット広告の取引での一番の違いは、インターネット広告では、広告を出稿しようと思えば、広告主自らが行うこともできることである。Google広告（旧アドワーズ）などは、個人でもインターネット広告を出稿することができる。一方、テレビや新聞などのマス広告は、広告会社を通さないと出稿することができない。それはマス・メディア自体が権利媒体であったり、多額の費用がかかるために特定の企業しか媒体社を始めることができず、また媒体社としても個々の広告主に個別に対応したり、広告主が倒産した時などのリスクを回避するために、信用できる広告会社を通してビジネスを行ってきた。インターネットの世界では、誰でも媒体社になれ、広告の枠をもつことができる。またテクノロジーの進歩で多くの小規模な広告主にも対応が可能となっている。

広告主自身、直接広告出稿を行うことができる状況ではあるが、実際インターネット広告を扱う広告会社は数多く存在する。それは、ある程度の規模の広告活動を行う時に、多くの時間をその業務のみに費やすことが難しいこと、またテクノロジーの進歩で、益々専門的な知識が必要となり、それがなければ効率的な広告活動を行うこともできないためである。また多くの広告会社が分析や取引ツールを開発し、より効率的／効果的な取引ができるように開発を進めている。

それらの理由もあり、基本的には広告主は、広告会社を用いる。そしてその広告会社は、何らかの報酬を依頼主である広告主から受け取ることになる。言い方は悪いが、ビジネスでやっている以上、広告会社側も、極力少ない労働（サービス）で多くの利益を得たいと思っている。より複雑化するインターネット広告の中で、どのようなシステムで、広告主と広告会社が仕事を行えば、創造的な、両社が満足する広告活動を行うことができるかを考える必要がある。その意味から、広告会社と広告主の間の広告取引システム、広告会社の報酬システムを再度検討することは意味あることと考える。

2．インターネット広告の実際の取引

一般的に、広告主が広告会社にインターネット広告を発注する場合、何かしらの目標となる指標を設定する。インプレッション数（広告の配信回数）、広告のクリック数、などである。またそれを広告費で割ったCPC（Cost Per Click）などの単価が使われると考えられる。余談であるが、これらの指標をKPI（Key Performance Indicator）と呼ぶこともあるが、そもそもKPIは最終的な目標、例えば売り上げなどに最も影響をもつ指標であって、その分析なしで安易にKPIと呼ぶことには違和感を覚える。指標として使うのであれば、最終目標に対してその指標が影響をもつことを検討する必要がある。

上記でもいくつかの指標をあげたが、日本インタラクティブ広告協会（2019, p.102）においても、実に多くの指標があげられている。その指標のどれを基にキャンペーンを行うのか、取引を行うかは個々で異なるが、これだけを見ても、あまりに多くの指標があり、どれを使うべきかで迷うだろう。テレビ・メディアでは、視聴率それも世帯視聴率を基に、広告の取引が行われてきた。近年ターゲット視聴率や、タイムシフト視聴などの新しい視聴率もできているが、それでもインターネット広告ほど複雑ではない。

具体的な報酬システムは後ほど述べるが、ここでは少し単純化して述べることにする。インターネット広告の業務を広告会社に依頼する時、広告の基準となる指標例えばクリック保証型、CPC保証型等で業務を行う。保証型と書いたが、しかしそれらについて広告会社は責任を負うことを望まず、詳しい情報を開示しないか、想定値としてメディア・プランを立てることが一般的である。インターネット広告についての知識が十分でない広告主では指標が保証なのか想定なのか、明確に分かっていない割合の方が高いのが現状である。この意味では、テレビ広告の視聴率が保証されていないのと同様曖昧な中で取引がなされているといえよう。

具体的な取引を見ていくと例えば、インスタグラムで30代女性をター

ゲットにして、1万クリックで100万円といったことである。この100万円には、広告会社の手数料（利益）が20～30％含まれている。後で詳細に説明するが、このように広告会社の利益が総請求金額に含まれている場合には、グロスの取引となり、元々80万円が原価でそれに20％をかけ、96万円を請求するのが、コミッション方式である。

具体的な流れとすると上記のようなことであるが、マス広告とインターネットの運用型広告の流れを簡単に述べることにする。マス広告、特にテレビ広告では、一定の予算について、獲得目標となるGRPが設定される。実際には獲得できる視聴率はこれよりは低くなるが[3]、発注時点で発注金額は確定している。一方、インターネット広告の業務では一般的に、①マーケティング予算策定、②ターゲット策定、③KPI策定、④媒体策定、⑤詳細メニュー策定、⑥検証・改善（PDCA）というプロセスで行われることが多い。つまり、いくらの予算で、目標CPA（Cost Per Acquisition）をいくらにすれば、事業目標達成となるのかという算出を行う上で「予算」または、取れそうな単価と必要CV[4]数をかけて予算を算出する。他方では、Googleなどの媒体では、上限として使える金額としての予算キャップと基準となるCPAで自動運用対応も可能になっている。このようにインターネット広告の取引は複雑で多様であり、短時間に対応が求められる。そのような中、煩雑さを避ける意味でもグロス取引をせざるをえない状況もあると考える。

3　GRPは延べ視聴率のことで、テレビ広告を広告主が行う場合には、特定期間の視聴率を合計したものを使用する。実際に放送される時点の視聴率は、購入時点では分からないため、放送日4週間前の同じ曜日同じ時間の視聴率を推定値として用いる場合が多い。この場合に、番組平均視聴率が使用される場合が多く、一般的に広告が放送されるタイミングでは、番組より視聴率が下がる傾向にある。このようにいくつかの総合的な要因により、テレビ広告を発注した時点より、実際に流された時の視聴率は下がる場合が多い。米国などでは、この下がった視聴率を後日他の広告枠で補塡することもあるが、日本ではあくまで推定値として使用するだけで、その視聴率を保証するものではないとして、保証されないことも多い。

4　CVとはコンバージョン（Conversion）を指す。コンバージョンとは、「購買プロセスにおける状態の変化。資料請求から申込に、申込が成約になるなどの段階の変化を指すが、Webマーケティングでは、資料請求や購買などの成果指標の行動を指すことが多い」（日本インタラクティブ広告協会, 2019, p.291）。

マス広告の時代に比べ、インターネット広告の取引では、単価の低さやPDCAサイクルの短さ、参入企業の多さなども含め広告会社の利益の確保が難しいともいえる。

また、このような複雑な作業の中、直接運用を行う会社もあれば、広告主から業務の依頼を受け大枠の戦略を決め作業を行い、別の運用を行う会社に再度依頼し業務を行う場合もある。また、単に運用以外にも、詳細な分析などを行うために別の企業が入る場合には、6対4[5]などでその利益分を受け取る場合がある。グロスの取引では、その詳細を広告主には伝えないことになる。米国では、親会社が仕事を受注し、そのままそっくり子会社に丸投げをし、手数料だけ受け取るということが問題になったことがあった[6]。インターネット広告は、元々マス広告より単価が低く、また業務も複雑であるために、広告会社の作業効率も決して良くない。したがってマス広告より、多くの会社が関わることは当然であり、またその分の報酬を支払うことは必要となる。しかし、行政に関わる業務でも問題になったが、単に仲介のためだけに存在するような会社がある場合、発注者側が不信感を抱くことは当然であり、そのような環境で創造的な仕事が行えるとは思えない。どのような仕事、価値があり広告会社が仕事しているのか、そのためにいくらの報酬を支払っているのかを明確にすることは重要である。

加えて、広告会社とすると、グロス取引やマージンでの取引の場合には、表面上に現れてくる単価のみに目が行き、価格競争に巻き込まれることになる。発注金額が大きなマス広告の時代には、全体取引金額の中に、データの供給やプランニングの業務をサービスに含めることが多かったが、取引金額が比較的小さなインターネット広告でも、グロスやコミッションの取引では、そのようなサービスが広告会社の利益の中に内包されていることがまだ多い

5　あくまで仮の数値であり、実際のものではない。

6　2015年K2 Intelligenceは、ANA（全米広告主協会）に代わって米国の広告業界におけるメディアの透明性の問題に関して独立調査を実施した。その報告書の中で、一部の広告会社の中で、広告会社グループの株を保有するホールディング会社がその系列の広告会社を用い、2社両方から広告主に対し彼らの利益を請求している問題点を指摘している（K2 Intelligence, 2016）。

と聞いている。単価が低く、またより高度で専門的な業務を求められるインターネット広告では、しっかりとその価値が理解されるフィー・システムでの請求も視野に入れるべきである。

15章で詳細に述べるが、フィー・システムでの取り扱いの場合に、面倒な作業が増える。しかしより良い環境で創造的な広告活動を行うためには、ぜひ広告会社の報酬制度を見直し、両社にとってWin・Winの関係、パートナーとして活動を行える取引環境を作るべきである。

3．広告取引の検討の必要性

前節まで、インターネット広告の取引の現状を述べてきた。本節からは、インターネット広告を含め、これから創造的な広告活動を行う上での考え方を述べる。したがって、インターネットの取引というよりは、マス・メディアの広告がある程度中心になる。それはこれからの方向性を考える上でどうしても、これまでの流れを検討する必要があるからだ。

そして特に広告主と広告会社の間の取引について検討する。この後本著で、広告取引と書かれているものは、すべて広告主と広告会社の取引と考えてもらいたい。再度述べるが、このような内容を本著の中で書くべきだと思った理由は、良い広告活動、創造的な広告活動を行う上で広告取引が非常に重要な役割を果たしていると思ったためである。

創造的な広告活動を行うためには、当然個々の能力や努力は必要となる。しかし創造的な広告活動を生み出すための阻害要因になるものは実は多くあることは自覚すべきである。3章でも述べたが、創造とは異なるものの統合作業である。異なるものとは、それぞれ関連する人の求めることで、それが異なることで対立が生まれる。広告主が抑圧的に広告会社を従わせる、あるいは広告会社が納得をしていないにもかかわらず妥協して業務を進めても創造的な広告は生み出せない。お互いが求めることを主張し、理解した後に、その考えを統合し、新しい解を見つけることが最も大切である。そのためには、抑圧や妥協といった関係を生み出さないことが大切になる。この有機体的広告取引の考え方では、以下に広告主と広告会社が異なる欲求をもちつつも、互いにひとつの統合の解を目指せるような取引関係、システムを検討していく。

日本の広告取引は、これまで欧米とは大きく異なっていた。インターネット広告の時代になり、その詳細は理解が難しいが、いまだにこれまでのマス広告の取引を踏襲したり、また逆に豊富なデータ、選択肢の多さから効率のみを求める考え方もある。もちろん欧米のシステムが素晴らしく日本の取引が間違っているということを述べるつもりはない。欧米のシステムにも問題はあり、また日本のシステムにも良い点はある。但し、創造的な仕事を行うためには、改善すべき点がいくつもあるのは事実である。特にこれまでのテレビ・メディアを中心とした広告活動からデジタル広告の隆盛の時代に移り、改善すべきことは改善し、新たな広告会社と広告主の関係を築くべき時期である。

本著では、広告の専門的で大変細かいシステムについても触れる。多くの人にとって、そこまで専門的なことは必要がないと感じるかもしれない。ここで書かれていることは、他の取引や業務でも結びつくことは多くある。多くの仕事で、発注者となる企業とそれを受注する企業が存在する。どのような仕事でも、自社だけで完結することはない。多くの人が関わり、助けられ、自社のビジネスが成り立っており、その中でより良い関係を築き創造的な活動を目指すべきである。

また、先ほど非常に専門的なシステムについて触れると書いたが、それは、大きな取引の考え方を理解してもらうために書いている。ここの詳細が役に立つ方もいると思うが、ぜひ仕事を行う上で他者とどのような考え方をもって接するべきか、対立を乗り越えて統合としての創造的活動を行うべきかを理解して欲しい。

4．広告主と広告会社の関係

本著の目的は、デジタル時代に必要となる広告取引とはどのようなもので、どのような考え方で行うかを問うことにある。それを一言でいえば、「有機体的広告取引」と呼びたい。

有機体的広告取引論の考え方を述べる前に、これまでの日本の広告取引がどのような特徴をもっていたのか、そしてその他の広告取引で用いられている用語などを取り上げ、その説明と評価を行いたい。

3章でも述べ、またこの章でも何度か対立という言葉を用いた。広告主と広告会社の対立である。自分の会社は広告会社とはうまくいっているといわれる広告主も多い。実際調査では、6割程度の広告主は取引をしている広告会社については満足していると答えている[7]。但し、満足といっても「大変満足」はわずかで、「どちらかというと満足」が多くなっている。すべてが満足とはいえないという結果である。数え切れないほどの広告主がいて、また広告会社も数多くある。それぞれの関係の組み合わせは、驚くべき数になる。商品も、市場環境も違い、それをすべて満たすようなひとつの広告取引システムなどは存在しない。

数多くの広告主と広告会社が存在するが、私はこの関係が欧米と比較して日本はかなり異なると考えている。ここでは大きな視点のみ述べることにする。詳しくは次章を参照されたい。

日本の広告主と広告会社の間には、大きく分けると3つの関係が見えてくる。ひとつは、広告主の力が強く、基本、広告主が広告会社に伝えたことが絶対となるような関係だ。それについて、広告会社は基本的にイエスマンとなって実行するというイメージである。ある意味の抑圧的関係だ。もうひとつは全く逆で、広告会社が大きな力をもっていて、広告主はその広告会社と仕事ができることで満足をして基本、広告会社の提案通りに業務が進む。これも逆の抑圧ともいえるし、また広告主とすれば、よく分からないことも含め妥協的な行動を取っていることもあると考えられる。仕事の発注社である広告主が弱い立場にあるのかと思われるかもしれないが、実際に何社かの広

7　マス広告の制作業務で、「大変満足」＋「どちらかというと満足」で67.3％、マス広告の媒体業務で両方合わせ61.0％、Webの制作業務が両方で57.2％、Web媒体業務が53.4％という結果であった（日本アドバタイザーズ協会，2018）。

告主の話でもそのような言動があった。一番大きな広告会社のA社がいっているのだからそれで良いのだと盲目的に信じている。欧米では、このような関係は見られないと考える。日本でこのようなことが起こる理由はいくつかある。第1に、日本の広告会社が寡占状態で非常に規模の大きな会社が存在し、そこと取引をしないと広告メディアが確保できない、あるいはその会社と仕事をするということで、企業内の他部門がある程度納得をしてもらえるという環境が生まれることがある。もうひとつは、広告主の宣伝部等が比較的ローテーションで業務に携わるため、専門的知識をもった人が育ちにくいという環境がある。ある時、大手企業の宣伝部長の方と話をした。その人が、「30年営業一筋で仕事をしてきたので、広告のことは分からない、だから広告会社さんにすべてを任せている」といわれていた。また新入社員向けの広告講座に宣伝部長さんが生徒で参加されているセミナーを行ったこともあった。このように、宣伝部長のような要職でも、広告会社にお任せという企業もかつては存在していた。

最後のひとつは、上記のようにどちらかが特に強いというところまではいかないが、お互いの状況を忖度し、基本は広告主が指示したことに異論があってもそのまま実行し、また広告主も広告会社からあがってきた案について、多少不満があっても、時間もかけたくなく、もめないように妥協して決めている関係である。一見3つ目は、調整が取れていて、うまくいっているように見えるが、実は創造的な発展は期待できない。1の価値の仕事を、妥協してその1の価値だけの仕事を実行しているだけである。両社の力を合わせて、3や4の価値の仕事にしていくことを目指すべきである。それが創造的な仕事を行う上で目指すところとなる。

尚、この第3部で取り上げる広告活動の範囲だが、ある程度テレビ・メディアなどのマス・メディアを使用する東京に活動拠点を置く場合としたい。インターネット広告の考察も含めるが日本の広告取引はマス・メディアと共に発展してきたことも事実である。インターネット広告の取引に活かすためにも、まずはこれまで行われてきたマス広告の取引の課題を見ていくことは有用である。またBtoBの企業やローカルエリアの取引については、作業や地域特有の制度も存在する。その点は触れていない。但し、広告費の割合を考えても、それらが日本の広告取引の大きな部分を占めていることは明らかである。

さて、日本の広告取引の分析に入る前に、その分析がどのようなことをベースに語られているのか、信憑性があるのかを判断して頂くために、私自身がどのような広告活動に携わってきたのか、そしてこの分野の研究をしてきたかを述べることにする。

5．研究方法とこれまでの研究の経過

私は、国内の中堅広告会社で国内と外資の広告主に対して営業職のアカウント・エグゼクティブ（AE）として業務を行い、次に2社の外資系広告会社で外資系の広告主に対して、最終的にはアカウント・ディレクターとして働いた経験をもつ。また幸運なことに、1991～1992年の1年間、オーストラリアの最も大きな広告会社で勤務する経験をもった。外資系広告会社に勤務する中で、契約書の作成、フィーの決定方法、成果報酬の交渉など様々な業務に携わり、それらがあまりにそれ以前に勤務していた国内の広告会社の取引とは異なるものであると感じた。

また1999年より、欧州最大の広告メディア会社の系列にあるコンサルティング会社で広告メディア・プランニングおよび広告取引のコンサルタントとして勤務した。その会社では、テレビ・メディアの監査業務および広告会社の選定業務、いわゆる代理店コンペ[8]のサポート業務も行った。ここでの業務では、国内特に中堅の広告主に関して、現状の広告取引に不満を抱く社員が多く見られ、また近年のグローバル化の流れから、アカウンタビリティ（広告の説明責任）をマネジメントから突きつけられる状況を見てきた。ここでも日本の広告取引を学ぶことができたと思っている。その業務の傍ら

8　複数の広告会社間で、ある広告主の扱いや特定のキャンペーンの扱いをめぐって行われる競合プレゼンテーションのこと（『広告用語辞典』, 1997, p.80）。英語では、Agency Pitch あるいは Agency Review と呼ぶこともある。

2000年から青山学院大学大学院経営学研究科の後期博士課程で広告取引を中心に研究を行った。広告実務での経験は優に20年は越えている。

5-1. 量的調査

青山学院大学大学院での研究の一環として、広告主と広告会社の取引に関する実態調査を行った。この研究プロジェクトをスタートさせたのは2001年である。因みに、その年の11月に株式会社電通が上場を行っている。最初に社団法人日本広告主協会（現公益社団法人日本アドバタイザーズ協会）に調査企画の提案をしたが、当時の広告取引合理化委員会の委員長である大手企業の宣伝課長からは、実施の許可を頂くことはできなかった。米国を中心にして欧米では、この分野の研究が古くから行われ、その知見の蓄積がなされているのに対し、日本ではこのような取引の話を出すこと自体がタブー視されており、業界に波風を立てることはないという雰囲気であった。

その後、広告取引合理化委員会の委員長に、元ネスレ日本株式会社の媒体統括部長の稗田政憲氏が着任し、その後大きな進展が見られた。稗田はネスレ日本において広告取引で豊富な経験をもち、2010年には『フェアな広告取引実践のすすめ』を出版している。

さて、2002年に数度のセミナーを日本広告主協会で実施した後、同年に日本で初となる広告取引の実態調査を、日本広告主協会として会員社を対象に実施した。私は同協会の広告取引合理化委員会と共に質問紙を作成し、集計分析を担当した。そしてその成果を2003年に『広告会社への報酬制度―フェアな取引に向けて―』として、出版を行った。その後、2005年、2008年、2012年、2017年と5度継続して実施している。この調査の目的はあくまでも、広告主と広告会社のパートナーとしての関係改善である。20年近くたった現在でも広告主の満足度は十分には得られていない状況であると考える。

5-2. 質的調査

2007年頃に、質的調査ができないかと考え、マス・メディア、広告主、広告会社の実務を実際行っている方々にインタビュー調査を行った。行ったと書いたが、すべての企業からお話を聞くことはできなかった。特に大手広告会社からは調査協力ができないこと、またメディアからは、このような調査を行うこと自体、必要があるのかといった意見もあった。結局業界誌に私がこのような調査を行っていることを、話をうかがった広告会社の名前入りで出てしまうということも発生した。その会社に迷惑がかかることも考えて、最終的には、文字として発表することはしなかった。今も大変残念に思っている。詳しい調査の内容は明らかにすることはできないが、本著の中で書かれていることはそのインタビュー調査でヒヤリングした内容も含まれている。このように、広告取引自体大変センシティブなテーマである。但し、それだからこそ、今再度取り上げる価値があると考える。

これらの実務経験および調査からの内容を総合的に判断し、次章の日本の広告取引の特徴としてまとめてみた。もちろん、私が実務に携わっていたのも大分時間が過ぎている。この間デジタル広告の隆盛という大きな流れがあった。したがって、多少の変化は見られていると思う。但し、2017年の調査結果やまたデジタル広告の取引についても、実務家に話を聞く中で、そこまで大きな変化は見られてはいないと考えている。ここで書かれている内容は、「過去のもの、自分たちは、すでに新たな内容で取引を進めている」と考えている広告主や広告会社の方もおられよう。但し、そうでない企業もまだ存在しており、広告業界全体として、より良い環境になるようにぜひ活発な議論を期待する。少なくとも、少し前まで日本の広告業界ではこのような取引が行われており、そしてそれについてどう考えるべきかのヒントになれば幸いである。

6．日本の広告取引研究の必要性

本著では、広告取引の中でも特に広告会社が広告主より受け取る報酬に関して注目している。広告取引のキープレーヤーは広告主、広告会社、媒体社だ。しかし特に日本では、広告取引における広告会社の役割が大きく、またその報酬制度は全体的な広告取引の今後の方向性を考える上にも重要だと私は考えている。後ほど詳しく述べるが、日本では、欧米より広告会社の寡占化が進んでおり、また特にテレビ・メディアの創成期に電通が果たした役割が大きいといわれ、そのために電通など大手広告会社とマス・メディアの媒体社の関係が強固である。したがって、大手広告会社とテレビ局の関係は強くなっている。

広告会社の業務は多岐にわたっている。現在、大手広告会社は情報商社化し、単に広告主のための広告表現の開発や、媒体の確保といった業務以外に多くを手がけている。当然ながらインターネット広告については子会社を中心に力を注いでいる。また映画産業における製作委員会方式において広告会社の役割は重要である。映画を観て、最後のテロップに製作委員会として携わっている企業名が書かれている。テレビ局などのメディアの名前も見られるが、広告会社の名前も見ることができる。映画のヒット作に関しては広告会社の役割は特に大きいといわざるをえない。映画を広告活動の一部として役立てるためのスポンサーとしての広告主の確保、あるいは、その映画をヒットさせるための広告活動を行うための媒体社との深い関係、ヒットする映画を判断するためのクリエイティブ・スタッフを中心とした人員をもつなど、広告会社は多方面で力を発揮するための能力、人材を有している。また、スポーツ産業やアニメ等の版権の管理も広告会社の力をなくしては今や語れないといえよう。マス・メディア市場の伸びの低下から広告会社が他のビジネスに積極的に乗り出していると考えられる。それらの多様な業務についても取引システムは関係している。

広告会社は長く、広告代理店と呼ばれてきた。現在でも広告代理店側では、広告会社と呼ばれることを求めているが、日常の業務では広告代理店と呼ぶ人も多いと思う。本著の中でも多少の文脈で使い分けているところもある。特に本章の前半のインターネット広告では、高度な分析を行う広告会社も含むためにあえて広告会社と表記した。しかし広告代理店は、英語のAdvertising Agencyからきたものであり、すなわち、広告の業務を広告主の代理として行うものという意味である。次章では、あえて広告代理店という呼称を使いたい。歴史的な経緯は次章で詳しく述べることにする。

むすび

インターネット広告が隆盛となり、既存のマス・メディアの低迷が叫ばれて久しいが、今後も広告会社の基本的サービスは、何か物財を作り出し、それを販売し、利益を得るということではなく、コンテンツ等サービス（広告以外の映画、スポーツ、製品のパッケージ等）に関する一定の報酬という形で得ることが続くと思っている。このような、新しい形のビジネスを増やしていこうとしていることも事実であり、その割合は変わってはいくことも時代の流れである。しかし広告会社の取扱品目が多岐にわたりまた広範囲なものとなろうとも、現在の報酬制度の影響は少なからず残ることが考えられる。それを検討する必要性は高い。インターネット広告の取引が増加しているが、私の調査では、基本マス・メディアの取引と同じことがインターネット広告でも行われている実態も見える。インターネット広告の取引は、米国の取引慣習より日本の慣習に大きく影響を受けている。

また、広告主にしても、広告会社や媒体社にしても、継続的に安定した利益を得て存続することが目的であることは明白である。どの企業でも利益報酬を得ることは、その目的の中心と位置づけられるのである。加えて、広告取引は、創造的な広告キャンペーンを生み出すという視点にも大きく関わっている。近年、益々広告の業務は拡大していることはすでに書いた。またこれまでテレビを中心としたマス・メディア広告が主流であったが、多くの新しいメディアが出現している。それらを効果的に使用するために、多くの科学的手法も開発されている。しかし最終的にどのメディア、どのビークルを使うかは人が最終決定を下す。それと同時に、何の広告メディアを用いるかの判断基準に大きく関わってくるのはコスト効率、すなわち金額である。広告主はすべての取引を自身で行うことはできず、当然代理となって作業を行う広告会社が介在する。そしてその広告会社は何らかの方法でその業務の対価として報酬を受け取る。その場合に、創造的な業務を行うために、公正な判断を行うことが大切である。メディアの仕事では、時にメディア・ニュートラル、公正なメディア選択という言葉が使われるが、それが広告会社の思惑で崩れてしまうことがあるのが、これまでの日本の取引であった。創造的で最も効果が高く、そして公正な広告業務を広告会社に求めるためにも、また、広告会社も誇りをもち満足のいくビジネスを行う上にも、適切な広告取引のシステムが必要である。これまでの広告取引がすべて悪いと述べているのではなく、現在の広告取引の良い点、改善すべき点をしっかりと理解し、創造的な広告キャンペーンを実施するための取引を考察する必要がある。それを考えていく上で次章では、日本の広告取引の特殊性を検討し、具体的な取引の用語を解説した後、何をどう改善すべきかを述べていくことにする。

14 章

日本の広告主と広告代理店の取引の特殊性

前章では、インターネット広告が隆盛の今日、創造的な広告活動を行うためにも広告主と広告代理店の取引および報酬制度を見直す必要があることを述べた。日本のそれらは、米国をはじめとする欧米のものとは大きく異なる。それをすべて変えていくことは恐らくできないであろう。日本の広告業界は100年以上欧米とは異なる発展の道を歩んできた。それらはメディアの発展に合わせ、また日本に適していると判断され続けられてきたものである。したがって、それらを無視し、いきなりこうあるべきであるという乱暴な議論をするつもりはない。まずは、日本と欧米の取引の違いを明らかにし、その中でどのように改善すべきかを検討したい。

1章でも述べたが、現在の日本の広告業界には新たなプレーヤーが参入し、また広告自体が邪魔者と扱われ始めている。このような中、特に中小の広告主そして広告代理店[1]は大きなダメージを受ける可能性を孕んでいる。そのような弱小なプレーヤーは退出してもらい、新規の企業や強者のみが力をもつことを私は良いことだと思っていない。なぜなら、有機体的発想として、多様な意見を統合することに新たな創造性が生み出されると考えるからである。また過去100年以上にわたって培ってきた広告知も存在する。この大きな変革の時期にそれら既存の広告主や代理店だけでなく、今後の広告業界を担っていく若い人々にも、過去にどのようなことが行われ、今後どうすれば良いかをしっかりと理解し考えて欲しい。

そのような理由から本章では、日本における広告主と広告代理店の取引お

1　前章では、広告会社という呼び方を使用したが、本章では主に総合広告代理店について述べているため、広告代理店という呼び方を使用する。違いについは、13章の注1を参照されたい。

よび報酬制度が欧米とどのように異なって発展したかを指摘、整理する。尚、基本これまで最も取り扱いの多いマス・メディア広告、その中でも特にテレビ広告を念頭に置き述べることにする。

1．メディアレップの存在

日本の広告主と広告代理店との取引の特殊性を見ていくわけだが、多様な要素が絡み合いその産業構造が出来上がっている。3章でも述べたが、私は要素還元的に細かく分解し、そのひとつに焦点を当てる、あるいはそれぞれを足し上げるだけですべてが解決するとは考えていない。要素ごとに問題を検討し、そして全体を俯瞰してから、課題を探し出し、改善策に近づくことを考えている。したがって、ここで、項目ごとに検討していくのはあくまで全体としてどのような改善が必要かを検討するためである。

それぞれについて細かく見ていく前に、広告代理店の起源を見ることから始めたい。そこで出てくるキーワードはメディアレップである。

八巻（1992, p.60）によれば、「世界で一番古い広告代理店は、英国のアーサー・コージスとウォルター・コープの2人が1611年、政府の勅許を得て設立した『商業全般の登録所』だ」。しかし、今現在圧倒的な規模を誇っているのは米国の広告市場であり、その規模は2019年現在、2189億1500万ドルと2位の中国の2.4倍、3位の日本の実に5.1倍に達している（『広告白書2021年度版』, 2021, p.213）。1章でも書いたが、Hower（1949）によれば、米国の最初の広告代理店は1941年にボルネー・B・パーマー（Volney B. Palmer）がフィラデルフィアに始めたものだといわれている。創成期の広告代理店は、新聞等の媒体社からのスペースを代理店として販売し手数料をもらう形で、その後一定の広告スペースを買い切り、販売するバイヤーと呼ばれるものに発展していった。そのような中、パーマーはすでに1876年には、新聞社から25％の手数料（コミッション）を受け取るという制度をスタートしている。一方日本では、戦前まで大外交といわれた営業マンが歩合制で仕事を行い、人によっては巨額の富を得ていたようである[2]。

米国と日本の大きな違いのひとつは、発展段階で登場するプレーヤー、すなわちメディアレップの存在があげられる。メディアレップとは、「特定の媒体社と提携し、広告代理店や広告主に対する媒体セールスを代行する」企業である（『マーケティング・コミュニケーション大辞典』, 2006, p.663)。広告代理店と区別がつきにくいかもしれないが、米国の市場においては明確に役割分担がなされている。1876年N. W. Ayer & Son（以下エイヤー社）が、媒体社のコミッションを広告主に開示し、広告主サイドに立った企業であることを明確にし、媒体社側の企業すなわちメディアレップと明確な差別化を図った。その後、1879年には、エイヤー社が、マーケティング・リサーチ部門を置き、また1892年には専門のコピーライターを自社内に置くなど、広告代理店は媒体取引の代理業から業務を発展し、より近代的な広告代理店へと発展していく（小林, 1998, p.312)。

一方、日本の広告代理店[3]は、創成期から媒体社との関係が深く、例えば、1890年に設立された萬年社は、元来毎日新聞の広告部が独立して作られたなど、新聞社との関係が深い広告代理店として、スタートしたものが多く見られた（木原, 2012)。現在は、総合広告代理店として幅広い活動を行っている、読売広告社、朝日広告社、日本経済社など特定の新聞社との取り扱いからスタートした代理店も多くある[4]。また、新聞社とテレビ局との関わりも深く、日本経済新聞＝テレビ東京＝日本経済社など深い関係をもっている。メディアレップとは異なり、系列の広告代理店であっても他の新聞やテレビに広告を載せることも可能だが、他の新聞、テレビ局よりは有利な条件で取引が可能となることもあり、すべての媒体社を公平に、同等に扱うメディ

2　大外交については、小林（1998）に簡単ではあるが、触れられている。

3　日本における広告代理店の発展の歴史についいは、小林保彦, 1998,『広告ビジネスの構造と展開―アカウントプランニング革新―』日経広告研究所．中瀬寿一, 1968,『日本広告産業発達史研究』法律文化社．八巻俊雄著，日本経済社編，1992,『日本広告史』日本経済新聞社．および電通，1991,『虹をかける者よ　電通90年史』電通．に詳しく述べられている。

4　読売広告社や朝日広告社は、現在直接的な資本関係を読売新聞社、朝日新聞社とはもっていない。

ア・ニュートラルという視点でのメディア取引においては、米国とはどうしても異なる状況をもつ。

以前、大手広告代理店の方に話を聞いた時に、営業職の方は、「自分たち広告代理店は広告主の代理として仕事をしている」と答えられ、媒体局の方は、「自分たちは媒体社の代理として仕事をしている」と話されていた。10年以上前のお話ではあるが、部署によっても考え方は異なるようである。

もちろん、これが100％悪いというわけではない。新聞社との深い関係をもつ広告代理店は、その特定の新聞の取り扱いも多く、多くの状況を把握している。またダイナミックなキャンペーンを組むことも可能である。したがって、それを踏まえた上で、自社のキャンペーンにとって何が優先されるかを考える必要がある。

2．インターネット広告におけるメディアレップ

日本のマス媒体においてメディアレップが存在していないために、広告代理店が広告主側と媒体社側両方の側に立つということを述べてきた[5]。

一方インターネット広告においては、大手のメディアレップと呼ばれる会社が存在する。代表的なものとしては、電通系列のCCI（サイバー・コミュニケーションズ）と博報堂系列のDAC（デジタル・アドバタイジング・コンソーシアム）だ。これは、業界関係者からの情報というレベルであるが、最大のメディアレップであるCCIはポータルサイト大手のYahoo!が業務を行う際に、広告営業を行うスタッフが社内で調達できず、電通に話をし、新たな会社を設立したという経緯があったようである。電通側としても、その段階で、市場規模も小さく、1業務当たりの取引金額がテレビ・メディアの広告費などと比較してわずかで、その上新しい専門知識を必要とするスタッフの確保も難しいため、電通本体の社員をそれに当たらせることはコスト効率も悪く、別会社を作ることを決断したと私は考えている。テレビ広告媒体などは、取扱額

5　一部雑誌などではわが国でもメディアレップは存在する。

が大きく、10億円の広告業務があった場合には、その金額の15％[6]に当たる高額の報酬を広告代理店は受け取ることができる。しかしインターネット広告では規模もそこまでは大きくなく、100万円程度の業務で、例えば20〜30％の利益があったとしても、そこから受け取れる利益額は限定される。業務量としてそこまでの違いはなく、またインターネット広告がさらに、新たな知識を必要とする。そのような中で、広告代理店とメディアレップがそれぞれ利益を得ることができれば利益幅も業務に見合うことになる。例えば、100万円を広告に支払う業務でも、マス・メディアでは、広告代理店の利益は例えば15％の15万円。一方インターネット広告の業務では、85万円からメディアレップの一定の利益を引いた額が本来のメディアの価値となるわけである。これは二重に利益を得ているといっているわけではない。それだけの業務を行っている場合には当然の報酬と考えられる。後述する報酬制度の不鮮明な部分が、その内容を分かりにくくしているのも事実である。

一方、米国を中心とするマーケットでは、比較的初期の段階から広告主が広告代理店を通さずにインターネット広告を購入することができるシステムが構築されている一方、それぞれ専門性に見合った業務にはそれに沿った報酬がフィー・システムなどで支払われている。日本では、広告代理店がすべてを行う仕組みが続いていたため、請求金額も広告主が直接依頼する広告代理店にメディアレップの報酬も含んだ形で支払いを行っているケースがある。日本でも、旧来のインターネットのメディアレップのように、単なる媒体購入の仲介業務ではその存在価値は認められなくなり、新たな付加価値をつけるべく模索を繰り返しているようである[7]。

メディアレップが存在する日本のインターネット広告市場ではあるが、大手広告代理店については、そのメディアレップを介して、広告代理店と特定の媒体社の強い関係はある程度残っている。しかし、多くの場合には、運用型の広告が中心となり、自動化での作業が大半のため、広告代理店とポータ

6　公正取引委員会（2010）の調査では、広告代理店の報酬は、一般的に15〜20％であるが、時に20％の格差があることも指摘されている。

7　詳しくは、13章でも述べたK2 Intelligence（2016）の調査を参照されたい。

ルサイトなど各サイト運営を担う媒体社と関係は強くない。その関係はマス・メディアを中心として時代と共に大きく変化を見せている。良い点、悪い点、それぞれあると思うが、まずはマス・メディアを中心として広告代理店と媒体社との関係についてもう少し見ていくことにする。

3．日本の広告代理店の特殊な位置づけ

3－1．媒体社の代理者としての広告代理店

多少繰り返しになるが、メディアレップは媒体社側の代理で、広告代理店はより広告主寄りに位置づけられる。特に米国の広告代理店は、小林（1998, p.312）によれば、1870年代にはエイヤー社が契約・手数料公開制度を創設し、広告主のサイドに立った広告代理店というポジションを確立してきた。私も外資系の広告代理店に勤務してきたが、それ以前に勤務していた国内の広告代理店とは異なるものであった。そこには、取引システムの違いということが日米にあると考えられる。量的な調査でも明らかだが、日本では、ひとつの広告主が何十もの広告代理店と取引をする[8]。かつては、媒体別に、この新聞ならこの広告代理店、この地域のテレビ広告はこの広告代理店が担当するといったことが普通に行われていた。また、当該広告主のメインの広告代理店として取引をする期間が比較的短く、四半期ごとや半期ごとにキャンペーンを担当する広告代理店をコンペで決める。そこでメインの代理店となれなかった会社は、主要な広告表現の制作やメディアの取り扱いは行わない。但し、完全に仕事がなくなるわけではなく、ある雑誌の1ページだけの担当などという形で、取引は維持されていく。

これによって、次のコンペに参加できるチャンスが確保される。実は、この広告主の取引口座をもっているかが広告代理店にとって大変重要になる。取引期間が短いと書いたが、実はメインとして取引は短期間の時もあるが、

8　2002年の調査ではあるが、取引をしている広告代理店の数は、3社が最も多く19.7％であった。しかし5社以上と取引している広告主もあり、中には40社、60社、200社といった回答をする広告主もいた（日本広告主協会，2003，p.82）。

わずかな仕事ということでは、大変長く取引をしている場合が多い。このことは、量的な調査を実施する時にも、質問項目を作成しにくい状況であった。日本では、メインとしての広告代理店ではないにしても、主要な数社とは非常に長く取引を続けていると考えている広告主が多いようである。このようなことを書くと、人間関係で仕事を行う日本の古い体制を述べているように感じるかもしれない。しかしインターネット広告の時代になり、この「信用」というキーワードは実は重要である。インターネット広告では、仕事のスピードも速く、その分リスクも大きい。そのような中で、単にコスト効率のみで対応する場合に、そのリスクが大きくなる可能性もある。この時代になればこそ、信用というキーワードを広告取引でも十分に考えるべきであろう。

一方、米国では、数か月というような比較的短期のキャンペーンではなく、1年ごとの契約で、少なくとも2〜3年は1社での取引ということを前提にコンペが行われる。もしコンペに負ければ、それまで何十億の取引があったとしても、次の日にゼロになる。私が勤務していた外資系の代理店で、担当していた広告主が、グローバルに広告代理店を見直すことになった。その時に日本での取引は非常に良好で、広告主にも満足されていたため、少なくとも日本はそのまま取引が続くと思っていた。しかし、ニューヨークで行われた世界規模のコンペで私の勤務していた会社は負け、仕事を失うという結果となった。何十年も取引をしており、全世界で数百億円、日本でも数十億円の取引があった。その会社にも大きなダメージとなり、多くの社員が解雇され、外国人のスタッフが本国に戻るようにいわれたことを思い出す。私は、その仕事を続けるために、そのコンペに勝った別の広告代理店に転職し、仕事を続けるという奇妙な体験した。日本の広告代理店では、キャンペーンごとのコンペに負けても、社員を解雇することは少ない。その期間他の仕事に就く、あるいは新規の広告主の仕事を開拓する。

このように、米国では、会社単位で仕事を行ったり、失ったりということが明確で、そのために担当になると比較的長く、そしてしっかりとしたパートナーとして仕事をしている。私も上記の企業の担当をしている時には、広告主のセールス情報をすべて共有してもらっていた。広告以外の、例えばPR業務などでも、担当するPR会社との会議や報告会にも参加し、すべて情報を広告主と共に得ていた。上述した、日本がキャンペーンごとにメインの広告主を変えるシステムでは、そこまで広告主の情報を広告代理店にすべて提供することは難しいと思われる。またこれも後ほど触れるが、ひとつの広告代理店が、競合となるような同業種の広告主を担当できるという日本のシステムも、広告主がそこまで自社の情報を提供し切れない理由のひとつと考える。上述した「信用」にも通じることである。

また、すでに述べた通り、媒体社の専属会社からスタートするという広告代理店も日本には多く、またマス・メディア広告の取引により利益の大半を得ていた時代としては、少しでも良い条件でマス・メディアの枠を確保するという観点から、広告代理店と媒体社の関係は強くなっていった。かつて大手広告代理店の営業職のことを連絡部と呼んでいた時代があった。これは、広告主と、媒体社の間を連絡する係というところからきている。また、その広告代理店の社長には、かつて媒体担当のトップであった人でないとなれないといわれた時代もあった。近年は、大分状況も変わり、営業部門やマーケティング部門出身の人も社長になっている。

マス・メディアの取引では、媒体社と広告代理店の関係は強いと述べたが、インターネット広告の取引が活発となり、その関係は大きく変わっている。効率重視で、単一の指標で結果が出なければ広告代理店への評価が厳しくなり、益々広告代理店への要求は増し、全体の評価というよりは目に見える評価で取引代理店を変更するか、広告業務の運用会社としての役割が強くなりパートナーとしての関係が築きにくくなっている。その中で、ある意味でも、情緒的な部分もある程度は含め、「信用」のおける取引相手とビジネスを行うという視点は今後検討すべきである。

3−2．心理的主従関係

インターネット広告が中心になり、広告主と広告代理店の心理的つながりは少しずつ希薄になってきたと述べた。もちろん、大手広告代理店では特定の媒体社との関係を築いている場合もある。

マス・メディア広告の取引では、広告主と広告代理店の関係は非常に複雑である。それは、取引の内容という形式的なこともあるが、より分かりにくい心理的な、感情的な部分が大きい。一般的にいって、広告主は、仕事を依頼する側で広告代理店は受注側だ。したがって、広告主の方が上で、広告代理店が下のように思われるかもしれない。しかし、一概にそうとは限らない。それが広告主の規模あるいは発注金額、そして広告代理店の規模で変わってくる。大きく分けて3つのパターンがあることはすでに前章で述べた。広告主が上で広告代理店が下、逆に広告代理店が強く、広告主はかなりの部分提案されたことをそのまま承認する関係、そしてパートナーとして同じレベルに立っている場合である。詳しくは13章を参照して欲しい。

広告主、広告代理店のどちらかが上で、どちらかが下という構図が見られるという話をしたが、そこでの議論の集約は、どちらかが高圧的である、あるいは妥協するといった図式が見える。もちろん、同等の関係、パートナーとしての関係が望まれる。日本アドバタイザーズ協会の調査でも、自社で仕事を依頼している広告代理店をパートナーであると考えている広告主は多くあるが[9]、しかし、データの共有や一部の業務では、代理店の仕事に猜疑心を抱いている広告主がいることも考えられる。インターネット広告の増加で、広告主の中でも、かなり知識をもっている人もいる。但し、以前、広告主の会議に出席した時にも、参加者の中での専門的知識の差は大きいものがあった。通常の業務だけでなく、自社と取引先の広告代理店の関係はどのようなものかを再度考え、その中でどのような関係が創造的な広告活動を行う上で必要となるかを検討すべきである。

3-3．互恵関係

マス広告の取引における広告主と広告代理店の関係を見てきたが、そこに

9　日本アドバタイザーズ協会の2012年の調査では、選択肢を「①外部の人的資源②敬意を払う供給者③良きパートナー④最高のパートナー」としていたため、総合広告代理店に対して71％の広告主が良きパートナーと答えた（日本アドバタイザーズ協会, 2013）。

は心理的な要因が大きく働いている。それぞれの企業規模、担当者の専門的なキャリアや知識量などである。また、アカウンタビリティ（広告の説明責任）も企業内で問われる中、企業の宣伝部も社内の他の部を説得する必要がある。また、広告代理店でもそれぞれの広告主の仕事は独立的に扱われ、そこでの売り上げや利益率は問題になる。部や局単位ということもあるとは思うが、そのような中、かつては特に、お互いのためということもあり広告代理店がサービス的な仕事を引き受けてくれた代わりに、広告主が仕事を発注するということも時には見られたようである。契約や、効果的な問題より、人間関係としてのもちつもたれつといった関係である[10]。広告業界はこの心理的側面が、特に働いていた業界であった。広告主と広告代理店だけでなく、媒体社もその役割が強く、特に大手テレビ局と、広告代理店の関係は強く、その中での取引がなされていた。以前よりは透明性が担保されてきたが、米国の取引などと比べると、その基準が曖昧である。特に番組提供の枠が空いた場合に、どの広告主に次に提供スポンサーになってもらうかの調整である。それらの調整は必ずしも悪いことばかりではない。媒体社側も、安定して広告出稿を行う力をもつ広告主に長くスポンサーになってもらいたいと考える。したがって、継続的に質の高い広告主を紹介してくれる大手広告代理店について、媒体社としての価値は高くなる。しかしその決定方法が見えにくい点もあった。

また、大手放送局と、中小の広告代理店、あるいは地方局の関係もかなり心理的な互恵関係が働いているように感じる。前述した質的調査を行った時、大手放送局の方が、中小の広告代理店にもある程度、枠は供給しているといっており、つぶれない程度の取引は行っている、彼らにも貢献しているという主旨の発言があった。全体を見ながら、現状の体制を壊さないように、塩梅を見るというようなことで、お互いが助け合いをし、広告業界を存続させていた姿が過去には見られた。

10　あくまで私自身の経験であるが、1980年代に国内の中堅広告代理店に勤務していた際にそのような仕事を行った経験があった。

しかし、インターネット広告の隆盛から、マス・メディアの出稿が伸び悩み、下降に向かう中、また独立系のインターネット広告代理店や経営コンサルタント会社の広告業界の参入で、そのような一部の組織が、調整を図って業界全体の状況を維持するという施策が難しい局面を迎えている。例えば、前述のテレビ・スポット広告の取引においても、ある意味お金を出せば、希望の枠に広告を流すことのできるSAS（スマート・アド・セールス／Smart AD Sales）などもスタートしている。このような互恵関係で仕事が回るという状況がどんどん崩れ始めていることも事実である。

3-4．一業種一社制

前の項では広告主と広告代理店の心理的な部分について、日本の広告業界と欧米の違いを述べてきた。別の視点でそのシステムの違いについて指摘することにする。その代表例は、欧米の広告主が取り入れている「一業種一社制」を、日本では行わないことである。

一業種一社制とは、欧米ではひとつの広告代理店は、ひとつの産業例えば自動車などで、ひとつの広告主しか担当できないことになっているシステムである。例えば、Aという広告代理店が自動車会社のフォルクスワーゲンを担当していたら、ゼネラルモーターズは担当しないというようなことである。その理由は、新製品などの企業情報が他者にもれることを避けたいということが大きい。

一方、日本では、ひとつの広告代理店が、トヨタとホンダ、両方を担当することは可能である。その理由は、企業秘密に関しては、ビルを変えたり、フロアーを変えることで対応できると考えるからである。逆にひとつの会社で自動車に関する情報を多く所有すれば、それだけ知識共有の効率が良くなる。企業秘密だけではなく、自動車業界の一般的な情報やデータ、また海外企業のデータも共有すればメリットも大きい。そのこともあり、広告主側もそこまで気にはしないようで、メリットを感じ、特にそれについて多くは語らない。上記の自動車などは取り扱いも多く、それを担当する大手広告代理店も規模が大きいため、かなりの広告主の情報を共有していると思われる。

ある程度の広告主と広告代理店の棲み分けはあるが、そこまで厳密でない広告主もある。但し、中小の広告主や広告代理店では、前にも書いたが、広告代理店は短期的に広告主の代理として依頼していることから、広告主の情報の詳細は提供せず、大きなマーケティング戦略の方向性は、広告主側で決定するという図式がある。そのようなことであれば、特段競合他社を担当する広告代理店でも大きな支障はないわけである。

欧米では、そのような情報の漏洩の危険がないかというとそこまで厳格ではないと思われる。欧米の広告主は、何年かに一度代理店ピッチ、コンペを行って、大きく担当の広告代理店を変更することがある。その時には、仕事を失った代理店は、その産業についての知識をもった広告マンが多数いるわけで、他の広告主の仕事を担当したいと考えること、担当することは十分考えられる。但し、欧米の雇用契約は、日本より厳格である。したがって、そのような情報が流出することにはかなり神経をとがらせている。近年新しいテクノロジーの発達で益々、それらの情報の価値が高くなっている。大手の広告主や広告代理店はこれまでよりは、意識やシステム的に厳格になっていると思われるが、特に中小の広告主や広告代理店についてはしっかりと考えていくことが大切である。

一業種多社が日本の広告業界の特徴と述べてきたが、それが変化することで広告業界全体に影響を与えている。それは、広告代理店の寡占化の問題である。その点について次に触れることにする。

3−5．広告代理店の寡占化

欧米では、一業種一社であることを述べてきた。その場合に、どのようなことが起こるかというと、広告代理店１社当たりの取扱額は限界があり、規模が小さくなる。逆に一業種多社制であれば、ひとつの広告代理店で取り扱える額は大きくなっていく。このことが、日本の大手広告代理店が欧米の広告代理店に比べて大規模な理由のひとつと考えられる。電通は、世界の広告代理店グループでは第５位に入っている（『広告・マーケティング会社年鑑 2019』, 2018)。１位から４位のグループ会社はトップの WPP グループを含めすべて、複数の広告代理店がそのグループの傘下にある。例えばWPPグループなら、グレイ、ワンダーマン・トンプソン、オグルヴィなどである。博報堂DYホールディングスに博報堂、大広、読売広告社が入っているのと同じホールディング制を取っている。それぞれの広告代理店は独自の広告業務を行っている。一方、5位の電通は、ほぼ電通の売り上げか、あるいはその子会社がほとんどである。このように、日本の広告代理店は欧米の広告代理店より、スケールメリットを享受しており、広告業界の寡占化が起こっている。当然ながら、その取引先に対しては強い発言力をもつわけである。それが一番影響するのが、テレビ広告をはじめとするマス・メディアの取引だ。広告以外でも、大量に物を買った場合にはボリューム・ディスカウントで安くなる。同じように、大量に買うことで、テレビ広告など日本の広告代理店は、その利益率などで良い条件を得てきた。少し複雑だが、テレビ広告の媒体費は、基本広告主コストというものが設定され、どの広告代理店を通してもその広告主であれば同じ金額になることが多い。広告主ごとには異なる金額・条件になる。但し、それについて発生する広告代理店の手数料、代理店マージンは異なる。公正取引委員会（2010）の調査でも広告代理店ごとに大きな差があることが報告されている。1回の取引で、利益率も高く、また大量に取引できるために、単純にいえば、日本の大手広告代理店は益々大きくなる構造をもっているともいえる。これが100％悪いとはいえない。欧米の広告代理店の参入を阻んでいることにはなるが、その利益で広告産業全体にも貢献をしてくれている。

欧米の広告代理店は一業種一社制を取っているため大量の取引が行えず、バイイング・パワー、すなわちメディアの取引をする際の交渉力に限界がある。そこで登場したのが、メディアのバイイングを専門にする会社である。WPPでいえばマインドシェアといった会社がそれに当たる。この会社であれば、メディアの業務のみ、グレイであろうとオグルヴィであろうと同じグループの広告代理店のメディアの取引は、まとめて行うことができる。一業種一社でなく、一業種多社との取引が可能となるわけである。そのために、グループ単位での世界の広告代理店の総利益を見るといくつかの会社が集まったWPPグループがトップにあがってくる。

尚、英国を除く欧州に関しては、米国などのように、大手の広告代理店を中心としたメディア会社でなく、小さなメディア会社が集まって作られたCaratが最も大きなメディア会社になっていった。この会社の親会社イージスを買収したのが電通である。電通としては、当然ながら、今度インターネット・メディアの専門的な情報を得たいということもあったと思われるが、WPPをはじめとする欧米のホールディング会社に対抗する必要があったためだとも考えられる。

また、デジタル・メディアの隆盛で話はより複雑になってきている。近年、個別の会社の単体の売上利益を見る、ネットワーク企業での順位を見ると、Accenture Interactiveが第1位で、PwC Digital Servicesが2位になっている。これらは経営コンサルタントの会社である。その卓越的な計量的あるいはマーケティング分析のノウハウで、デジタル・メディア部門で短期間で、大きな取引を獲得している。このランキングではDentsu Aegis Networkは8位という位置である(『広告・マーケティング会社年鑑2019』, 2018)。Accenture Interactiveなどは、基本デジタル・メディアの取引や分析を主な業務としている。広告制作やブランド管理ということについては、そこまで業務を行っていないはずである。そのため、上記のメディア会社と同様に、一業種一社の枠に捉われず、企業規模を大きくしてきている。インターネット広告の取引を行っている会社の多くは、メディアでの取引が中心になるため、欧米のホールディング会社のもつメディア専門会社と同様に、一業種一社の考え方は、大きな問題ではない。しかし、インターネット広告の予算が増加し、マス・メディアなどの他のメディアとの融合を考える上では、よりブランド戦略全体を考える必要が求められる。その際には、単にインターネット広告の取り次ぎとしての広告代理店の役割から、さらに重要な戦略面での貢献が求められる。その際には、一業種一社を含め、広告主と広告代理店の関係が再度整理される必要がある。

4．日本の取引システムの特殊性

4−1．契約書の存在

前節で、テレビ・メディアの購入の際に得ている利益が広告代理店ごとに異なる話をした。そのことについてどの程度、日本の広告主は知っているのだろうか。それについては、あまり理解していない、あるいはそこまで重要と考えていないのかもしれない。なぜならば、日本では、広告の取引に関してそれ専用の契約書を広告主と広告代理店で取り交わしていないのが一般的だからである。日本アドバタイザーズ協会の2002年調査から大きな変化はない。欧米では、契約を取り交わすことは当たり前で、かつては米国の報酬制度の調査項目にも入っていたが、ほとんどの企業間で契約書が取り交わされている。したがって、今ではそれが当たり前で調査項目から外されている。

日本でも全く契約書を交わしていないかというとそのようなことはない。企業間の基本契約書という形で、どの業種の取引先にも一律で交わす契約書を用いている。何十億円、何百億円というお金が動く仕事でありながらそのようなことで良いのかと思い、質的な調査の際に、なぜ取り交わさないかを広告主に聞いたことがあった。印紙税の問題で、「何億円のメディアの取引で、印紙の費用も馬鹿にならない」といった意見もあったが、何より交わさなくても大きな問題がない、交わすと逆に縛りができ、業務に支障が出るとの話があった。

欧米で取り交わされている契約書では、通常どのような仕事を依頼するかといった業務の内容が明記される。またその業務に対してどの程度の報酬を広告代理店に支払うかなども書かれている。しかし、日本の広告代理店の仕事は、欧米の代理店などよりははるかに多様な業務を含んでいる。欧米では「Above The Line（ATL）」そして「Below The Line（BTL）」といわれ、前者はマス・メディアに関わるメディアや表現制作に関わる仕事を指している。一方後者は、イベントや店頭POPなどのセールスプロモーションなどの業務である。欧米の総合広告代理店は、ATLを担当するが、BTLはプロモーション会社などが担当することが多い。したがって、依頼する内容も明確にされやすい。一方、日本の総合広告代理店は、ワンストップショップともいえるのかもしれないが、ATLであろうがBTLであろうがどのようなことでも対応してくれる。それどころか、私がこの広告業界に入った40年前は、広告主が行ったイベントの2次会のレストランの手配や、広告主の取引先を招待するためのゴルフ場の手配などもしていた。もちろん、それらで報酬をもらうようなことはない。またもう少し広告の仕事らしいものとしては、新製品の発売前のデータ集めや簡単な作業は当然ながら広告代理店の仕事である。それらの業務は、まだメディアの出稿もないため、利益を得るためのメディア・コミッションも発生しない。広告主側としても、費用を計上することが難しい場合もある。そのような場合は、広告代理店は、将来担当となり業務が発生することを想定し、あるいは他の仕事での利益で賄えば回収できるということで処理をしていた。少なくとも私はそうしていた。また、私が最初に勤務した国内の広告代理店は、一定の利益率を確保できれば、その中での費用については、特に問題になることはなかった。今は、恐らく利益率をかなり厳しくチェックされるとは思うが、インターネット会社の社員へのインタビューでも、依然としてサービス（無報酬の仕事）業務が多く、頭を悩ませているという話もあった。

外資系の広告代理店に勤務し、外資系の広告主の仕事をしていた時は、何か費用が発生し、請求する時には、外部の請求書の添付を求められた。他の仕事の費用を別の請求に潜り込ませるなどということは原則不可能であった。それでも、広告代理店の社員が働く仕事は費用がかからないので、広告主からサービス業務として依頼を受けることもあった。外資系の広告代理店では契約に基づき、業務がある程度は明確になっているので、そこまで過重な労働になるということはない。広告代理店はブラックだ、深夜まで仕事をしているという悪い評判がある。そのようなことも、ある程度業務を明確にすれば減らすことができると思われる。

もちろん、日本式がすべて悪く、欧米流の契約社会がすべて素晴らしいと述べているのではない。但し、透明性を確保し、広告代理店が行う仕事の価値、その意味がお互いに理解できるようになることは重要である。この件についての私の提案としては、16章で述べたい。

さて、個別契約書を取り交わさないことでの問題は、広告代理店が得ている報酬がどの程度か、広告主が知ることができないところである。この広告代理店の報酬制度でも欧米の広告代理店と日本の広告代理店では大きな違いがある。次にこの制度の違いとそれによって何が起こるかを述べていく。

4-2．広告代理店の報酬制度

広告主から広告代理店に支払われる報酬制度の日米の違いを述べていくわけだが、専門用語も多いため詳しい説明およびそれらの長所・短所は次章で述べることにする。図表14-1は、広告主から広告代理店に支払われる報酬システムの代表的なものの定義である。これ以外にも、セールス・コミッション・システムなどがあるのだが、それについては、次章を参照して欲しい。

報酬制度というのは、広告主から広告代理店に依頼をし、広告代理店が行った業務から得られる利益を得るシステムのことを指す。このような専門的で末梢的な問題をここで取り上げるのは、ここのシステムが広告代理店の行っている業務の質や、広告主との関係性に大きく影響をおよぼすからである。日米の違いという観点で、簡潔に述べれば、米国を中心とする欧米の広告業界では、フィーを代表とするコスト・ベースの報酬システムを取っている。一方、日本では、基本的にコミッションを指す、取扱金額ベースの報酬システムと、欧米では全く見られないグロス金額での取引がいまだに存在している。インターネット広告の増加が顕著だが、そこでは、一般的にマージンと呼ばれるコミッション、あるいはインターネット広告の取引でも、広告主には支払われる総額のみが知らされるグロス金額ベースの報酬システムがまだ使われている（図表14-2参照）。

一番の問題は日本の取引では、透明性が欧米に比べて低いことがあげられる。このことは比較的取引額の低い広告の制作に関することではなく、広告メディアの取引に関するものである。特にテレビ・メディアを中心にしたマ

図表 14-1：広告代理店の報酬システムの定義

① グロス金額ベース

広告主が広告代理店に支払う総金額が広告主に知らされるシステム。広告代理店がどの程度の利益を、当該取引から得ているか広告主は把握できない。

② 取扱金額ベース（例：コミッション）

媒体費、制作費、そして第三者機関のサービスに対する費用に一定のパーセンテージをかけたものを基本に算出するもので、かつての伝統的な広告代理店の報酬システムである。

③ コスト・ベース（例：フィー）

広告主の取り扱いに関して、その役目を果たすためのコストとそれに利益をプラスすることによって算出する広告代理店の報酬システムである。

④ インセンティブ・ベース（例：成果報酬）

合意されたゴールの達成に基づき、通常販売（量、シェア、金額）、視聴者の態度と理解度の尺度、あるいは広告代理店の仕事に関しての広告主担当者の評価といったものに基づき算出する広告代理店の報酬システムである。

出典：①はオリジナルに作成。②、③、④は Lundin, Robert, 1995, *Agency Compensation: A Guidebook,* NY: Association of National Advertisers. 日本アドバタイザーズ協会編, 2018,『広告会社との取引に関する実態調査（第 5 回）報告書』日本アドバタイザーズ協会

図表 14-2：広告代理店の報酬システムの現状

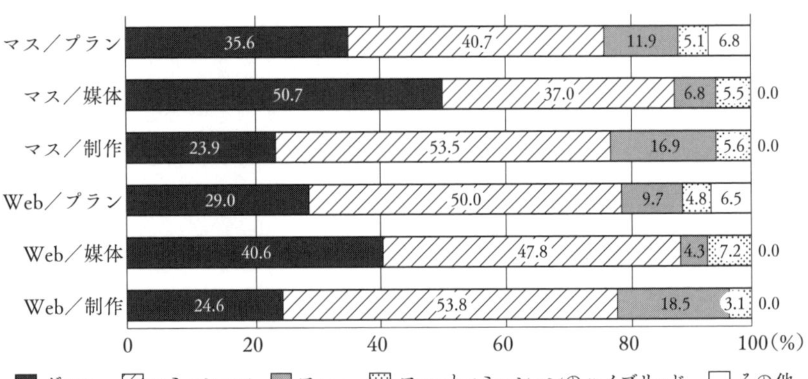

出典：小泉秀昭, 2018c,「『広告会社との取引に関する実態調査（第 5 回）』報告」『月刊 JAA』日本アドバタイザーズ協会, 745, pp.12–19

ス・メディアの取引の話が中心となる。

テレビ・メディアの取引では、詳細な放送スケジュールは出てくるが、トータルの請求金額のみで、その中でどの程度の金額を広告代理店が報酬として得ているのかが分からない。これがグロス・システムである。2017 年に実施された『広告会社との取引に関する実態調査（第 5 回）』（小泉，2018c）では、マス・メディアの媒体取引でのシステムでは、グロス・システムが 50.7 %、コミッション・システムは 37.0 %であった。また、フィー・システムはわずか 6.8 %となっていた。また、インターネットの媒体取引では、グロス・システムが 40.6 %、コミッション・システムは 47.8 %、そしてフィー・システムは 4.3 %であった。

米国では、フィー・システムを用いている広告主が 68 %、コミッション・システムは 12 %となっている[11]。広告代理店の報酬が明らかにされないとどのような問題があるのだろうか。その広告代理店のサービスが満足のいくもので、支払った総金額と依頼した業務の内容が整合しているのであれば、問題はない。ところが、テレビ・メディアの費用などは競合他社などの他の企業と比較することができず、本当に安い買い物をしているのかが分かりにくい状況が発生する。また、A というテレビ局を使用する方が本来は効果が高いにもかかわらず、それを伝えずあるいは調べずに、担当の広告代理店が B 局を使用することを勧めたとしよう。B 局は、A 局より多くの値引きがあり広告代理店の報酬が高い場合がある。広告代理店が自社の報酬を増やすために、非効率なメディアの使用を勧める。あるいはそのようなことをしているのではないかという疑いを広告主はもつかもしれない。そのようなことではなくとも、グロス金額の取引やコミッション・システムなどの取扱金額ベースの報酬では広告代理店の報酬を増やすために、広告費を常に増やそうとしているのではないかという疑いを広告主がもつかもしれない。有機体的広告取引では、常に広告主と広告代理店がパートナーとして、より良い関係を構

11　2013 年の米国のフィー・システムの使用率は 81 %と、2017 年調査よりかなり高い状況であった（小泉，2018c，p.16）。

築することを目指している。お互いが疑念をもたず業務を行うことが求められる。

次章に広告主と広告代理店の報酬システムについての説明を、長所・短所を含め詳しく述べるが、必ずしも欧米で一般的なフィー・システムがベストということではない。欧米でも新たなシステムを含め常により良いものを探している状況である。日本では、2002年に私が調査をスタートした時点から、劇的に改善されたとはいえない状況である。それらを踏まえ16章では、どのような取引が望まれるかを提案する。

最後に、米国の報酬制度がどのようになっているか、述べることにする。かつては米国もコミッション・システムを用いていたが、現在はメディアの取引も含め、大半はフィー・システムで広告主と広告代理店のビジネスを行っている。ここ数年フィー・システムによる取り扱いの手間やフィー・システムにおける不正などもあり[12]、若干コミッション・システムも増えてきた時期もあるが、基本的な傾向は変わらない。それよりも、フィー・システムに、ボーナスともいえる成果報酬を足して行っている企業が増えていることが特徴である。また、バリュー・フィー・システムやセールス・コミッション・システムなどの新たなものも試されてはいるが、その複雑さから大手の広告主以外には広まらないようである。

一方、日本では、何度も書いたが、フィー・システムを用いている広告主はわずかで、コミッションとグロス金額での取引が、マス・メディアそしてインターネット・メディアで大半を占めている。

4-3．手形での支払い

広告主と広告代理店の報酬制度について、日米の違いを述べてきた。それに関わることで、もうひとつ、日本特有の欧米と大きく異なることがある。それは広告主から広告代理店への支払い方法のひとつが手形方式であること

12　フィー・システムの金額を決定する際には、広告代理店の社員がどれだけ働いたかというタイムシートを基にすることが多いが、その内容を代理店側が改ざんしていたということが米国で発生した。

だ。手形方式では、受け取った手形を広告代理店が現金化できるのは数か月後となる。明治以来わが国はこのようなシステムが普通に行われてきた。実は近年急激にこの手形の取引は減少している。したがって、現在手形での支払いをしている広告主は、一時に比べ大幅に減っていることが予想される。しかし、どの程度の広告主がまだ使用しているかは分からない。このシステムが長年使われてきたことにより、日本と米国の広告産業の形が大きく異なってきたともいえるのではないかと私は推測した。そこで、この手形方式が長年続いてきたことによる広告界の問題点を整理する。

手形での支払いの問題点では、広告代理店が、行った業務の費用について現金が入手できるのが、業務の発生から例えば3か月後というようにずれることにある。テレビ・メディアなどでは何億、何十億の費用が発生する。その間の利子も非常に大きなものになる。通常、広告が放送された当月にその費用を広告代理店はテレビ局に振り込むことになっている。その時点で、広告代理店では、広告主からその金額は支払ってもらっていないため、自己資金あるいは借り入れをするしかなくなる。何十億、何百億円というお金を用意できるような大手の広告代理店でないと取引が難しくなる。したがって大きな金額の取引を行える広告代理店はどうしても限られる。このことが前述した一業種多社制と共に、日本の広告代理店が寡占化していたひとつの原因だと考える。もし広告主が倒産し広告代理店に支払った手形が不渡りとなった場合にも、その費用の責任は広告代理店がもつことになっている。このシステムがあるため、日本のメディアも安心して企業経営ができるわけであるが、そこでは、信頼できる、すなわち支払い能力がある広告代理店との関係が重視されるのも当然となる。広告代理店とテレビ局などの媒体社との関係が強いのも、このことからくる日本の特徴とも考えられる。

近年手形での支払いが激減しており、インターネット広告の取引でも、今後はあまり重視する必要はないのかもしれない。しかし、欧米ではない、わが国の特徴として今しばらくは注視する必要があろう。

む　す　び

本章では、日本の広告取引の特殊性について述べてきた。前章でも述べたが、これからの記述は必ずしもすべてのケースに当てはまるものではない。

小林（2015）は知が人間社会に普及するパターンを考え、5 つの知があると指摘している。①いかがわしい知、②面白い知、③役に立つ知、④立派な知、⑤博物館の知となっている。この章で書いたことは「立派な知」すなわち教科書に書かれていることではない。しかし、ある程度は「役に立つ知」であると考える。また、この章で取り上げてきたことは、これまで文字として書かれたことは多くない。ある意味タブーとしてあまり大きな声ではいわれてこなかったことも含んでいる。それだからこそ、それをひとつの情報として新たな創造的な方策を導き出すことも可能ではないかと考える。

次章では、広告主から支払われる広告代理店の報酬について、その方法と、長所・短所を再度詳細に説明する。それらを踏まえ 16 章では、今後求められる広告取引について、私の考えを明らかにしたい。

15 章

広告代理店への報酬システムの概要

前章では、日本の広告主と広告代理店の取引システムについて、米国のそれと比較しながらその特殊性を見てきた。繰り返しになるが、私はこの取引システムが創造的な広告活動の実現に大きな影響をもっていると感じている。また、インターネット広告の増加が顕著になり今日それを取り扱う取引システムも、従来からのマス・メディアで用いられているものが大きく影響をしている。本章では、まずは広告代理店の報酬制度とはそもそもどのようなものであり、それぞれのシステムにどのような長所・短所があるのかを見ていく。そのことにより、今後求められる取引システムを考える上にも、基礎的な知識となると考える。

広告代理店が得る報酬システムとしては、コミッションに代表される「取扱金額ベースの報酬システム」、フィーに代表される「コスト・ベースの報酬システム」、そしてインセンティブ・ベースの報酬システム（成果報酬型システム）がある。もちろん、広告主の数ほど異なったシステムが存在するのも事実であり、それらは非常に大きな分け方といえる。一方、日本では、これらのシステムは必ずしも一般的ではない。前章でも述べたが、日本で長く一般的に使われてきたシステムはグロス金額を基本とした報酬システムである。以下、それぞれのシステムを簡単に見ていくことにする。尚、ここでは、テレビ広告を例にして述べる。

1．グロス金額・取扱金額ベースの報酬システム

1-1．グロス・システム

グロス金額とは何かといえば、広告主が支払う媒体費と広告代理店が受け

取る利益の合算した金額のみを広告代理店が広告主に提示し、支払いを受けるものである。例えば、ある広告主がひとつのテレビ番組中に自社のテレビCMを流したとする。テレビ局が広告代理店に請求する金額、すなわち広告代理店がテレビ局に支払う金額を850万円であったと仮定する。広告代理店は850万円に150万円の利益を加え、1000万円の請求書を広告主に提出したとする。グロス金額を基本にした報酬システムの場合には、媒体社、この場合テレビ局だが、そこからいくらで仕入れたかについて、広告主は知ることはない。単に広告主が最終的に支払う金額のみ、上記の場合には1000万円が提示される。したがって、当該取引で当該広告代理店がどの程度利益を得たかを広告主は知ることができない。

そのことがどうして問題なのかと思われるかもしれない。コンビニエンス・ストアでミネラル・ウォーターを買った場合には、そのお店がメーカーからいくらで仕入れ、いくらの利益を得ているか顧客は知らされない。それでも問題なく、コンビニエンス・ストアでミネラル・ウォーターを買っている。このコンビニエンス・ストアのミネラル・ウォーターと広告の媒体費の違いは、お水はどこでもおよそ120円ほどで、その金額が納得できないのであれば他のお店から買うという選択肢がある。しかし広告媒体は、個々の広告主が媒体費、例えば15秒のCMを視聴率1％の枠で流した時の、1％当たりのコストは広告主によりそれぞれ異なり、またそれを広告代理店がいくらで仕入れているかも基本的に広告主は知ることができないという時代が続いた。

今はテレビ広告の話をしたが、インターネット広告でも、このグロス・システムを利用している広告主は量的な調査でも思った以上に多いという結果が出ている（日本アドバタイザーズ協会, 2018）。インターネット広告特に大半を占める運用型広告は一番安い媒体を自動的に判断して出稿する。したがって、問題ないのではと思うかもしれない。但し複雑なのは、インターネット広告、特に運用型広告は単価も安く、非常に大量な広告を短期間の判断で流す必要がある。またその質に係る要素も大変複雑である。「そのようなことはアルゴリズムを使って最適にしているので大丈夫ですよ」という話を、あるコンぺにアドバイザーとして参加した時に聞いたことがある。しかし、アドベリフィケーションやアドフラウドなどを考えればどれだけ質が高いかの指標を判断するのは、マス広告とは比べ物にならない。その請求金額に何が含まれ、どのような価値をもっているのか、広告代理店がどの程度利益を得ているかなどを知ることは、両者の関係を良好にするため、またより質の高い広告活動を行う上でも知るべき情報であろう。

1-2．コミッション・システム

グロス金額を基本にした報酬システムと混同されやすいのがコミッションを中心とした取扱金額ベースの報酬システムである。英語では、正確にはBilling-Based Compensationと呼ばれている。すなわち広告主からの請求を基本とするものである。広告主が行った広告活動に関して支払った金額によって報酬を決めるシステムである。

先ほどの例をあげれば、850万円のネット金額（仕入れ金額）である番組内のCMを行った場合には、その金額850万円の17.65％である150万円を報酬として広告代理店は得ることができる。もしこの同じCMを600万円の枠で購入した場合にはそれに比例し広告代理店の報酬は106万円となり、706万円を広告主は広告代理店に支払うことになる。グロス金額の取引では、広告代理店が850万円で仕入れようが、600万円で仕入れようが、広告主が支払うのは1000万円だ。もちろん、時には安く仕入れられる時もあり、その場合には値引きをしてくれることもあるが、それはいつも決まって行われるわけではない。

したがって、コミッション・システムの方がグロス・システムよりは透明性は高くなる。このように広告主が行う広告活動の金額によって、広告代理店が受け取る報酬も変わってくるのがコミッション・システムの特徴である。この例では、ネット金額、媒体社からの仕入れ金額を基本に計算するように書いた。しかし、日本においては、一般的にグロス金額が設定され、それに対するコミッションとしてパーセンテージが付加されることが多くなっている。例えば、グロス金額1000万円の媒体の取引の場合、15％のコミッションといわれる際にはグロス金額（総額）の15％であり、ネット金額の15％ではない。私が広告実務をしていた時には、ネット金額に17.65％をかけて、広告主に請求する金額を計算していた。ネット金額の17.65％の金額は、広告主が支払う総金額の15％になる。これは、以前広告代理店が媒体社の広告スペースの代理販売を行っていた時に、広告主から受け取ったグロスの広告費を一度媒体社に全額支払い、手数料の形で、コミッション分の支払いを受けていたためと考えられる。現在では、グロス金額からコミッション分の金額を引き媒体社に支払うという形になっているはずである。

2000年代に入り、広告代理店の競争の激化からコミッション率を引き下げることを広告主から求められるようになり、あるいは広告代理店側から提案する場合もある。外資系を中心にしたメディア購入に関するコンペなどでよく行われた時期もあった[1]。しかし、この場合、取り決めとしてグロス金額に対する計算かあるいはネット金額に関する計算かは慎重にまた明確に規定をする必要がある。例えば、グロス金額1000万円の取引において、15％のコミッションを広告代理店が受け取る約束をした場合、広告代理店の受け取る利益は150万円となる。一方ネット金額850万円の場合、コミッションが15％の場合には850万円×15％＝127万5000円となり、977万5000円を広告主が支払えば良くなるわけだ。金額の大きなメディアの億単位の扱いでは大変な違いとなる。

上記の例でネット金額に対する計算方法においてもコミッションという用語を用いた。しかしネット金額に対する用語は正確にはマークアップという。すなわち、総額であるグロス金額の場合がコミッション、広告代理店の報酬

1　2004年2月号の『企業と広告』（pp.42-47）には、2003年にそれまで複数の広告代理店に依頼していた媒体購入を、1社に集約する作業が行われたと述べられている。媒体費用の圧縮という狙いから、何社かの広告代理店にコンペの参加を依頼し、テレビ局ごとの媒体費用を提出させ、価格の安い広告代理店1社にその後の媒体購入を一本化するというものである。当然ながら価格だけではなくその他の質的な部分も評価された。一方、テレビ局から広告代理店に提示される当該広告主の料金は一定のため、広告代理店は自社のマージン（利益）を削ったりして、取り扱いを取ろうとした。しかしながら、一定の費用の引き下げにはつながったものの、質の低下を招いたケースもあり、徐々にそのようなことを行ったというニュースが報道されることは少なくなった。

が含まれない媒体社の出し値の場合にはマークアップとなる。詳細な見積もりを提出することが多く、広告制作に関わる費用の場合には、代理店管理費といった名目で、一般的にこのマークアップが用いられている。コミッション、マークアップという用語に関しても大きく取引金額が異なる可能性もあるため、正確な理解と使用が求められる。

コミッションあるいはマークアップとグロス金額を基本にした報酬システムの大きな違いは、広告代理店が当該取引で得る利益を、広告主が知ることができるかという点だ。広告代理店の利益を明らかにするということは、基本的にテレビ局などの媒体社から広告代理店が広告枠を仕入れる際のネット金額を、広告主に明らかにするかどうかという問題ともいえる。この問題については、立場により大きく異なる意見がある。

1-3. 固定とスライディング・スケールのコミッション

さて、話をコミッションに戻すが、これは大きく、固定のコミッションとスライディング・スケールのコミッションの2種類に分けることができる。固定のコミッションとは、取扱金額がいくらであろうと、また期の途中で媒体費の総額が増加あるいは減少した場合でもその率が変更されないというものだ。一方スライディング・スケールのコミッションとは、広告費が増加した場合にコミッションの率も変更するというものである。これは、広告の業務、特にメディア購入に関わる仕事に関しては、広告費の増減に比例するほど、広告代理店の仕事が増減しないという考え方を前提にしている。例えば全体で5億円の広告取り扱いが発生した場合、最初の2億5000万円までは15％のコミッションが適用され、次の1億円には14％が適用され、その次の1億円には13％が適用され、4億5000万円を超える金額、この場合は5億円－4億5000万円で5000万円は12％が適用されるといった内容である。この場合、一定の金額を超えた分にのみ新たなパーセンテージが設定される場合と、グロスの広告費が2億5000万円までは15％、2億5000万1円以上から3億5000万円では14％など、新たなパーセンテージが全体の広告費に適用される場合もある。

2．コスト・ベースの報酬システム

2−1．フィー・システム

フィー・システムは、コスト・ベースの報酬システムともいわれている。英語では、Cost-Based Compensationと呼ばれている。広告主が広告代理店に依頼した業務について広告代理店がかかった費用を基本にした報酬である。このシステムでは、広告代理店は彼らが担当する広告主に関わるコストを基本にし、利益として通常経費にある一定のパーセンテージをかけたものを加えて算出することが多くなる。フィー・システムには多様なバリエーションがあるが一般的には年間契約に基づき月額の一定の金額を広告主に請求する固定フィー（事前見積もり型フィー）とプロジェクトごとに時間当たりの料金から算出するもの（コスト積み上げ型フィー）に分けることができる。

広告業界全般においてコミッション・システムが広く使われている報酬システムとして認識されているが、米国ではかなり以前から用いられている。少しずつコミッション・システムがフィー・システムに変わり、1997年のANA（全米広告主協会）の調査では取扱金額ベースを用いる広告主が35％であったのに比べ、コスト・ベースの報酬システムを用いる広告主が53％と逆転している（Beals & Lundin, 2001, p.18）。近年、新たなシステムも試されているが、コミッション・システムは減り続け、フィー・システムを用いている広告主が増えている。

特にこの報酬システムを用いると考えられる広告主は、作業量が取扱金額に比べ多いことが予想されるハイテク、医薬品、BtoB、ダイレクト・セールスなどといわれている。またメディア以外の業務例えば店頭まわりの販促物の制作とその展開、また新製品開発に関わる業務についてフィー・システムはコミッション・システムより使いやすいということもある。その点からいえば、取扱金額によれば作業量の多いインターネット広告も類似する点を指摘できよう。加えて、近年インターネット広告は単なる単一指標での取り扱いだけでなく、アドベリフィケーション（11章注2参照）など、多くの作業を行わなければならず、その点からもフィー・システムを用いるメリットは大きい。また米国では統合型マーケティング・コミュニケーション（IMC）の認識の高まりからこれらを行う広告代理店に対しては近年、フィー・システムが最も適していると考えられているようだ。米国では、マス・メディアの取り扱いも一般的にフィー・システムが用いられている。その点も、媒体取引以外の多くのサービスを広告主に提供している日本の広告代理店にとって、検討するに値するシステムといえよう。

このシステムにおいて最も重要な点は、どのように広告代理店のコストと適正な利益を見積もるかという点だ。コストに関してまず時間当たりのコストの算出法から見ていくことにする。

2-2．フィー・システムのコスト算出法

①　時間当たりの料金

時間当たりの料金の算出法に関しては以下の3つが代表的な例としてあげられる。最初は「実際の1時間当たりの料金」だ。

この方法は当該広告主を担当した社員の時間当たりの料金によって算出される。実際の計算は、社員の年収とその社員がその年に働いたと報告した時間に基づいている。例えば、その業務で働いた広告代理店の社員Aの1時間当たりの料金の計算方法は、そのAという人の年間給与例えば320万円に年金などの給与に関連するコスト、例えば40万円を足す。そしてその費用に、その広告代理店のビルの賃貸料の間接費や直接広告主には関係しないような雑誌などを取っている場合の費用と考えられる直接非請求費用の社員一人当たりの費用を計算し、それが年間320万円だったとする。それらをすべて足し上げる。例えば、上記の例なら320万円＋40万円＋320万円で680万円になる。

もしこの社員がその年1600時間働いたと申告すれば、広告代理店の実際の時間給は4250円となるわけである。もし利益の25％のマージンがこのコストに加えられるなら、社員Aの実際の時間給は5313円である（680万円／1600時間＝4250円＋25％＝5313円）。

実際の時間給は、給料のレベルと同様に、年間の労働時間によってそれぞれの社員ごとに変動することは当然だ。例えば、上記の年収で、一人の社員が1700時間働いたと報告した場合、時間給は5000円となり、そして1500時間の時間給は5667円となる。

上記の例でも分かるように、間接費および直接非請求費用の規定、そして妥当と考えられる利益水準は一定ではない。それぞれのケースで広告主との交渉が必要となる。

②　標準的な1時間当たりの料金

実際に担当する社員の個別の1時間当たりの料金からコストを計算することが最も正確な方法だが、この場合労働時間が明確になる年度末まで正確な数字を確定することができない。したがって標準的な時間給が用いられることが多い。これに関しても、年度の終わりに調整がなされる場合と調整なしで単純に用いられることがある。標準的な時間給とは、すべての社員の年間の労働時間の平均を基にしている。もちろん広告代理店ごとに大きく異なるが、米国においてはおよそ年間1600時間といわれているようだ[2]。この場合、この時間より多く社員が働けばその広告代理店の利益率は下がり、少なく働けば利益率は上がることになる。

③　部門あるいは役職レベルの料金

多くの場合、標準的な時間給は部門平均の金額あるいは広告代理店全体の時間給で計算される。部門平均の金額とは通常広告代理店の特定の部門、例えば、制作部などの社員をカバーしている。また多くは部門ではなく、役職のレベル、例えば管理職、シニア、ジュニアなどで分けられる。

部門の時間給は、当該部門のすべての給与の平均、そしてすべての他の比例配分された経費と利益を加えたものに基づいている。どのコピーライターがその仕事を担当するかにかかわらず、請求される時間給は同じである。こ

2　米国においても、広告代理店の報酬制度に関するガイドブックは、2001年以降市販の文献を見ることはできない。1600時間は、Beals, Stanley & David Beals, 2001, *Agency Compensation: A Guidebook, 2nd Edition,* NY: Association of National Advertisers, p.23を参考にした。

れらの料金がある時点、例えば年度末で実際の経費と調整されないのなら、広告代理店はもし給与の低い社員が担当すれば利益率は上がるし、平均より高い給与の人間が担当すれば利益率は下がることになる。

④　固定フィーの報酬コストの見積もり

まず行わなければならないことは、当該広告主を担当する社員の定義だ。彼らの時間のどのくらいのパーセンテージがその業務のために必要とされるかを見積もることになる。この場合、担当広告主との過去のデータ、あるいは新しい広告主のケースでは類似の人員が必要とされる他の広告主から概算することができる。但し、広告主の取り扱いに関して同一の流れ、そして仕事量が発生することは極めて稀で、広告主ごとに大きく仕事の幅があることは確かだ。したがってより正しいコスト管理を行うためにもその時の流れの中で実際に報告されたコストを基に調整を行う必要がある。

固定フィーの見積もりにおいて、必要とされる仕事量を「延べ人数法」で表すことがある。これは社員の部門（得意先担当、制作、メディア、調査など）ごとに当該広告主の取扱業務を担当するために必要な人数を年単位で、広告主と合意するものである。例えば、得意先の担当営業2.3人、制作スタッフ3.5人、メディア2.5人、調査0.5人などである。

⑤　フィー・システムにおける間接費管理の重要性

これまで述べてきたフィー・システムのコストの見積もりは基本的にはコスト・プラスの報酬だ。すなわち広告代理店はかかったと考えられるコスト（直接的な社員のコストと間接費）に利益を加え請求するものである。しかしこの場合広告主は間接費の管理や抑制を行うことはできない。例えば、広告代理店がその広告主とは別の主要広告主を失った時があげられる。間接費をすべての広告主の取り扱いに対して比例配分する時、主要な取り扱いを失うことで当該広告主に関する間接費は増加することになる。したがって単純なコスト・プラスの考え方では広告主の行動に起因しない損失が広告主に請求の増加という形で表れてくる場合がある。また、逆の場合新たな取り扱いを広告代理店が獲得した場合に、当該広告主とは全く関わり合いがないにもかかわらず、間接費の引き下げという恩恵を広告主は受けることになる。

⑥「乗数」での間接費の定義

これらの矛盾を解消するために多く用いられているのが乗数による管理だ。広告代理店の間接費の上限あるいは限度を、乗数を用いて表すもので、この乗数が矛盾なく適用されるためには広告代理店の妥当なコストをカバーするための社員の給与コストが同意されなくてはならない。

例として、コストの25％の利益が同意されたとする。一般的に、乗数は一定の期間（3年から5年）にわたる広告主の取り扱いにおける、間接費と直接非請求費用に対する直接給与コストの歴史的な比率から算出される。

乗数決定のための年度別コストをあげれば、例えば過去4年間に、直接給与コストの年間金額が、1年目1000万円、2年目1100万円、3年目900万円、4年目1150万円で、4年間の合計が4150万円とする。間接費と直接非請求費用の合計が、同じように、1年目1130万円、2年目1180万円、3年目1030万円、4年目1220万円で4年間の合計が4560万円とする。上記の場合、直接給与コストに対する間接費＋直接非請求費用の比率は、4560万円／4150万円＝1.098＝110％となる。

その年の直接給与コストだけを算出し、直接給与コストの100％とする。間接費＋直接非請求費用は、今回の直接給与コストに1.10をかけ、直接給与の110％となる。その2つを合わせ、トータル・コストは、直接給与コストの210％となる。この金額に利益マージンが25％という取り決めがあれば、トータル・コストの25％＝25％×210％＝直接給与コストの52％という計算ができる。最終的なトータル・コスト＋利益は、直接給与コストの262％となる。

したがって、全体のコストは、乗数2.10を直接給与コストにかけることによって決定され、全体の報酬は直接給与コストに2.62をかけることにより決定することができる。

上記のように間接費と直接非請求費用をこれまでの歴史的な平均によって限度を設けることにより、異常と思われるコストから守られるだけでなく、その上限は広告代理店の動機付けをもたらすことになる。もし広告代理店が歴史的な平均（上記の例では110％）より低い水準に間接費を抑えることができれば、広告主への特別な追加請求なしでその差は広告代理店の利益として生じることになる。一方、広告代理店がこの水準を維持できなければ、広告主の予算と関係なく不利益を受けることになる。

乗数の設定においては短期間での極端な状況を減らすためにも、コストの3年から5年といったある程度の期間を用いるべきだ。また、毎年直近の3年や4年といったローリングの平均を使用する場合もある。

⑦　フィー・システムでの調整プロセス

フィー・システムでは、事前に同意された取り扱いにおける利益率とコストを基に報酬の調整がなされることが多くなる。この調整は最低年1回、最終の報酬の支払いで行われる。しかし、あまりに大きな調整は両社の負担になることが考えられるため四半期あるいは半期でのレビューあるいは調整が望ましいともいえる。作業量の予期せぬ増加や減少は大幅な過大の支払いや過少の支払いとなる。これらのレビューを行うことによりその後の月の作業量とコストに関して見積もりを再検討する機会をもつことになる。

⑧　コミッションとフィーを組み合わせた方法

伝統的なコミッションやマークアップでも、コミッション率の引き下げや引き上げにより、広告代理店の収入、コスト、利益の一致、および合意された利益の幅を達成するための調整が可能となる。

例えば、報酬としてメディア費の15％のコミッション、制作の17.65％のマークアップを受け取る広告代理店があるとする。グロス収入の10％から20％の利益が広告主の取扱金額において認められた幅であるという合意を行う。それを超えた分は広告主への払い戻しが行われ、またコミッションの収入がその水準より低いレベルに落ちた場合には最低10％までのグロスの収入を広告代理店が得るために追加的な支払いが行われる。広告主の取り扱いにおける広告代理店のコストは広告代理店によって明確に報告される。

この場合、17.65％の収益性が利益限界の間にあるため、広告代理店への払い戻しや補足の支払いがないことになる。しかし、上記の例では、広告主のリスクが大きくなるため、このシステムでも乗数を用いることができる。

3．インセンティブ・ベースの報酬システム（成果報酬型システム）

これは、名前が示すように広告代理店の動機付けを高めることを意識した報酬システムだ。イメージが湧きやすい言葉でいえばボーナス・システムともいえる。製品の販売やターゲットとなる消費者の態度、理解度あるいは認知などに関して、事前にゴールが設定され、その結果に対して、広告代理店への報酬とその成果の釣り合いを目指すものである。成果報酬型システムは長い間その適用が限定されていた。すなわち、セールスに対する広告の貢献を分離し測定することは困難であると考えられているからである。しかしその困難さにもかかわらず、広告主は説明性の高い報酬プログラムの考案を求めている。米国では、成果報酬型システムの使用率が、2013 年には 61 %に達していた。尚その後 2017 年の調査では、48 %まで減少している（日本アドバタイザーズ協会，2018）。これらのシステムは少なくとも最少の収入と利益を広告代理店に保証し、それに付加する形で成果報酬を加えるケースとなっている。また、もうひとつ現在このシステムで認識されていることは、報酬を与えるための基準に関して量的あるいは質的な尺度だけで単独には用いないことだ。その代わりに、量的な尺度、例えば販売量、市場占有率、あるいはより中間的ではあるが量的な尺度と、広告主の専門的あるいは主観的な質的な尺度のコンビネーションによって評価される。主な尺度としては、以下のような項目が例としてあげられる。

質的な尺度

・クリエイティビティ

・得意先担当の敏速な対応

・人的な効果的な管理

・予算管理

・スケジュールの順守

・新製品導入の状況

量的な尺度

・テレビ CM の事前調査のスコア
・テレビ CM の事後調査のスコア
・販売量
・販売高
・製品マージンの向上
・製品試用率
・購入頻度
・ブランドロイヤルティ

4．その他の報酬システム

4-1．セールス・コミッション・システム

近年上記のように、売上高に広告代理店の報酬を連動させるシステムが少しずつ増えている。基本的に成果型の報酬システムでほとんど支払われるのがセールス・コミッション・システムである。基本的に、事前に売り上げに対して広告がどの程度の価値をもっているかを計量モデルなどで明らかにし、その上で、セールスの変動に沿って、広告代理店の報酬が支払われるというものである。これを用いる場合には、広告主と広告代理店が十分に話し合いをして、ある程度精度の高い広告主のセールスの予測モデルを計量的に作り出すことが前提となっている。その合意があれば、広告代理店の作業が広告主の売り上げにどの程度影響するかが明確になり、それでの支払いが納得できるものとなる。そうでないと、広告代理店は、他の要素で売り上げが下がった場合も、報酬が減らされることになる。

4-2．バリュー・ベースド・フィー

このシステムについて、どのようなものであるかを書いた文献を見ることができなかった。但し、いくつかの雑誌の記事などの情報から想像するに、広告主が、広告代理店のサービスの価値を事前に判断して決めるというもの

と思われる。一流の写真家やクリエイターは、時間給ではなく、その仕事の価値で報酬が支払われる。通常のフィー・システムであれば、そのサービスの価値というよりも、時間としてどの程度その業務に費やしたかとなる。一方バリューベースでは、あくまでもそのサービスでの価値となる。しかし、一流の写真家などが、過去の彼／彼女の仕事からギャラが決められるのに対して、このシステムでは、より詳細にその価値はどのようなものかを決め、金額が出される。セールス・コミッション・システムと同様に、使用に困難な部分が見られるため、そこまで急速には広がっていない。

5．各報酬システムの長所・短所

5-1．グロス・システムおよびコミッション・システムの長所および短所

この2つのシステムは、どちらとも、メディアなどの広告代理店が広告主のために行った業務の取扱金額をベースにしていることでは同じである。大きな違いは、広告代理店のメディアの費用などでのネット金額が開示されるかされないか、広告主は広告代理店がどの程度この業務から利益を得ているかを知ることができるかの違いだ。ということで、まずはコミッション・システムの長所・短所を述べ、その上でグロス・システムとの違いを追記することにする。

コミッション・システムはその率に関係なく、広告主と広告代理店の双方にとってリスクの高い取り決めである。広告代理店の利益は広告主が最終的に決める支出額と広告代理店の費用という無関係な要因によって決まるため、広告代理店としては費やしたコストに適正な利益を得られる保証はない。また、広告主にとっては、広告代理店のコストをはるかに超える収入を広告代理店に与えるという結果となることも考えられる。仕事に見合った報酬を与えていないということにもなる。

次にあげられるのは、このシステムが基本的にはメディア以外の関連業務には適応しない点だ。メディア以外の作業には補足的な報酬システムを用いる必要がある。あるいはメディアで得られた収入によってメディア以外の費

用をカバーすることになる。

一方、このシステムが好まれる最も大きな点は、広告主および広告代理店双方にとって管理上単純であることである。一度決めれば何か起こったとしても、年度末での調整等一切必要としない。

このシステムの場合コスト管理はすべて広告代理店が行うことになる。広告代理店は自身で、自社のスタッフを最適に使うことができるという良い点があるものの、広告代理店の利益確保や損失を出さないために、適正な人的な配分が削減される可能性もあるわけである。極端な話、広告代理店が行っている他の広告主の仕事を失った場合に、広告代理店の利益を確保するために、当該スタッフが他の仕事を兼務したとしても広告主は知らされないし、分からない。

広告代理店のリスクとしてあげられることは、費やした費用が必ず回収できるという保証がないことだ。広告代理店は多くの場合、コミッションによる報酬が支払われる前に広告主のために広告の計画の立案とその実行に相当な投資を行わなければならない。例えば、広告の立案と作業を1月から始められても、9月まではメディアに露出されないかもしれない。その時まで広告代理店はコミッション収入を受け取ることができない可能性がある。その間も広告代理店は一般経費や給与、また実費に関して支出しなければならない。また完成しても広告代理店が管理できない要因、例えば製品の欠品などで、広告が長期間行われなくなるかもしれないし、ひどい時には露出されないこともある。そのような時に、広告代理店としてはある意味泣き寝入りという状態になる。

但し長所としては、広告代理店への動機付けという点で、このシステムは大きなプラス面をもっている。このシステムで広告代理店に義務づけられていることは、広告主の要求を満足させるために可能な限り少ない時間と才能を用いることだ。これにより広告代理店は利益率を高めることができるわけである。この点に関して、コミッション・システムは、素早く広告主の広告上の問題を解決することが広告代理店の財務上プラスに働くため「解決志向」だといえる。この動機付けは、広告主の利益に対応あるいは反して作用する可能性をもつ。広告主の広告上の問題が広告代理店の解決方法に一致していて効率的ならば、両社共にメリットになる。同じ業務を効率的に速く行ってくれるわけなので、それに関わる広告主の時間も削減される。しかしもし一定の結果は出るが、広告代理店が効果的ではない近道を通ってその業務を行おうとしたのであれば、それは広告主にとってはマイナスなものになる。例えば、十分なデータの分析をして決めるべきところを、時間短縮のため少ないデータで結論を出し作業をしてしまうといったことである。

また、最もこのシステムを擁護する人たちが述べる点は、広告主の広告費が増加することによって広告代理店の収入が増加することから、広告費を増加させるために広告代理店は広告主の売り上げを増大させるような効果的な広告を作ろうとするという点である。広告代理店が頑張って良い仕事をして、それによって広告主の製品が売れ、そのために広告費が増え、広告代理店の取扱金額、ひいては利益が増えるという流れだ。この点は多くの短所をもつこのシステムを正当化するために最も取り上げられる点ともいえる。

また、もうひとつ広告主にマイナスに働く可能性をもつこのシステム固有の潜在的な動機付けがある。広告代理店の収入が直接広告主の予算の大きさに関係をもつことから、広告主は広告代理店が本当に効果的な提案を行っているかという一種の猜疑心をもつ可能性があることだ。広告費を増やすために、無駄な提案をしているのではないかと考えるわけである。正直にいって、私も広告代理店に勤務していた頃は、通常広告主から依頼された仕事に加え、オプションとして追加の提案をしていた。それは、より大きな効果をもたらす可能性もあるが、多少自社の取り扱いを増やしたいという意向もあったのも事実だ。本来必要でないメディア費であっても広告費が削減されることを恐れて使用の中止が提案されない、あるいは広告代理店に有利に働くメディアを優先的に勧めているのではないかと考えることもできる。このような憶測は効果的な広告主と広告代理店の関係においてはあってはいけないことである。

また、メディアのコミッションで制作等その他の費用を賄う場合、制作に携わるスタッフは自分たちの作業が直接的に広告代理店の収入に影響をおよぼさないため、実質的な業務への動機付けが薄らぐ可能性もある。以前、有名なクリエイターが、独立した理由でこのことを述べていたことを思い出す。

同じく、コミッション・システムでは、効率と非効率に関する逆の動機付けという問題がある。広告主の広告代理店への指示の効率にかかわらず、報酬が変化しないままだということだ。広告主が不適切な指示を行い、余分な作業が広告代理店に発生した場合に、そのコスト増は広告代理店の負担となるが、広告主が業務に積極的に参加し、広告代理店の効率に向上につながった場合には、広告代理店にはプラスになるが、広告主への直接的なプラスになることはない。

広告主からの広告代理店に依頼がある予算が増えることで、そのコミッション率が変わるスライディング・スケールのコミッションの長所をあげれば、広告代理店のリスク回避ということがあげられる。広告費の大きな変化に関してその影響を若干抑えることができるわけである。突然広告費が半分になった場合、通常のコミッション・システムでは、その半分になった金額にコミッション率がそれまでと同じようにかけられ、払われる。一方、スライディング・スケールの場合には、それまで10％であったコミッション率が、半分の予算になったことで、例えば、15％というそれまでより高いコミッション率になり、単純に広告費が半分になった時よりは利益額は維持できる。一方、広告主に対しては過度な報酬を抑えることができる。一般的にいっても広告費の増加とそれに伴う作業量は必ずしも同じ比率では増加しないことが考えられる。その点からいっても、もし広告代理店のコストや利益を検討した中でスライディング・スケールを設定すれば妥当性は高いものになる。但しこのシステムは基本的に大規模な広告主にのみ行われるシステムである。

さて、ここまではコミッション・システムの長所・短所を述べてきた。基本コミッション・システムとグロス・システムのそれらは重なる部分が多くなる。一番大きな違いを詳述すれば、広告主が媒体社から広告代理店に請求される金額を知ることができるか、そして広告代理店がどの程度、この仕事から利益を得ているかを知ることができるかの違いだ。知ることができるのがコミッション・システム、知ることができないのがグロス・システムである。グロス・システムの長所は、広告主として余分な業務が一切発生しないことだろう。広告代理店の報酬に関する契約も要らないし、媒体社からの請求書をチェックする必要もない。広告代理店からいわれた金額を支払えば、業務が終わるわけである。一方問題点は、上記のように、媒体社の請求金額が分からないので、もしかして不当に広告代理店が利益を得ているのではないかという疑いをもつことにもなる。今はこのようなことはないと思うが、戦前大外交と呼ばれる個人的な広告マンが活躍した時代には、ひとつの取引で家が建つような利益を得ていた人もいたようである。それらの問題から、電通の４代目社長の吉田秀雄氏が15％のコミッション率を設定したともいわれている。今でもコミッションというと15％というイメージがあったが、実際の調査では、それよりも低いコミッション率で仕事をしている広告代理店もあるようである。コミッション・システムで取引をしているといわれる広告主はいるが、実際彼らに話を聞いてみると、特に媒体社からの請求書の提出は求めておらず、広告代理店の話などからその程度のコミッションを支払っていると思っているようである。アカウンタビリティ（広告の説明責任）が問われ、また外資系企業と提携関係をもつような会社もさらに増える状況で、特に海外のビジネスでは、そのような曖昧な取引は見られない。お互い納得した仕事をするのが基本である。

グロス・システムよりはコミッション・システムが良いと書いてきた。ひとつだけ、グロス・システムでも良い場合がある。それは、広告主側でしっかりとそのグロス金額に対する効果の評価ができている場合だ。例えば、目的が明確で、当該広告で何名の人が自社サイトに訪れ、そのターゲットの一人当たりのコストが計算でき、グロス金額がそれに見合う場合などである。それであれば広告代理店がいくら利益を得ようと、問題にはならない。自社の目的と合致しているからだ。しかし、そのようにしっかりとした広告効果の検証ができている広告主も多くはないと思う。インターネット広告の時代になり、広告の効果は可視化される方向であるが、上記のグロスでの取引を行っている企業は、インターネット広告でもまだ見られる。

5-2．フィー・システムの長所と短所

このシステムの最大の長所は報酬とサービスの公平性が最も高いという点だ。しかし広告代理店への報酬がそのサービスに見合ったものであるかどうかは、いかにうまくその取り決めの内容を決定することができるかにかかっている。また、他の利点として、このシステムは他のどのような業務、例えば印刷業務やプロモーションなどの業務においても統一した方法で請求を行うことができる点をもっている。

広告主と広告代理店の動機付けという点でこのシステムはコミッション・システムとは大きく異なる面をもつ。広告主は、広告代理店に支払われる報酬が、自社の業務を担当する広告代理店の社員の才能と労働からくるコストから生じるため、可能な限り効率的に広告代理店に指示を行おうとする。すなわち、最少の変更と迅速な見直し、そして承認を伴う明確な指示が行われる可能性が高いわけである。前にも書いたが、コミッション・システムでは全く逆のことが起こり、不的確な広告主の指示は単に広告代理店のコスト負担となる。特に日本では長い会議、不明確なオリエンテーションが広告主よりなされるとの意見もあり、この点からも広告代理店の効率的な使用が報酬コストを減らすという意識改革を促せるものでもある。すなわち、広告主の社員、自分たちがしっかりすれば、支払う広告代理店のコストも低くなるということだ。

一方、広告代理店は、事前に業務の内容が決められているため、広告主への追加の請求が自分たちの都合ではできなくなる。無駄な作業をしてしまっても、もらうフィーの中で処理をしなければならない。したがって利益を下げるような、例えば社員の交通費や広告主の依頼とは直接関連しない定期購読の雑誌の購入代などの管理費に対する財務的な意識も高まる。また、広告主の取り扱いに関する労働時間で費用が支払われるため、量あるいは質において当該広告主の関連業務以外の理由での、スタッフの削減といった必要性がなくなる。例えば、突然、別の広告主の取り扱いが増えたり、減ったりした場合、広告代理店では、コミッション・システムの場合、会社全体の利益率を上げるために、当該広告主を担当している人員を減らしたり、また手が

足りないという理由で、異動をすることもできる。その場合でも、当該広告主の取扱金額は変わらないので、利益額の変動はない。一方フィー・システムでは、事前に担当する社員の人数などは決められているので、少なくとも人数的には変更はないわけである。

但し、動機付けの短所としては、広告代理店が広告主の広告の問題を素早く解決することによってより大きな利益を生み出すということがないことから、フィー・システムの報酬では「問題志向」であるということがいえる。問題志向とは、確認された問題に対して業務を行うだけで、能動的に新しい仕事に挑戦するといった動機は小さくなるという意味だ。はじめに決められた業務内容について、そこに割り当てられた仕事を決められた人数で広告代理店が行えば良いわけである。広告代理店のサービスに対しての広告主の不満足から次回の仕事を得ることができない可能性もあり、もちろん広告代理店が収入を増やすためにプロジェクトを意図的に延ばすということはいえないが、広告代理店の迅速な作業への動機付けがないことは明らかである。但し、フィー・システムには色々な種類があり、成果報酬型システムなどと組み合わせることで、そのようなことを起こさない方法もある。話が詳細になるので、ここでは述べない。

フィー・システムの最大の問題点はその管理の複雑さだ。報酬は自動的にメディアと制作の支出に対応していない。したがって、見積もりが必要で、そしてメディアと制作では別々に予算を立てる必要が生じる。あるキャンペーンに関するメディアと制作の予算規模が期の途中で縮小しても、報酬の予算には反映されない。また、予算規模が変更になっても作業内容はほとんど変化しないままかもしれない。したがって報酬予算の定期的な見直しと修正は義務的なものとなる。それを行うことにより即応性があり、優位性が維持できるタイミングで、見積もりに合わない実際の出費を明らかにすることができる。しかし、これらの作業は広告主の作業時間を増やすだけではなく、もし広告代理店が業務を明確に説明することができなかったり、広告主が入念にデータを分析しなかったり、もし時間が間違って報告されたりしたなら、両社の関係を悪化させるひとつの要因にもなる。

5-3．成果報酬型システムの長所と短所

このシステム単独での使用を行う広告主が出現し始めているが、実際このシステムはコミッションあるいはフィーのシステムが基本に用いられる。したがって、特にコミッション・システムの短所である報酬とサービス内容が連動していないということをカバーしてくれる。但し、広告代理店がコントロールできない尺度、例えば販売高などでは、その要因を必ずしも補うものとはいえないが、近年出てきたセールス・コミッション・システムでは可能となっている。但し、セールス・コミッション・システムは、広告主と売上予測を計量的にある程度明確にでき、またそれに対して広告代理店の業務がどの程度貢献したかの分析が可能とならなければならない。そうでなければ、広告代理店の不満は大きくなる。そのような分析システムをもてる広告主はある程度規模の大きい企業に限られる。すべての企業が自社のセールスに連動した形での報酬システムを行うことは不可能だと考えられる。

また、成果報酬型システムであったとしても広告代理店の利益保証がない場合、広告代理店の財務的なリスクは大きく両社の関係を悪化させる可能性がある。したがって成果報酬は全体の報酬の小さい部分、例えば10％以上にすべきではないともいわれている。成果報酬型システムに関しては、多くの研究が現在もなされている状態である。したがって今後さらに、このシステムの長所を活かす内容が吟味されると思われる。

最後に、新しいシステムであるバリュー・フィー・システムであるが、こちらも、セールス・コミッション・システム同様、その指標をどのように決めていくか、広告主そして広告代理店の双方の分析能力が必要であると思われるため、広く使われるということにはなっていない。

このように、インターネット広告が増加し続ける現在、単純な指標を基にしたグロス取引やコミッションでは、十分に創造的で、効果的な広告活動は困難と考えられる。今後は、フィー・システムや、成果報酬型システムを積極的に検討する時期にあると思われる。

む　す　び

本章では、広告主から広告代理店に支払われる報酬制度の種類およびその長所・短所について述べた。基本的なものであるが、次章で今後どのような取引が行われるべきかを検討する上で、最低限必要と考えたものである。

尚、本章の大半は、私が執筆および監修をした、日本広告主協会編（2003）『広告会社への報酬制度—フェアな取引に向けて—』の内容を引用し加筆した。用語の説明など基本的な内容であるためである。日本広告主協会、現公益社団法人日本アドバタイザーズ協会には、快く使用の許可を頂いたことを感謝する。

＊本章の内容は、Beals, Stanley & David Beals, 2001, *Agency Compensation: A Guidebook, 2nd Edition,* NY: Association of National Advertisers. の内容を参考にしている。また日本広告主協会編，日本広告主協会広告取引合理化委員会・小泉秀昭監修，2003，『広告会社への報酬制度—フェアな取引に向けて—』日経広告研究所．の内容の中から、私が執筆した個所について、加筆している。

16 章

新たな広告取引の方向性

第3部の広告取引では、13章で新たな広告取引が必要である理由を述べた。続く14章では、日本の取引システムの特殊性を米国と比較しながら指摘した。そして15章では、その中でも特に私が重要と考えた広告主から広告代理店に支払われる報酬システムについて、その内容および長所・短所を整理した。それらは、本章で述べる今後の新たな広告取引の方向性を提示するためである。あくまでも私論ではあるが、広告の実務家そして研究者として長年広告取引に携わってきたものの総論だと思って欲しい。

具体的な項目ごとに述べていくが、その前に全体を通して私が感じることを少し述べることにする。

1. 対立から統合への道筋

1-1. 発想の転換

14章では、特に日本の広告担当者の心理的側面なども述べてきたが、欧米の広告主や広告代理店の取引で、心理的な部分が全くないかといえば、もちろんそのようなことはない。私は米国で働いた経験はないが、オーストラリアで1年勤務した。またグローバルブランドの広告主と長い間働いてきた経験をもつ。オーストラリアでの勤務では、日本人の社員が私一人であったこともあり、プライベートを含め広告主の方々に大変お世話になった。私の家族がオーストラリアに来た時は、自宅に招待して頂き、バーベキューのパーティを開いてもらった。私の父は英語が全くできないが、身振り手振りで楽しそうにコミュニケーションをしていたのを思い出す。また、外資系の広告代理店に勤務していた時も、年に1回クリスマスパーティを、広告主と担当の広告代理店で開いていた。広告主と2社の広告代理店が参加したが、費用は3分の1ずつ出し合い、幹事は広告代理店が交代で行ったことを楽しい思い出として記憶している。個人的に大変親しくしていた外国人の広告主もいたが、そこはあくまでプライベートで、ビジネスについては、しっかり契約を基に、厳しい指摘を受けていたことを思い出す。この数年、日本では忖度のようなもので仕事を動かすことが問題になったが、広告ビジネスにおいてもメリハリがなく、阿吽の呼吸のようなことが、欧米よりはまだ多くある。インターネットなど新しいメディアの登場や、アカウンタビリティ（広告の説明責任）がより問われる中で、意識が少しずつ変わりつつあることも事実だが、逆に普段のコミュニケーションを取ることが少なくなり、取引相手が理解しているのかどうかより、数字を重視する面も見受けられる。こういうことを書くと、それ自体が時代遅れと感じる人がいるかもしれない。但し、若い学生を見ても、中学や高校時代にスクールカーストなどの影響か、場を意識して目立たなく、おとなしい行動を取る人が増えてきた感じをもつ。人と人とのつながりが悪いということではなく、デジタルの世界になったからこそ、人と人のつながりが大切である。自分が何をしたいのか、相手がしたいことと異なる時、ぶつかることを恐れて何もいわなくなる。またそれが高じて、プライベートでも気心が知れた人たちとだけ、コミュニケーションを取るのは大きな問題だ。そのような状況では、関係者が共有する大きな目的ではなく、目先の目的の達成に目が行く可能性がある。仕事とプライベートをしっかり分け、プライベートでは個々の人間として仲良くし、またビジネスでは、相手の気持ちを忖度するだけではなく、忖度したことを相手に伝えてみる。そしてその中でお互いの対立点を統合し、創造的な解を見つけていく必要があると考えている。これは3章で取り上げたメアリー・パーカー・フォレットの統合の概念である。広告主、広告会社あるいは媒体社も含むかもしれないが、それぞれが固有の目的をもつ。それ自体は決して悪いことではない。問題なのは、それを両者が対立と感じ、何とか相手を言い負かそうとすることである。そこには「創造」を生み出すことはできず、妥協や、服従が存在するのみである。そこで、どのような考え方をもてば、妥協や服従ではなく、創造を生み出す関係を作り出すことができるか、具体的な項目ごとに今後の広告取引の方向性を探っていく。

1-2. 3つの関係からの脱却

広告主と広告会社の関係の中で、どちらが立場上、上に位置するかという3つの関係があると述べてきた。どちらかが上、あるいは下である関係を打破するためには、フォレットの対立の概念の整理が有効である。すなわち、広告主と広告代理店には対立が存在している場合が多い。別に怒鳴り合うということではない。対立とは、お互いが求めることが異なるということである。したがってそれ自体が悪いことではない。広告主は予算内で仕事を完結し、自分の仕事を減らすために、できるだけ広告代理店の人に働いてもらいたいと思う。他の部署が無理なことをいわれても、広告代理店の人に頑張ってもらい、自分の評価を上げたい。そして最終的に効果的なキャンペーンを実行し、社内の評価を得て出世したいなどである。一方、広告代理店の社員は、少しでも予算を増やし、会社から高い評価を受けたい、できるだけ自分の仕事は減らしつつ、広告主からは一定の評価を得たい。また良いキャンペーンを行って、高い評価を受け、給料を上げたい、出世したいなどを求めていると考えられる。

多くを考えると複雑になるため、単純な話にすれば、広告主は、明日までに企画書のようなものを作ってしまいたい、広告会社は早く帰りたいというようなことはある。3章でも述べたが、この解決策は、どちらかが威嚇などをして無理やり納得をさせる、あるいは妥協して嫌々でも行うことなどが時に見られる。これは健全な関係ではない。もし今回そのような方法で行うことにしても、ぜひ次回からは同じことが起こった時にどうするかを両者で話し合いをすべきである。一方的に命令するのではなく、例えば、このようなことが次に起きた時は、予算を計上しておき、外部のスタッフにお願いをする。あるいは広告主が社内から無理な依頼が来ることを避けるための、業務の流れを作り他部門に理解してもらうなどである。片方だけでそれらを考えても、良いアイデアは浮かばない。両者が知恵を絞れば、より良いアイデアが生み出される。それがフォレットのいう「統合」の作業なのである。その際に、お互いに最終的な目的はしっかりと共有しなければいけない。それは担当商品の売り上げを上げることかもしれない。あるいはそのための効果的な広告キャンペーンを実施することかもしれない。それを行うために何が必要か、何が障害になるかをしっかり話し合いをする必要がある。このように書くと、規範的、理想的な話で現実はそううまくはいかないというような声が聞こえてくるかもしれない。しかし、試みない限り、改善することもない。この後も、ある意味理想的と思われることも述べるが、ぜひ単なる理想論と捉えず、挑戦して欲しい。

1－3．心理的立場の改善

上記のようなことは、中々すぐには言い出せないことかもしれない。両社の関係が重要になってくる。そのためには、取引をする両社が、業務を担当する広告代理店の立場をしっかり定義づけし、両者のコンセンサスを取っておく必要がある。14章でメディアレップの話をした。広告代理店は、広告主の代理か、媒体社の代理かという話である。これはすでにいわれていることだが、私は代理というよりはパートナーとしての立場を明確にすべきと思っている。広告主が広告代理店に仕事を発注している、依頼主と受注者という関係ではなく、ひとつの共通の目的に向かって共に働く相互依存の組織である。例えば当該ブランドを長期間に安定した利益を得られる強いブランドに育てることなどが共通の目的かもしれない。同じように、媒体社もパートナーとなるべきである。なるべく高いメディアを売りつけるという発想ではなく、上記の目的を達成するために媒体社として何ができるかの発想が必要である。インターネット広告の隆盛ではより関係性が複雑となり媒体社であるサイト運営会社の人は見えない時が多い。しかしその間に入る多くの会社は存在している。少なくともメインで当該業務を行う会社はしっかり認識をもつべきである。

前述した広告主を対象とした量的調査でも、広告主に担当広告代理店をパートナーと思うかといった質問をすると、比較的高い数字が出てくる[1]。

しかし日本の社会では、直接的にそのようなことをいわない、ましてや書面に残さないことを美徳と感じているかもしれない。しかし、声に出さなければ理解できないこともある。ぜひ、自分たちは、パートナーとして業務を行っていると感じているのであれば、次の業務が開始する前にこの点はしっかりと確認をし、常に心に置き、その都度この点に戻るべきである。この点からいえば、後に触れる契約書あるいは覚書のようなものはしっかり作成すべきと考える。

2．パートナー関係の構築に向けて

2−1．パートナーとしての広告代理店選定

そのようなパートナーとしての関係を作るためには、現在の短期的なキャンペーンごとのコンペの実施は、得策ではない。複数の広告代理店が競い合うことによって、より良い広告表現が生み出されるというのもひとつの考えである。しかしそのために失うことも大きい。短期的なコンペの準備は、広告代理店にとって、金銭的にも労働面でも大きな負担となる。一定の費用を負担してもらえる場合もあるが、通常は実費程度で全く支払われない場合もある。中小の広告代理店では特に負担になる[2]。また、その準備のため、深夜まで頑張る広告代理店の社員もいると聞いている。その仕事が獲得できれば良いが、そうでなければ疲労もたまり、通常業務にも支障が出る。

またモチベーション論では、このような報酬や罰という外発的動機付けは、短期的にはモチベーションを高めるが、恒常的に実施すると効果はなくなるといわれている。私も昔、そのようなコンペに参加をした経験があるが、その作業に入っている時には、アドレナリンも出て動機も高まる。しかしそれ

1　14章注9を参照されたい。

2　全日本シーエム放送連盟（ACC）, 2000,『ACCシーエム向上委員会　2000座談会報告書　コンペの功罪　理想的なコンペのあり方とは』では、コンペの功罪について広告主の宣伝担当者、広告会社のCD（クリエイティブ・ディレクター）、制作会社のプロデューサーの座談会を紹介している。この中で、詳細にわたり広告制作者、スタッフがコンペにより疲弊をする状況が述べられている。

を何度も繰り返し、どうせ無理だと感じ始める。あるいはしっかりとした戦略分析というよりは奇抜なアイデアを求めるようになる。それよりは内発的動機付けを高める方が良いという研究もある（藤田，2009）。例えば、広告代理店の関与の度合いを高め、自発的に行っている意識をもたせるなどはどうだろうか。これについては、後ほど、報酬システムで書きたいと思う。それでは、コンペは必要ないかというと、そうではない。あまり長い間業務が続くとマンネリに陥る。そこで次に、パートナーとしての広告代理店の選定について述べることにする。

私はかつて、外資系の広告代理店や、広告コンサルティング会社に勤務していたため、短期的なコンペよりは、パートナーとしての広告代理店の選定についてのコンペに多く参加してきた。どのようなものかといえば、一定期間、例えば2年間や3年間、その製品やブランドについて、責任をもって担当する広告代理店を選定するものだ。日本でもこの方式を採用する会社も少しずつ増えてきたと思う。当然ながら手間や費用もかかる。

第1段階として、カンパニー・クレデンシャル（Company Credential）という広告代理店の信用情報を基に篩にかけ企業数を絞り込む。これまで取引をしている広告代理店、あるいは評判になっている会社、また完全な公募ということもある。参加を希望する広告代理店は、会社の情報を提出し短いプレゼンを行う。その広告代理店の考え方、資質や能力、過去の仕事などで、3～4社程度に絞る。カンパニー・クレデンシャルであれば、基本多くの会社が日頃から準備をしているはずであり、そこまで大きな費用的・人的負担にはならない。

そして、その絞られた会社に対し、ブランドを特定するなどして課題を与える。課題には、広告戦略、表現戦略、メディア戦略、そしてその人的配置や効果測定、また報酬などの提案が含まれる。通常の短期的なコンペでは、広告表現アイデアが重視されるが、それよりはどのようにして、その戦略を導いてきたか、それが効果的であるという確証をどう導き出しているかが重要になる。ひとつの点としての広告表現より、今後続く広告業務のプロセスが大切になるのである。

そのプレゼンの作業の中で、1社に絞り込み、パートナー代理店として一定期間の契約を結ぶ形となる。その期間内では、他社に変更となることはないが、後で述べる広告代理店の評価システムにより、その会社のパフォーマンスの確認は行う。これの良い点は、少なくともこの期間は、パートナーとして、お互いの情報は共有し、精神的にも、物理的にも、深い業務を行うことができることである。日本の広告主は、米国などに比べると多くの広告代理店と取引をしている[3]。色々なしがらみで取引をしなければならない、またその方が色々な選択肢があるということもあるかもしれない。また、広告代理店側もまずは小さな仕事から徐々に大きな仕事をもらうためにも、取引口座は欲しいと考える。但し、このようなことを続けることは非効率で、より良い関係、また良い仕事はできないと私は考える。

そのような長期的な期間を対象にしたコンペが増えれば、中小の広告代理店は仕事がなくなり、さらに広告代理店の寡占状態が続くという意見もある。そのような会社は、無理に総合広告代理店として生きるのではなく、サービスを特化し仕事をしていくべきだと考える。同じ土俵で仕事をする場合に、どうしても大手総合広告代理店のスケールメリットや経験が勝ることが多い。私がブランド・エージェンシーとして仕事をしていた時は、PRやプロモーションの会社と一緒に仕事をしていた。支払い等は広告主からそれぞれの会社に行われていたが、報告や指示などは広告主と一緒にブランド担当の広告代理店として行っていた。それらの会社も、一定期間パートナーのチームとして力を合わせ業務に取り組んでいた[4]。

2-2. 一業種一社制の再検討

上記のようなパートナー代理店を決めていくことになると、外資系と同様に一業種一社を広告主から求められることもある。これについては、簡単に

3　14章注8を参照されたい。

4　米国の広告代理店コンペを解説したガイドブックもある。例えば、Beals, Stanley & David Beals, 2002, *Selecting an Advertising Agency,* Association of National Advertisers. などがある。

結論を下すことは困難であるが、私としては日本の社会で現状、一業種一社に特段こだわる必要もないと思っている。というのも、かつての広告代理店のように、平気でオフィスの中を出入りするようなセキュリティの甘さは少なく、一定以上の規模の広告代理店ではそのようなことは考えにくい。フロアーを分ける、あるいは建物自体を分け、基本的なスタッフが分かれていれば、セキュリティ面は保てるはずである。それにより、一般的な情報も共有でき、会社全体としては、その業種のノウハウの蓄積につながる。但し、広告主側で気になるということであれば、そのような会社は選定から外すこともできる。複数の広告代理店の経営管理を行う博報堂DYホールディングスのようなホールディング会社も今後増えていく可能性はある。尚、担当代理店が他の同業他社の業務を行う場合には、セキュリティも含めしっかりとした契約を結ぶことは当然である。

2-3. 契約書の必要性

パートナーとしての広告会社を決め、また一業種一社にこだわらないのであれば、特に契約書をしっかりと取り交わす必要がある。パートナーなので、何でもお願いをするのでは、これまでと変わらず、健全な業務もできない。また代理店の選定の時は比較的良いことを並べながら、実際の業務ではそのような人的配置をしない、業務も行わないことも考えられる。その意味からも、広告会社に依頼する業務の明確化はすべきである。広告活動は、とかく思いもかけない仕事が発生することもある。欧米では、このような契約書のガイドラインも出版されている[5]。また公益社団法人日本アドバタイザーズ協会も、少しずつ契約書のひな型を作成しているようである。あるいは、まだ多くはないが、広告コンサルタントに最初は参加してもらう、あるいは経験のある広告主に助言をもらうといったことも考えられる。現在はまだまだ基本契約書にとどまっている広告主が多いが、業界全体での整備が必要であ

5　米国の広告主と広告代理店の契約書に関するガイドブックとして、例えば、Flink, Lawrence J., 2001, *Guidelines for Advertiser / Agency Contract, 2nd Edition,* Association of National Advertisers. がある。

る。しっかりとした契約を結ぶことは、自社の利益を守る、あるいは出費のリスクを回避することと考えず、より創造的な仕事をするための無駄な業務を減らすことにつながると考えて欲しい。広告主は、無償のサービスの仕事をしてもらえなくなると考えるのではなく、それらはすでに広告代理店の利益に含まれていると考え、それらを表に出すことを考えるべきである。

3．報酬システムへの提案

3-1．報酬システムについての基本的考え方

本著の中でも多くのページを割いてきたのが、広告主から広告会社に支払われる報酬に関するシステムである。15章でも述べた通り、グロス金額での取引、コミッション、フィーといった取引にはそれぞれの長所・短所がある。どれかひとつが絶対的に正しいとはいえない。これまではテレビ・メディアを中心にしたマス・メディアの取引で、多くの広告代理店の業務は整理ができていた。但し、インターネット広告の隆盛も含め多様なコミュニケーションが可能となっている。これまで広告メディアと呼ばれてきたものが、プラットフォームなどという言い方をされ始めてもいる。その取引も一層複雑さを増してきている。

但し、どのような業務にせよ、広告主がすべてを行うことは不可能であり、効率的ではない。益々増大するメディア／プラットフォーム企業と個々に取引をすることは不可能である。もちろん、自動化し人の手を煩わさないことも多くなるかもしれない。それだからこそ、大きな間違いを犯すリスクも増大してくる。より専門的で広範囲な業務での手助けを得るためには、外部スタッフである広告会社が今後も必要であることは間違いない。

そのような中、誤った報酬制度を行うことは、効果的な業務を行えないこと、また広告主と広告会社双方のスタッフのモチベーションを下げることにつながっていくことになる。モチベーションを高め、高い効果を生み出す創造的な広告業務を行うための報酬システムを今再検討する時期に来ている。

星の数だけ報酬システムはあるといわれているが、それは、広告主１社１

社の外部および内部環境が異なるためである。特に私は、内部の能力が大きく影響をしていると思っている。広告主の能力とは、自社の広告コミュニケーションの目的をしっかり立てることができ、それを達成するための広告コミュニケーションについての評価を的確に行い、何が課題であり、何を改善すべきか的確に指示を出せるかということだ。どの企業もこうあるべきだと理解していても、中々そのようなことをすべて達成できる社内環境にはない。また、逆にこのように的確な能力が自社特に担当者がもっていると考える場合に、落とし穴がある。自身の能力を過信し、それに固執し、すべて押しつける業務システムになるためである。一人の人間、限られた人間がすべてを理解することは不可能だ。特に現在の広告業務は複雑さを増すばかりで、できるだけ多くの情報を専門家といわれる外部の広告会社から得ることも大切である。その上で最適な決定を行うべきである。また、広告会社サイドであっても、サービスを提供する広告主がどのようなスタッフ、能力をもっているのかを見極め業務を行い、報酬システムを提案することが大切である。そのことにより、お互いの業務を減らし、また創造的な広告活動を行うことができる。

3-2. コミッション・システムでの工夫

ある程度判断能力のある広告主であれば、業務で発生した取引金額に一定のパーセンテージをかけ、報酬を算出するコミッション・システムで対応ができる。対応ができると述べたのは、能力だけでなく、仕事の内容からくる場合もある。特にメディアの購入などについてはコミッション・システムが用いられることが海外でも見られる。それはメディア購入に関する仕事が比較的、定式化し計量的に判断ができるからだ。したがって、インターネット広告の運用であればコミッション・システムは有用である。また消費者向けの広告コミュニケーションではなく、BtoBといわれるビジネス向けの仕事ではコミッション・システムや、実際にかかった作業費用や時間に対して支払うフィー・システムを使うことも可能である。

但し、コミッション・システムを使用する場合でも、一律のパーセンテージのコミッションを支払うのではなく、その仕事量、仕事の内容で判断し、その率を決めるべきだ。そうでないと、仕事に対して支払い過ぎているといった気持ちを広告主側がもつことになり、また過度に多くの負担を広告会社にかけることになる。

15章のスライディング・スケールのコミッションの説明でも書いたが、特にメディアの購入は、規模が大きくなったからといって、仕事量が増えるわけではない。実際、量的な調査でも、マス・メディアの購入については10％を大きく下回る率を設定している企業もあり、米国などでは、2〜3％という低い率になっている。但し、一概に低く下げれば良いというものではない。そのために広告代理店の業務の質が落ちたり、モチベーションが上がらず逆に非効率になることもある。しっかりとどの程度の仕事でどの程度の率を支払うかは判断すべきである。その上からも、日本アドバタイザーズ協会や日本広告業協会などの第三者団体等が定期的に調査をすることも必要と考えられる。

3−3．フィー・システムの今後の必要性

インターネット広告をはじめ、近年の多様な業務への対応から、フィー・システムは今後検討されるべきものだ。但し、前述した一定期間深く関わる方式での業務を依頼するのであれば、行われた業務に対してフィーを計算するコスト積み上げ型フィーではなく、事前に年間の仕事量を推定し、フィーを決める事前見積もり型フィーを推奨する[6]。コスト積み上げ型フィーの場合に、作業量が膨大なものになる。広告主にとっても、広告会社にとっても同様である。単発の業務などの場合には、事前見積もり型よりは、制作業務と同様に見積もり等を広告会社が提出し、それにマークアップを加える形が追加的な業務も少なく一般的である。その場合には、料金表のような基準金額を業界全体で作ることも必要であろう。

事前見積もり型のフィーの問題点は、業務内容／量、そしてそれに関わる

6　詳しくは15章を参照されたい。

広告代理店の人員の体制も事前に決められてしまうことである。したがって、広告代理店側として新たな仕事が増加する可能性があるというようなモチベーションは働かず、維持の業務になる可能性がある。それを避けるための方策をフィー・システムに加える必要はある。欧米では、成果報酬を加えることが一般的となっているが、慎重に検討すべきとも思う。上述したが動機付けの研究でも、賞罰のような外発的動機付けは、それが長期間にわたると効果がないといった研究もある。私の実務でも、成果報酬がマンネリ化し、特に実際に担当をする広告マンには大きな効果は得られないと考えられる。広告代理店の企業として利益が上がるということは、社員個々人にとっても嬉しいことである。但し、私の実際の経験で、最も嬉しく感じ、次の業務へのモチベーションにつながったのは、広告代理店の社員個々人がゴルフに招待してもらったことであった。ゴルフが良いのか、またこのような遊興費が良いのかといったことはあるが、この時のゴルフのプレーフィーは広告代理店の費用は広告主が負担し、広告主側の社員分は個々人が支払っていた。このように目に見えるものについて、広告主の担当者が広告代理店の仕事を評価していることが直接的に伝わる。何か広告主の担当者がその評価を直接的に伝える方法を検討すべきだと思う。相手に気持ちを伝えることは、日本人は得意ではないのかもしれない。また一部の広告主の中には、「業者に甘い顔をするとつけあげる」といった対立的な関係を維持している人もいるかもしれない。しかしそれらでは、決して創造的な広告活動は行えないことを肝に銘じるべきである。

3-4．広告代理店からの提案システム

もうひとつ、フィー・システムに加えるべき項目として、広告代理店側が自主的な提案を行うということを述べたい。コミッション・システムでは、広告代理店側から自主的な提案がある。その自主的な提案が行われれば、広告代理店の売り上げにもつながるからである。フィー・システムは、年間での契約の場合には、どうしても新しい仕事の提案を行うモチベーションが広告代理店に起きない。内発的な動機付けの研究でも、自主的に行う業務につ

いてはモチベーションが高まるといわれている。広告主側の社内調整の必要があるとは思うが、一定の予算を広告代理店の自主的な提案のために残しておくということを提案したい。これについても、当初の業務内容の中に広告代理店が自主的な提案を行うことを含めておくという内容である。これで直接的に利益が広告会社にもたらされるということではないが、広告主サイドでは気がつかない提案もなされると考えられる。この後に述べる評価システムで、この内容の効果を含めて検証する形になると良い。

4．広告主、広告代理店の評価システム

報酬システムについての提案を行ってきたが、最も大切だと思われることは、行った業務の評価である。他の広告代理店より価格が高い報酬であってもそれに見合うだけの価値があれば決して高くはない。広告の半分は無駄だと分かっているが、どちらの半分が無駄かは分からないという話をした広告主がかつてはいたが（1章を参照）、メディア・プランニングの9章・10章・11章でも述べたように、今はインターネット広告の隆盛からこれまでよりは効果の可視化がなされている。同じように広告代理店が行った業務についても、しっかりとその評価をする時期にある。そのために最も効果的だと思われるのが広告業務の評価システムである。

広告主を対象にした量的調査でも、50.7％の広告主が広告代理店の評価システムを行っていると回答している（日本アドバタイザーズ協会，2018）。また、欧米でも成果報酬型システムでの基準として評価システムを導入している企業は多い。広告代理店へのボーナスを出すためだけ、あるいは少しでも広告代理店の報酬を下げるために、評価システムを導入すべきと述べているのではない。

3章で述べたフォレットの、対立をより良い統合というものに変えるために必要なのである。日本では、妥協、忖度などが働き、不満をもっていたとしても、直接的にそれを広告主や広告代理店に伝える方法が限られている。ビジネスの世界でそのようなことはない、日々の業務で指摘しているという

考えもあるだろう。しかしそれらは、全体の目的に沿っているとは言い切れない、次の仕事に活かされない場合も多い。通常の業務について、どのような点に問題があり、どのようなことを改善すべきかを少なくとも、1年に一度は広告主と広告代理店の間で出し合うべきである。その意味からいっても、広告代理店の評価システムだけでなく、同時に広告主の広告代理店側からの評価も行うべきである。残念ながら、日本で、広告主の評価を行っている企業は22.4％に過ぎない（2017年調査）。個人攻撃ではなく、お互いの共通の目的を達成するために、何が不十分で何を改善すべきかを、お互いが理解すべきである。そのことを確認し改善することが求められている。

評価システムといっても、複雑な評価でなくても良い。私も実務をしている中で、このような広告会社の評価システムをコンサルタントして、構築し実施していたことがある。それは、戦略、表現、メディアと非常に多岐にわたり複雑なものであった。PC上で各担当者が答えるので、そこまで手間ではなかったが、そこまで細部にわたり行わなくても目的は達せられる。逆に、あまり細かい指摘を1年に一度のタイミングで指摘しても、改善は図れない。大枠の業務の流れから、評価できることと改善すべきことを、広告主、広告代理店側双方から、出し合い確認することである。これがなく、いきなり広告代理店が取引を停止されるというのは、両社にとって不幸だといえる。また、お互いに不満をもちながら仕事を続けることで、より非効率な業務になっているのでは意味がない。

創造的な業務の第1歩は、お互いの情報を出し合い、ひとつのテーブルでどう改善すべきかを話し合うことである。このことにより多くの前向きなアイデアが生まれる。米国ではすでにこのような作業のガイドブックも出版されている[7]。それらを参考にしてひな型が作られることが大切である。

7　例えば、Beals, David, 2003, *Evaluating Agency Performance,* Association of National Advertisers. などがある。

5．監査システムと購買部

欧米では行われているが、日本では導入が進んでいないものに、監査システムや購買部の役割というものがある。インターネット広告の隆盛から、数値的な効果を測りやすくなった現在、マス・メディアの時代に比べ、はるかにこのような細分化された評価を行う企業は増えてきた。一部は広告主が直接依頼する場合もあるだろうが、広告代理店が業務の一部で監査システムの企業を用いる場合には、どうしても、広告代理店の意向が働いているのではないかという考えが、広告主に働く可能性もある。したがって、理想的には、広告主および広告代理店両者が費用を分担して支払うことが考えられる。アカウンタビリティが益々求められる今日、検討すべきことと考える。

もうひとつの検討事項が広告主社内の購買部の活用である。すでに32.9％（2017年調査）の広告主は、何らかの広告業務への関与を購買部に求めているようである。購買部は宣伝部の仕事のお目付役のようなイメージで、無駄なコストを指摘し、コストカットばかりしている感じをもつかもしれない。また、広告活動に知識がない購買部が、広告代理店の選定などに加わると、コストは下げられてもより良いものは生み出せないと感じる宣伝部員もいるように思う。しかし私のコンサルタント時代の経験では、日本においても、大変うまく機能をしている企業はあった。それらでは、あくまでも主体は宣伝部であり、購買部は、宣伝部では気がつかない部分を指摘し、より良い取引システムを作る手伝いをしていた。宣伝部と広告代理店の考え方だけでなく、他の知識や意見が入るほどより良いアイデアは生み出せる。まだ購買部の関与のない広告主は検討を行うべきであろう。尚、評価システムと同様に、購買部の役割についても、米国ではガイドブック[8]が出されている。それらを参考にして欲しい。

8　例えば、Escobar, Francisco J., 2005, *Marketing Communications Procurement: Building Value Through Best Practices,* Association of National Advertisers. などがある。

む　す　び

この章のはじめに書いたが、ここで書いたものは、ある意味理想論のように捉えられる内容も多いと思う。しかしこれまで、特に広告主と広告代理店の間の取引について、明確にどうすべきかが書かれた本は多くはないと考える。頭の中では何となく、そうすべきとは思っていても、中々実行はできない。それは、14章でも書いた、広告主の宣伝部のスタッフもいずれは他の部署に異動するため、あまり自分のいるうちに波風は立てたくないということなのかもしれない。しかし、広告業務を単なるコストと考えるのではなく、利益を生み出す投資であると考えれば、変革は行うべきである。欧米は、広告業務をマーケティング部やブランドマネージャーが担当することが多い。彼らは、実際の売り上げにも責任を負うことになる。日本の宣伝部も、マーケティング目標をより強くもち、それを確認する中で何を行うべきかを考えて欲しい。そのことにより、より創造的な広告活動が生み出される。このようなことを実行し、広告主、広告代理店の両方のスタッフが楽しく、充実した業務を行うことを期待する。

補講

有機体的広告教育論

本著は、創造的な広告活動を行うための新たな広告思想に基づく広告論である。それにもかかわらず、なぜ最後で教育について書くことにしたかといえば、創造的な広告活動にとって、教育が非常に重要であると考えたためである。それは広告を教えるということだけでなく、学ぶ方法にもつながるものだと考えている。

1章に書いた有機体的な広告論の基本的な考え方のひとつ、主体と客体という意識を取り払うということも「教えると学ぶ」につながる。日本では、広告教育について主体とは、先生や上司、あるいは先輩であろう。客体は学生や、新入社員ともいえる。教える人と教えられる人の構図がある。しかし私は以前から、広告教育においては、学ぶ人が主体であり、何かの知識を誰かから教わるということはあまり意味をもたないと思っている。ぜひ学ぶ人々が主体になり、教え方を通して学び方を理解して欲しい。

もちろん、広告には、専門的な知識や技術が伴うものもある。しかしそれらにしても、実践的な課題などを通して学ぶ方が、確実に自らの「知」となる。また、私は長年大学で教鞭を執ってきたが、特に広告の世界は日々変化し、進んでいる。学生のプロジェクトから、多くのことを学んできたことも事実である。教員である私が日々学んでいるという意識は大切である。そのような意識がなければ、日々変化する世界の中で同じことを同じように伝えるだけの作業に終わってしまう。

また、違う見方をすれば、広告を学ぶ学生や若い人々が、正しい教育とはどのようなものなのかを考えることは大切である。それなくしては、ダメな教員と同じで、単に教えらえる側から一方的に伝えられることを覚えるだけの学びになってしまう。

この章では、私が考える広告教育について書いていく。基本は大学での学びである。但し、社会人であってもこの考え方を活かすことは可能だ。ここでの内容は、何百人も入る大規模講義の広告論についても触れるが、より小集団のゼミナールや社内での研修を意識して、話を進めていく。読者の人たちも、ぜひそれらを理解して、より良い学びを実践すると同時に、教える側であれば、次の世代の人々に適切な広告教育を行って欲しい。

1．ホワイトヘッドの教育論

「有機体的広告教育論」は1章で取り上げたアルフレッド・ノース・ホワイトヘッドの思想に大きく影響を受けている。ホワイトヘッドは、*The Aims of Education and Other Essays*（邦題ホワイトヘッド教育論）を著している（Whitehead, 1929＝1972）。1912年から1917年に行われた講演内容をまとめたものである。大変古い本と思われるかもしれないが、この本を最初に読んだ時、驚くほど自然に頭の中に入ってきたことを覚えている。基本的な思想、考え方は時代を超えて当てはまるものだと思った。尚、ここで取り上げる内容は、多くの部分ホワイトヘッドの考えを広告論に置き換え考察しているものである。

この本の2章では、プラグマティズムを取り上げている。そしてプラグマティズムの教育の分野では、著名なジョン・デューイ（John Dewey）がいる。デューイではなく、あえてホワイトヘッドを取り上げた理由を説明する必要があろう。端的にいえば、デューイの教育論は幼児期、例えば小学児童に関するものが中心であると考えるからである（Dewey, 1915＝2000）。一方、ホワイトヘッドの教育論に関しては大学教育を念頭に置き論を展開している。また、デューイの思想でもホワイトヘッドの教育論に通じる部分が多いと感じている。そこで私が取り上げる教育論としてはホワイトヘッドを主に参考にすることにした。

90年以上前に出版された、ホワイトヘッド（Whitehead, 1929＝1972）の「教育論」は現在の大学教育についても示唆に富むところが多い内容となっている。『ホワイトヘッド教育論』の序文では以下のように述べられている。「大学のかかえている最も大きな欠陥は、その分派主義に原因しています。自然科学、人文科学、社会科学は、いずれも、複雑な統一体を効率よく理解するために設けられた、いわば人工的な単純化の産物に過ぎないはずなのに、教師も学生も、現実の具体的世界にそれら各科目が存在していると思い込んでいるのです。ホワイトヘッド教授は大学の隅々にはびこっていたこのような細分化した考え方を是正しようと大変な努力をはらわれたのであります」(Whitehead, 1929＝1972, p.iii)。この言葉はまさに広告論を含む日本の大学の講義にも当てはまるのではないかと感じる。講義を受ける学生は日々触れる広告というアウトプットに対し、それを作成する過程、広告会社や広告主の作業を垣間見られると考え、それを履修しているのだと思う。しかし多くの広告論の講義では広告における一側面を切り取り単純化し、現実の広告とはかけ離れたものを一般常識としての知識として説明している。

広告会社の採用時、広告論を学んだ学生に対して特に大きな評価を与えないことにも通じることだろう。すなわち、大学の講義において学ぶ広告論と実務の中で行われている広告論には大きな隔たりがあるということだ。当然ながら、大学の講義で取り上げられる広告論は必ずしも送り手側からの広告とは限らない。特に社会学部で取り上げるものには、文化としての広告あるいは受け手側の広告リテラシーの向上を意図したものも多くある。しかし、広告を理解する上で、広告が社会や環境の中で、どのような過程を経て流されているのかを学ぶことは重要である。また、社会の中でどのように実際の企業の広告が役割を果たしているかを学ぶべきだ。特にマーケティング関連の広告論ではそう感じる。

ホワイトヘッドは、大学の講義において、細分化された知識の伝達が中心となっているという批判を行っている。米国でもわが国でも一般的な広告論のテキストは細分化された知識の集合体という一面は拭えない。なぜならばそのことは広告のもつ多面性に由来するからだ。また、理解しやすさを考えれば、分野ごとに分けることは理解できる。しかしそれを統合し、それぞれが何の役割を果たしているかを考える部分が少ない。多面的なものを統合して伝えていくことこそが本来行うべき広告教育だと考える。次に、ホワイトヘッドの教育論に沿って、述べていくことにする。

2.『教育論』の理念と目的

『教育論』のまえがきにこの本の理念が述べられている。「生徒も学生も生気に満ちています。ですから教育の目的はかれら自身の成長・発展を刺激し、はげましてやることでなければなりません。この前提から必然的に次のことが導き出されます。教える者もまた潑剌たる思考力をもって生気に満ちていなければならないということです。本書はそのすべてにおいて、死んだ知識すなわち生気を失った観念へのプロテストなのです」(Whitehead, 1929＝1972, p.vii)。この言葉は、日々進化する広告という領域では、常に心にもつべきと考える。講義を受ける学生の目は爛々と輝いている。それに対して、理論的な論証に用いるケースに関しても常にその生気に応えるものを用意すべきだ。これは後ほど述べる教育のリズムということにも関わることである。

次に教育の目的について述べたい。ホワイトヘッドは、「Style」をもつことだと述べている。久保田 (Whitehead, 1929＝1972) の訳では、品位という言葉が使われている。当然ながら日本語のスタイルというようなことではない。私はどちらかというと「奥義」とか「コツ」あるいは「センス」に近い気がしている。「奥義」と書くと仰々しいが、何かその専門家がもつ独特のものだ。私は広告会社に長年勤務し、色々な仕事に携わった。また色々な本から情報も得てきた。したがって、学生が企業プロジェクトで何かの企画アイデアを考える時でも、彼らよりは数段早く色々なアイデアが浮かんでくる。それは、単なるひとつのテクニックをもっているというようなことではない。体に染み込んだ広告マンの「知」というようなものではないかと思っている。その道で仕事をしている人は、何かその仕事のコツのようなものを習得している場合が多い。専門科目であれば、そのような「知」「コツ」のようなものを見つけさせることが教育の目的だと思う。また大学教育全体であれば、人生を生き抜くための「知」「コツ」ともいえよう。それは、社会に出てから出会う困難な状況に負けない生きるための力だ。したがって、単に専門用語の名前を覚えることは何の意味ももたないと考えている。その「知」を使って社会に出てより良い仕事を行うためのコツを身につける、それが教育の目的だと考える。ホワイトヘッドもまさにそのようなことを述べている。

3. 教育のリズム

ホワイトヘッドの教育論の中で、最も広告教育に重要と思われるものが、「教育のリズム」だ。彼は人間の知的成長のリズムという特性を重視し、そのリズムへの注意を欠いた教育は不毛であると述べている（Whitehead, 1929＝1972, p.29）。そして彼は教育においては一定の3つの段階のリズムがあると述べている。これは、初等教育、中・高等教育、そして大学教育という3つの段階でもそのリズムは存在する。ホワイトヘッドはこの3つの節目について、年齢ごとに説明を行っている。しかし私は、この教育のリズムはひとつの講義の中にもあるべきと考えている。そのようなことから、広告論という15回あるいは30回の中にこの教育のリズムがあり、また1時間半のひとつの講義でも常に意識して作られていくべきだと考える。

ホワイトヘッドは3つの段階を「ロマンスの段階」「精密化の段階」そして「普遍化の段階」と呼んでいる。そして、ロマンスの段階を以下のように述べている。

3-1. ロマンスの段階

ロマンスの段階は物を理解する最初の段階だ。この段階では、その人が理解の対象となる素材に強烈な新鮮さを感じ、しかも何かの可能性があるのではと考え、まだ明らかにされていない関係がそこにあるようなイメージをもつ状態である。この状態では、体系的な分析ではなく、直感的に認識しているだけである。ロマンチックな感動とは、生の事実から出発して、まだ捉えられていないそれぞれの関係がどのようなものかについて明確に捉える移行の段階のようなものだ。教育は、心の中に湧き上がってきたものを順序良く提示するようにしなければいけないと述べている（Whitehead, 1929＝1972, p.30）。

この中で特に重要な点は、学生が「興味」をもつことであろう。学生たちは、初めて聞き、見るものに強い関心を示し、それを知ることに興奮さえするはずである。私は、広告論の講義の中で、大学の講義は高校までとは異なり、教員が発した言葉を覚えることが重要ではないと伝えている。もちろん、その言葉を覚えることが必要な講義もある。しかし、少なくとも広告論において、そこに出てきた言葉の名前を覚えたとしても、実社会でそれをそのまま使うことは稀である。それよりは、その概念や内容を理解することが大切である。一方、現実の社会の至るところで、学生あるいは子供は色々なものに興味をもち、知りたいという気持ちをもち続けている。それは、ゲームの攻略方法かもしれない。あるいはアニメのストーリーかもしれない。まずは、子供たちの知的好奇心を掘り起こし、能動的な態度に導くことこそが教育の第1段階である。そのことをしなければ恐らく、将来にわたりそれが記憶されることも少ない。再度整理すると、「ロマンスの段階」、学びの最初の段階は、まずはその科目や講義で教える内容に対して、学生／子供たちが興味をもち、目を爛々と輝かせるような話を教員はすべきである。

3-2．精密化の段階

教育のリズムの第2段階は精密化の段階である。ホワイトヘッドはこれについては、以下のように述べている。精密化の段階は、一言でいえば、知識の増加の段階である。この段階では、知りえたことの関係を正確に順序立て、知識の範囲を広げていくのである（Whitehead, 1929＝1972, p.30)。この段階は、比較的現在行われている教育方法と近いものがある。しかし大きな違いは、この精密化の段階のみからスタートするのではなく、その前にロマンスの段階がなければいけないという点である。広告に興味をもたせ、おぼろげながら、広告とはこのようなものだという全体的な把握がなされた後に、例えば個々の理論的知識を与えている点がポイントである。それを行うことによりなぜそのような広告が作られたのかといった問題を明確に分析できるようになる。そこにこそ発見があるのだと思う。

例えば、広告の機能の話を講義でする中で、このことを強く感じることがある。講義の最初に、直近で話題になったプリント広告を2つ学生に見せたとする。それはアディダスとナイキかもしれない。そのどちらが好きかを考えさせる。そしてその次に同じ製品群にもかかわらず、なぜ違う表現になっているのか、そして送り手側が何を意図しているのか考えさせる。馴染みのある広告は、学生が興味をもつことも多いだろう。もちろん男女では差があるかもしれない、しかしそれを眺めているだけでは精緻化の段階には進めない。

そこで、広告の4つの機能、「伝達」「説得」「意味づけ」「対話」の説明を行う[1]。広告論の基礎の話だが、ひとつの理論である。その後、雑誌広告から切り取ったプリント広告を各自に配り、自分自身で、その広告がどのような機能をもっているかを分析させるというステップだ。最後に教員の分析との比較を行うわけである。一見大学の講義にしては稚拙のように感じるかもしれない。数百名のクラスでこれを行うことは手間もかかり、またプリント広告を集めること自体も大変な作業だ。しかしこの講義を行うことにより、なぜその企業の製品やブランドと直接関係のない例えば環境問題について、その企業が伝えようとしているかということが自分の頭の中で整理でき、理解することができると考えている。もし、4つの機能をテキストだけの説明で行った場合には、学生が自分の頭でそれを理解できるかといえば恐らく難しいだろう。テスト対策で、広告のマネジリアルな機能（経営上の機能）として、「伝達」「説得」「意味づけ」「対話」の4つがあることを単語だけ覚えることになるかもしれない。しかし社会人になって、そのことを覚えている人は、ほぼいないと考えられる。また単に広告を鑑賞するといったことでは、自分自身で考えるという作業を行うことはない。興味とそして知識による精緻化があってこそ、生気に富む教育がなされると私は考える。

3-3．普遍化の段階

教育のリズムの最後は、普遍化の段階である。前述の通りデューイの教育

1　詳しくは6章を参照されたい。

論との違いはホワイトヘッドが特に大学、特に専門教育について述べていることである。そして、この普遍化の段階こそが大学での教育、特に専門教育でなされるべきものなのだ。言い換えれば、広告論を大学で学ぶ必要があるのか、理解が難しい講義についてその目的を明確にするものだと考える。

普遍化とは、分かりやすくいえば、他の事象、課題に直面した時にこれまでに身につけたものでその解決を試みることのできる力のようなものだ。あるいは深く思考することを自然の中で身につけることだと考えて欲しい。また、違う言葉を使えば、学んだ知識をその範囲にとどめるのではなく、他に置き換えて考える習慣を身につけさせるということである。ホワイトヘッドは、この問題こそ、理論的関心と実践的応用とを統合するという、大学の教育の特色であるとも述べている。私たちが学生に教えている細かい事柄のどんなものであれ、学生がそれと同じ出来事にぶつかるチャンスはほとんどない。本当に役立つ教育は、様々な具体的事柄に十分適応できるような根拠をもった2〜3の一般原則を理解させることだ。社会に出てからの実践活動の場面では、学生時代に覚えた細かいことは忘れてしまうだろうが、無意識のうちに得た知識を使って、目の前の状況に対してどのように対応したら良いかを考えるものだということである。教科書を捨て、講義ノートを焼いてしまい、「試験のために暗記しなさい」などの言葉を忘れ去ってしまうまで、自分の学んだことが使いこなせるようにならなければいけない（Whitehead, 1929＝1972, p.42）。

またホワイトヘッドは、心の中に染み込んでいる原則とは、形式的な説明というよりはむしろ、一種の知的習慣だと述べている。このように、考えずとも自然に体が動くことが、皆が目指すところである。大規模講義の広告論で各回の講義の最後に、何かの課題を学生に行わせている。その多くは、学んだことを他のものに置き換える練習だ。特に、コミュニケーションの戦略開発の講義では、自分の興味のあるブランドでSWOT分析やポジショニング分析を行わせている[2]。頭を使い、手を動かすことが基本だと考える。

2　詳しくは5章を参照されたい。

ここでホワイトヘッドは単にひとつの科目、例えば、広告論だけでなく、それまで学んできたバラバラの英知を統合して理解させることを求めている。実際の社会でも、多くの過去の経験や知識を統合し、解を見つけていかなければならない。このことが、私が推奨する有機体的広告教育論の基本的思想だ。ホワイトヘッドが特に大学においてこの普遍化の段階が重要であることを以下のように述べている。

大学のコースやそれに類するコースでは、普遍化を学ぶ重要な時期に当たる。普遍化の精神によって大学教育は貫かれていなければならない。中等教育の段階までは、広い意味で机にかじりついて勉強をしていたのだが、大学では立ち上がって、周囲を眺めなければいけないのである（Whitehead, 1929＝1972, p.41）。大学では、普遍的な考えから出発して、具体的な事例への適応を研究するものだ。具体的事象を欠いて良いという意味ではなく、具体的事象こそが普遍的な考えの範囲を明確にするものだとして、研究をすべきだということを述べている（Whitehead, 1929＝1972, p.42）。

またホワイトヘッドは、この教育のリズムは学校での教育だけでなく、人生のすべての段階で存在するとも述べている。確かに企業において、部下を指導する時、また自分自身で広告業務に携わる時に、まず直観的に捉え興味がもてる部分を発見し、興味をもって個々の事例を通して詳しく調べ、そして最終的に他の事例に当てはめることのできる能力を身につけることが必要である。私自身もこれを行ってきたつもりだ。またこれを繰り返すことにより、どのような課題に直面しても、嫌々ながらではなく、興味をもって、そして専門家らしい対応ができる。そして何から手をつけて良いか分からず、あわててしまうような他の課題に直面しても、しっかり対応することができるのである。

4．小集団教育の意味づけ

前節までは、ホワイトヘッドの教育論をあげ、特に教育のリズムということを述べてきた。その中で取り上げた事例は比較的大学の大規模講義といわれるようなものだ。この節では、もう少し少人数のゼミナール形式の授業で私が何を考え授業運営をしてきたかを述べたい。それは、大学教育にとどまらず企業の社員教育に通じるものだと考える。

さて、具体的な話に入る前に、私がゼミナールで何を目的として学生に接しているのかを話したい。私のゼミナールは「現代広告の研究と実践」というタイトルで、主に戦略的な広告企画を学ぶことを柱としている。広告というとマス・メディアの広告をイメージする人も多いと思うが、ゼミナールの学生に最初に伝えることは、私のゼミナールがパーソナル・コミュニケーションを学ぶ場だということである。すなわち、マス・メディアのコミュニケーションでも基本はパーソナル・コミュニケーション、すなわち1対1のコミュニケーションを意識して行うべきだということを伝えている。但し、それだけではない。広告論という狭い範囲だけではなく、社会に出てからの人とどうコミュニケーションを取っていけば良いかを学んでもらいたいと思っている。そのために、1年間徹底的にグループワークを行っている。自分とは異なる人、能力や性格が違う人との対立を乗り越えて、そしてひとつの成果をあげることを、プロジェクトを通して学んでもらっている。3章で述べたメアリー・パーカー・フォレットの考え方を意識した組み立てになっている。創造的な仕事をするためには、一人だけの力では限界がある。他の人の力、求めていることを統合することが大切になる。このように、パーソナル・コミュニケーションを学んでもらうことが、より大きなテーマ、ある意味大学教育の根本的目的ではないかと思っている。すなわち社会に出てから生き抜くための知恵を見つけることを求めているのである。学生から社会人となり、毎日仕事をする上で、学生時代ではとても考えられないような辛い思いをする時もある。どうしようもない挫折感や困難に直面すると思う。もう立ち直れない、こんなことならいっそ死んでしまいたいと思うかもしれない。そのような時にもしっかりと前を向いて歩を進めることが大切である。そんな苦境を乗り越えるための力をつけることができればそれは大きな財産になる。

私の考えを整理させてくれた素晴らしい本がある。この本を読む前からゼミナールの指導はしてきたのだが、私が行ってきたことは、まさにこの本の主旨に沿うことだと思う。4章でもすでに触れているが、その本は、ヴィクトール・フランクル（Frankl, 1977=2002）の『夜と霧』だ。フランクルという人は1905年ウィーンに生まれた精神科の医師である。彼自身のアウシュビッツでの収容所体験の中で、精神病医として、その収容者の心理状況を分析している。彼は、その中心は「なぜ人は生きるのか」という壮大なテーマであることを語っている。

アウシュビッツという過酷な状況で、それでも人はなぜ生きるのかを考えているわけである。その答えは、「人生は自分に何を期待しているか？」を考えることが大切であるということであった。一般的にはこの人生に何を期待できるかという問いになるはずだが、その逆である。フランクルはそのような悪い状況の中で、3つの価値をもち続けている人は生き続けることができると述べている。アウシュビッツという過酷な状況においてもそうである。その3つの価値とは、「創造価値」「体験価値」「態度価値」である。

その3つの価値をそれぞれ説明しながら、実際の大学のゼミナールという学びの場でどう伝えていったかを述べていく。

4-1．創造価値

創造価値とは、何かを生み出すことだ。何かの企画や論文を書くというようなことだけではなく、何か新たなことを生み出すことのすべてである。例えば、フランクルは、強制収容所の中で、『夜と霧』で述べられているような心理学のアイデアをメモ書きしていたようだ。論文の草稿のようなものだと思う。フランクルにとって、研究は天職であり、与えられた仕事である。それに対してどんな時でもできる限りのことをする。新しいものを生み出そうとしていたのだ。フランクルは論文という形だが、別にそれは問わない。広告マンであれば、より良いキャンペーンのアイデアかもしれない、また主婦であれば、美味しい料理のレシピかもしれない。どのようなことでも良いので、自分に与えられたこと、また身近で些細なことでも良いので、昨日までの考えより少しだけ良くする方法を生み出すことが創造である。

私は、広告の仕事をしていたはじめの頃、いわれたことだけを単純に行っていた時期が少しの期間あった。上司もそれをやる意味などを説明してくれるようなことはなかった。正直にいって、あまり仕事が楽しいと感じてはいなかった。それでも、上司や取引先の人に評価されるように、コピーの取り方やホチキスの止め方も考えて、作業を行っていた。今となれば、それも創造だと思っている。単にいわれたことの範囲をそのまま行うことでは本当に生きる喜びは得られない。『モダン・タイムス』のチャールズ・チャップリンがベルトコンベアーから運ばれてくるものを処理していく作業と同じである。あの映画通りそれでは生きる喜びは見つけられない。何かを生み出している、前よりも少しだけ良くするために、考えていることを実感することがこの創造価値である。

それでは、実際の学びにどう結びつけるかであるが、これこそ広告論の得意とする分野だと思う。広告の業務自体が創造価値をもつものである。それを学ぶ広告論のゼミナールでは、実務の広告業務に近いことを体験させることこそが創造価値を理解することにつながる。もちろん、様々な考え方をおもちの教員もおられるだろう。古典といわれる広告に関する名著や、広告のテキストを輪読させ発表させることも良い学びである。但し、ただ読むだけ、まとめるだけでは、創造価値には結びつかないと私は思っている。それをどう実際の社会、場面で活かせるかが大切になる。前述した教育のリズムにおける、理論を社会に出てから応用できるようにしなければいけない。まさにこれが創造的な価値だと考える。聞いたり、見たりした知識を組み合わせ統合するプロセスである。それを自然と行える環境を作るために、実際の企業のプロジェクトを年に2度行っている。その広告プランを作成する作業こそが、ひとつの創造価値を実感できる場だと考えている。また、3回生のゼミナールの最後に論文をグループで書かせているが、それも同様である。疑問や問いを特定し、あらゆる情報（メインは本や論文になるが）を駆使して論文を書かせている。そのポイントは企画のゼミナールなので、創造的なアイデア、自分たちの主張があることが大切だと伝えている。

4-2. 体験価値

体験価値とは、人が何か・誰かと出会い心が動くことだと私は理解した。分かりやすい言葉でいえば、「感動体験」だ。何もすごい大きな感動の場面だけではない。フランクルの本では、収容所の中で見た奇麗な朝焼けが例としてあげられている。この心が動かされる体験が、とても大切である。1章のホワイトヘッドのプロセス論の中で、不連続の連続という考え方が述べられている。ひとつひとつの体験が現れては消えるということを繰り返しているという考え方である。このひとつの体験は、強さというか、大きさが異なると考えられる。非常に強く心に残るものもあれば、すぐに忘れてしまう体験もある。例えば、中学や高校の卒業式のことを覚えている人も多いと思う。それは、ひとつの大きな体験だ。また何か素晴らしい映画を見、コンサートで音楽を聴いたこともきっと覚えていると思う。

8章で述べた、ヒューマン・インサイトを探る時にも、この体験は大きな役割を果たす。そのような強い体験をもち、心が動かされる状況を数多くもつことは、その後の人生においても、その体験を自覚する上で大切だ。心が動く感動の体験を多くもっている人は、そうでない人よりは、きっと奥行きのある人生がもてる。またそのような価値をもちたい、生き続けてそのような場面にめぐり会いたいと考え続けることが大切である。

さて、それでは体験価値について、どのようなことを考えゼミナールの運営を行ってきたかを整理する。ゼミナールの運営では、極力学生には学外の人と交わる機会を多くもってもらうことを心がけている。年齢や状況が異なる人々、同じ学生なら、地域が異なり、また学部などが異なる者たちだ。「弱い紐帯の強み」で有名なマーク・グラノヴェッターの理論[3]ではないが、同じ人だけと意見を交換しているのでは、創造的な広告プランは生み出せない。

3　グラノヴェッターは、転職の実証研究を基に、家族や親友のような近いネットワークよりも、ちょっとした知り合いやたまに会う親戚のような弱いネットワークが重要であると指摘した。詳しくは、Granovetter, Mark S., 1973, “The Strength of Weak Ties”, *American Journal of Sociology*, 78, pp.1360-1380.（＝2006，大岡栄美訳「弱い紐帯の強さ」野沢慎司編・監訳『リーディングス　ネットワーク論―家族・コミュニティ・社会関係資本―』勁草書房.）を参照されたい。

もちろん、毎日会っている仲間との深い議論も大切である。親しいがゆえに、遠慮なく自分の意見も話せるし、反論もできる。但し、そこで出てきたアイデアが絶対のものとは考えず、他の人から意見を聞いてみることは大切だ。そこにこそ、新たな切り口や、発想が生まれる。また、違う観点で外部の人の評価をもらう。利点としては、以前某大手広告代理店の方がいわれたことを思い出す。その広告代理店からは新卒の学生について、比較的体育会系の方を採用しているという話を聞いた。その人に、「それはイエスマンのように、いわれたことを真面目に行えるからですか」と聞くと、「そうではなく、体育会系の部活に入られていた学生は、常にレギュラーを目指し、コーチや他の人のことを意識して活動をしている、そのような緊張感をもっていることが、実際の仕事になっても活かされる」というようなことを話された。通常のゼミナールの活動では中々そのような緊張感のある状況で学ぶことは少ない。

しかしある程度の頻度で、外部の人と会い、緊張感のある中で、自分とは異なる意見を聞くことは大切であり、大きな経験になる。また感動という点では、そのような外部の人々から、自分たちのプロジェクトを評価してもらうことは、大きな喜びであろう。もし良い結果が得られなくとも、自分たちが真剣に取り組んだことをやり切った時のすがすがしさは特別な経験である。長年関西の主要な６私大の広告論のゼミナールで合同の勉強会を開いてきた。企業から課題をもらい、広告代理店のコンペさながらに、プレゼンを行う。そのプランを作るために、どの大学でも夏休みも使い４か月ほど真剣に取り組んできた。賞を取った大学はもちろんのこと、賞に選ばれなかった大学のチームのメンバーも非常に充実感にあふれた顔をしていたことを思い出す。大学時代に、外部の人から与えられる、真剣に取り組むプロジェクトは、広告論のゼミナールには必須であると感じた。

また、この感動は社会に出てからの経験につながると考えられる。広告会社の若手の頃、夜遅くまでプレゼンの準備をしたことがあった。妥協をせずやり切った感覚は今でも忘れられない。無駄に長く仕事をすることを勧めているわけではない。広告業界はブラック産業だといわれてきた。基本それらは改善すべきだ。仕事以外で、映画を見たり、多くの人に会うことはとても大切である。そのことが、新たな仮説を生み出すヒントにもなる。しかし、ここぞという時にひとつのことに集中することは必要だと感じている。そのような体験を学生時代から経験することで、社会に出てからも、その時の感動を忘れないはずである。

4−3．態度価値

体験価値の最後に自ら進んで行うことの大切さを指摘した。まさにそれが態度価値である。態度価値とは、人にいわれたことではなく、自分で決めて行ったことだとしっかり自覚をもつことを表した価値である。たとえ学生で教授の指示の通りにやっていたとしても、また社会人１年生で現状いわれたことをやっていたとしても、最終的にやるのか、やらないのかは自分が決めることができる。前にも書いたが人にいわれたことを単純に繰り返すより、自分が考え、自分で決めたことを行う方が何倍も充実感を得ることができる。まずは、人にやらされているという考えではなく、自分が何をすべきかを考えて自分の意志で取り組むべきである。

私のゼミナールでは、何かプロジェクトがスタートし、指示を行う場合にも、極力こうやりなさいといったような命令的な言い方をせず、やる意味を伝え自らが行動することを意識させている。教員としては中々難しいことであるが、学生には指示ではなく、学生が自ら行うことのできる機会を与えることを心がけている。企業プロジェクトを行っている企業を見つけ、企業から課題を頂き、それを学生に伝える。どの程度やるかを、求めたことはない。それらは学生自身が決めることである。それでもやらない場合には、教える立場として、自身で反省をしどうすれば彼らが興味をもち、自主的に取り組むかを考えるようにしている。

もちろん、私が判断し、一定以上のレベルに達していない場合には、なぜそれが十分ではないのかを説明し、再度挑戦させるようにしている。学生たちは頑張って再度新しいアイデアを考えてもってきてくれる。それは恐らく、自分たちがそれをやろうと自ら決めて、取り組んでいることを自覚しているからだと思う。またそれをやること自体を楽しいと感じる学生が集まってくれていることも大きな要因だろう。その意味では、企業の採用も同じだと思う。万人が同じように、満足をする学びはない。その企業の教育方針、業務への取り組み方に満足できる人を採用することは、能力と同時に重要な要因となる。

広告論は多様な学びを行うことのできる懐の深さをもっている学問である。数字的な問題について論理的に考えるのが好きな学生もいる。またクリエイティブ・アイデアの発想力に富む人もいる。また人と会話することに優れ、インタビュー調査では力を発揮する学生もいた。それらの力を統合し、ひとつのものに作り上げるプロセスこそ、広告の業務であり、広告論の醍醐味だと私は考えている。

話が少しずれてきたが、このように今行っていることは自分自身が行うべきことだと決め、前に進んでいるということを実感すれば、自分の置かれた環境が必ずしも芳しくなくとも、他の者のせいにするのではなく、自分自身で工夫をし、前に進んでくれると考えている。

自分で選んだ道であるという自覚をもち、何かを創造している、創造したいという気持ちをもち、行った行動や体験で感動するような大学教育を私は目指してきた。そしてそのことが、学生や若い広告マンが社会人として、しっかり生きていくことの糧になると考える。

むすび

最後にこの章のまとめとして述べたいことは、広告論の教育として、受け手側が楽しいと感じられ、関連する理論が自然と理解でき、そしてそれを他の場面で使うことができること。そして、少しでも良く、新たなものを創造しようとすることを心がけ、その中で心に強く残る経験をするため、自らが自身の考えで行動できるような教育を行って欲しい。そして次の時代を担う広告マンそして広告マンの候補生が、この素晴らしい広告というものをさらに大きく広げていってくれることを願っている。

＊本章は、小泉秀昭，2011，「研究ノート 〈広告知〉に関する研究―その定義とホワイトヘッドの教育論との関係―」『青山経営論集』青山学院大学経営学会，46(3)，pp.171-186. を加筆したものである。

あとがき

本著を読まれた方は、思想や哲学といった難しいと感じる章と具体的で実際の広告業務に関連する章が混在していると感じた方も多いと思う。しかし、その点が他の広告論にはないユニークな点であると考えている。以前、恩師から「小泉君は、実務経験も長いので、ぜひ研究と実務をつなぐような仕事をして欲しい」といわれた記憶がある。研究者としての業績も十分とはいえず、また実務家として現場に直接携わっていた頃から大分長い年月がたってしまった。しかし、私が唯一誇れることが、多くの素晴らしい方々と接する機会をもつことができたことである。広告学会をはじめ多くの先生方から貴重なご助言を頂いた。また実務時代の友人や広告業界に進んだ教え子たちとは今でもざっくばらんな話ができる関係にある。本著のタイトルである「有機体的広告論」とは、まさに多くの人々から様々な情報を頂き、それを基に私自身が変化して進んでいるということである。口幅ったい言い方になるが、その意味から私自身が「有機体的な人生」を送ることができたと思っている。

私は恩師と呼べる先生に多く出会うことができた。最初は高校時代にお世話になった元明治学院教諭（テネシー明治学院高等部初代校長）の故千葉信一先生である。先生には、自分には厳しく、人には優しい人間として基本的な姿勢を教えて頂いた。

私にとって最も大きな影響を与えてもらったのは大学時代のゼミナールである。その時にご指導をして頂いたのが明治学院大学名誉教授の肥田日出生先生である。大学時代のゼミナールでの経験がなければ、教員を目指しゼミ生との楽しい思い出ももつことはできなかった。また本著の2章で取り上げたプラグマティズムの思想の存在を教えてくださったのも肥田先生である。30代後半まで実務に携わり、大学院に進むか迷っていた時に背中を押してくださったのも肥田先生である。本当にお世話になった。

30代後半に大学院の修士課程でご指導を頂いたのが、早稲田大学教授の武井寿先生である。長年実務を行い、研究の作法など全く理解していなかった私に、丁寧に研究の仕方、そして論文の書き方を教えてくださった。今こうして大学で学部生に論文指導ができているのも武井先生のおかげである。修士論文では武井先生に一言一句に赤を入れて頂いた。私としても大変納得できる論文を書くことができたし、教員となり自分の教え子にもそうしなければと常に思いながら研究指導に当たっている。

博士後期課程でご指導を頂いたのは青山学院大学名誉教授の小林保彦先生である。小林先生の『広告、もうひとつの科学。』に大変影響を受けた。本著の副タイトルを「もうひとつの広告思想」とさせて頂いたのも、小林先生へのお礼の意味が大きい。私は社会人のスタートが広告調査の仕事であり、また博士後期課程在籍中の会社では、量的分析を得意としていた。40歳を超え、そして学問的な背景もしっかりとしていない者を、院生として引き受けて頂き、3年間特に「コンシューマー・インサイト」と「広告取引」のご指導をして頂いた。またアルフレッド・ノース・ホワイトヘッドの思想についても先生の論文に述べられていた。本著については、小林先生からおしかりを頂くような個所も多々あると思っている。但し、先生から教えて頂いたことを私流に少しずつ勉強し、発展させたと思っている。先生には本当に感謝の気持ちだけである。

また、所属をしている学会の先生方にもお世話になった。メインに活動をしている日本広告学会の先生方、特に大学院時代から研究会などで議論をさせて頂いた関東部会の先生方、また現在所属をしている関西部会の先生方には色々ご助言を頂いた。加えて、短期間ではあるが、研究会に参加させて頂いた、日本ホワイトヘッド・プロセス学会の関西の「ホワイトヘッド読書会」の先生方には、初歩的なことから教えて頂いた。

その他、お世話になった方は多くいる。まず、広告取引については、2002年から長く「広告会社との取引に関する実態調査」を実施させて頂いた、公益社団法人日本アドバタイザーズ協会様、中でも当初からその調査プロジェクトでお世話になった事務局長の高田秀人さんには、あのような難しい調査をスタートさせて頂き、本当に感謝している。

メディア・プランニングについては、元同僚で現株式会社 Truestar 会長の村山朗さんから多くを学ばせてもらった。村山さんとは、株式会社エスピーアイ時代には、メディア・プランニングだけでなく、広告取引のコンサルティングなども一緒に行った。あの時代の仕事は大変刺激的で楽しい思い出となっている。村山さんから頂いたメディア・プランニングに関する助言は、執筆の上で大きな参考となった。

加えて、近年のインターネット広告については、教え子であるゼミナール2期生の棚田祐介君、5期生の三輪健太君からも助言をもらった。教え子から教えられることの喜びはまた格別である。

また、2005年から、マーケティングの広告論を専門にする私に、社会学に関し、立命館大学産業社会学部の先生方には温かい目でご指導を頂いた。今回の出版に当たっても、立命館大学産業社会学会の出版助成を頂いた、改めて感謝の気持ちを述べたい。

このように難しい本の出版を引き受けてくださった八千代出版株式会社の森口恵美子社長、井上貴文さんには本当に感謝を申し上げる。

最後に、40歳近くになり、突然会社を辞めて大学院生に戻ること、また突然京都の大学に赴任することに、何の異論もなく背中を押してくれた妻、千夏に感謝したい。

立命館大学産業社会学部教授

小泉秀昭

参考文献

〈洋文献〉

ARF, 2006, "Definitions about and The Anatomy of Engagement", *Report of The 52nd Annual ARF Convention,* March 21st.

Barban, Arnold M., Steven M. Cristol & Frank J. Kopec, 1987, *Essentials of Media Planning: A Marketing Viewpoint, 2nd Edition,* Illinois: National Textbook Company.（＝1993，中山勝己訳『マーケティングからみた媒体プラニング』同文館.）

Beals, David, 2003, *Evaluating Agency Performance,* Association of National Advertisers.

Beals, David & Robert H. Lundin, 2001, *Trends in Agency Compensation, 12th Edition,* NY: Association of National Advertisers.

Beals, Stanley & David Beals, 2001, *Agency Compensation: A Guidebook, 2nd Edition,* NY: Association of National Advertisers.

——, 2002, *Selecting an Advertising Agency,* Association of National Advertisers.

Bellaire, Arther, 1959, *TV Advertising: A Handbook of Modern Practice,* Harper & Brothers.（＝1959，森一祐訳『テレビ広告入門』パトリア書店.）

Bergson, Henri, 1896, *Matière et mémoire,* Unversitaires de France.（＝1999，田島節夫訳『物質と記憶』白水社.）

——, 1934, *La pensée et le mouvant,* Unversitaires de France.（＝1998，河野与一訳『思想と動くもの』〔岩波文庫〕岩波書店.）

Boorstin, Daniel J., 1962, *The Image,* Atheneum Publisher.（＝1964，星野郁美・後藤和彦訳『幻影（イメジ）の時代—マスコミが製造する事実—』〔現代社会科学叢書〕東京創元社.）

Brown, Tim, 2019, *Change by Design, Revised and Updated: How Design Thinking Transforms Organizations and Inspires Innovation,* Harper Business.（＝2019，千葉敏生訳『デザイン思考が世界を変える アップデート版—イノベーションを導く新しい考え方—』早川書房.）

Caillois, Roger, 1958, Les *Jeux et Les Hommes,* Gallimard.（＝1970，多田道太郎・塚崎幹夫訳『遊びと人間』講談社.）

Campbell, Hannah, 1964, *Why Did They Name It…?,* Fleet Pr. Corp.（＝1981，常盤新平訳『アメリカンブランド物語』冬樹社.）

Chabris, Christopher & Daniel Simons, 2010, *The Invisible Gorilla: And Other Ways Our Intuitions Deceive Us,* Crown.（＝2011，木村博江訳『錯覚の科学』文藝春秋.）

Csikszentmihalyi, Mihaly, 1997, *Finding Flow,* Basic Books.（＝2010，大森弘監訳『フロー体験入門』世界思想社.）

Danto, Arthur C., 2013, *What Art Is,* Georges Borchardt Inc.（＝2018，佐藤一進訳『アートとは何か—芸術の存在論と目的論—』人文書院.）

Davis, Joanne, 2004, *Optimizing Advertising / Agency Relations*, Association of National Advertisers.

Davis, Scott M. & Michael Dunn, 2002, *Building The Brand-Driven Business: Operationalize Your Brand to Drive Profitable Growth,* Jossey-Bass.（＝2004，電通ブランド・クリエーション・センター訳『ブランド価値を高める　コンタクト・ポイント戦略』ダイヤモンド社.）

Deleuze, Gilles, 1988, *Le pli: Leibniz et le baroque*, Les Editions de Minuit.（＝1998，宇野邦一訳『襞（ひだ）―ライプニッツとバロック―』河出書房新社.）

Descartes, René, 1673, *Discours de la méthode.*（＝2001，谷川多佳子訳『方法序説』〔ワイド版岩波文庫〕岩波書店.）

Dewey, John, 1915, *The School and Society*, University of Chicago Press.（＝2000，河村望訳『学校と社会　経験と教育』〔デューイ＝ミード著作集 7〕人間の科学社.）

Ephron, Erwin, 1997, "Recency Planning", *Admap*, February, 32-34.

Escobar, Francisco J., 2005, *Marketing Communications Procurement: Building Value Through Best Practices,* Association of National Advertisers.

Flink, Lawrence J., 2001, *Guidelines for Advertiser / Agency Contract, 2nd Edition*, Association of National Advertisers.

Follett, Mary Parker, 1924, *Creative Experience*, Longmans, Green.（＝2017，三戸公監訳『創造的経験』文眞堂.）

――, 1941, *Dynamic Administration: The Collected Papers of Mary Parker Follett,* edited by Henry, C. Metcalf & L. Urwick, Harper & Row, Publishers（＝1972，米田清貴・三戸公訳『組織行動の原理』未来社.）

Fortini-Campbell, Lisa, 2001, *Hitting The Sweet Spot,* Chicago: Bruce Bendinger Creative Communication.

Frankl, Viktor E., 1977, *Trotzdem Ja zum Leben sagen: Ein Psychologe Erlebt Das Konzentrationslager.*（＝2002，池田香代子訳『夜と霧』みすず書房.）

Granovetter, Mark S., 1973, "The Strength of Weak Ties", *American Journal of Sociology*, 78, 1360-1380.（＝2006，大岡栄美訳「弱い紐帯の強さ」野沢慎司編・監訳『リーディングス　ネットワーク論―家族・コミュニティ・社会関係資本―』勁草書房.）

Hirschman, Elizabeth & Morris Holbrook, 1982, "Hedonic Consumption: Emerging Concepts, Methods and Propositions", *Journal of Marketing*, 46(3), 92-101.

Hower, Ralph M., 1949, *The History of an Advertising Agency, Revised Edition*, Harvard University Press.

James, William, 1907, *Pragmatism*, Longmans, Green.（＝1957，枡田啓三郎訳『プラグマティズム』〔岩波文庫〕岩波書店.）

Jones, John P., 1995, *When Ads Work*, Jossey Bass Inc.（＝1997，東急エージェンシーマーケティング局訳『広告が効くとき』東急エージェンシー出版部.）

Keller, Kevin L., 2008, *Strategic Brand Management: Building, Measuring, and Managing Brand Equity*, Pearson Education.（＝2010，恩蔵直人監訳『戦略的ブランド・マネジメント 第3

版』東急エージェンシー出版部.）

Kotler, Philip & Kevin Lane Keller, 2006, *Marketing Management, 12th Edition,* Prentice-Hall.（＝2014, 月谷真紀訳『コトラー&ケラーのマーケティング・マネジメント 第12版』丸善出版.）

K2 Intelligence, 2016, *An Independent Study of Media Transparency in the Advertising Industry: Association of National Advertisers,* June 7th.

Lancaster, Kent & Helen E. Katz, 1988, *Strategic Media Planning,* Natl Textbook.（＝1992, 岸志津江・竹内聖訳『戦略的メディアプランニング』日経広告研究所.）

Lowe, Victor, 1962, *Understanding Whitehead,* Johns Hopkins University Press.（＝1982, 大出晁・田中見太郎訳『ホワイトヘッドへの招待』松籟社.）

Lundin, Robert, 1995, *Agency Compensation: A Guidebook,* NY: Association of National Advertisers.

McCracken, Grant, 1988, *Culture and Consumption: New Approaches to The Symbolic Character of Consumer Goods and Activities,* Indiana University Press.（＝1990, 小池和子訳『文化と消費とシンボルと』勁草書房.）

McLuhan, Marshall, 1964, *Understanding Media: The Extensions of Man,* McGraw-Hill Book.（＝1987, 栗原裕・河本仲聖訳『メディア論　人間の拡張の諸相』みすず書房.）

Moriarty, Sandra, Nancy Mitchell & William D. Wells, 2016, *Advertising & IMC: Principles and Practice, 10th Edition* (Paperback), Pearson.

Moriarty, Sandra, Nancy Mitchell, William D. Wells & Charles Wood, 2019, *Advertising & IMC: Principles and Practice, Global Edition,* UK: Pearson Education.

Naples, Michal J., 1979, *Effective Frequency: The Relationship between Frequency and Advertising Effectiveness,* US: The Association of National Advertisers.（1986, 貝瀬勝・堀建司郎訳『広告の効果的な頻度』日経広告研究所.）

Peirce, Charles Sanders, 1877, *Collected Papers of Charles Sanders Peirce, Vol. I-VI,* edited by Charles, Hartshorne & Paul Weiss, Harvard University Press.（＝1980, 上山春平編「パース論文集」『パース・ジェイムズ・デューイ』〔中公バックス世界の名著59〕中央公論社.）

――, 1998, *The Essential Peirce: Selected Philosophical Writings, Vol. 2,* edited by The Peirce Edition Project, Indiana University Press.（＝2001, 伊藤邦武訳『連続性の哲学』〔岩波文庫〕岩波書店.）

Polanyi, Michael, 1966, *The Tacit Dimension,* Routledge & Kegan Paul Ltd.（＝1980, 佐藤敬三訳『暗黙知の次元』紀伊国屋書店.）

Prince, Melvin & Mark Davie, 2006, *Inside Advertiser and Agency Relationships,* Association of National Advertisers.

Pruitt, John & Tamara Adlin, 2006, *The Persona Lifecycle,* Elsevier.（＝2007, 秋本芳伸・岡田泰子・ラリス資子訳『ペルソナ戦略』ダイヤモンド社.）

Rossiter, John R. & Steven Bellman, 2005, *Marketing Communications: Theory and Applications,* Pearson Australia Group Pty.（＝2009, 岸志津江監訳『戦略的マーケティング・コミュニ

ケーション』東急エージェンシー出版部.）

Roth, Paul Menken, 1968, *How to Plan Media*, Time & Space Labs.（＝1970，小林太三郎訳『新しい広告媒体計画』誠文堂新光社.）

Schreiber, Michael, 2008, “Making TV a Two-Way Street: Changing Viewer Engagement Through Interaction”, *Kellogg on Advertising & Media*, edited by Bobby J. Calder, John Wiley & Sons, Inc.

Sebeok, Thomas A. & Jean Umiker-Sebeok, 1980, *You Know My Method: A Juxtaposition of Charles S. Peirce and Sherlock Homes*, Gaslight Publications.（＝1994，富山太佳夫訳『シャーロック・ホームズの記号論』岩波書店.）

Sherburne, Donald W., 1966, *A Key to Whitehead's Process and Reality*, Macmillan Publishing.（＝1994，松延慶二・平田一郎訳『「過程と実在」への鍵』晃洋書房.）

Smith, John E., 1963, *The Spirit of American Philosophy*, Oxford University Press.（＝1980，松延慶二・野田修訳『アメリカ哲学の精神』玉川大学出版部.）

Whitehead, Alfred North, (SMW): 1925, *Science and The Modern World,* The Free Press.（＝1981，上田泰治・村上至孝訳『科学と近代世界』〔ホワイトヘッド著作集第 6 巻〕松籟社.）

—— (PR): 1927-1928, *Process and Reality; An Essay in Cosmology*, The Free Press.（＝1984・1985，山本誠作訳『過程と実在 上・下』〔ホワイトヘッド著作集第 10 巻・第 11 巻〕松籟社．＝1981・1983，平林康之訳『過程と実在 1・2』みすず書房.）

——, 1929, *The Aims of Education and Other Essays.*（＝1972，久保田信之訳『ホワイトヘッド教育論』法政大学出版局.）

—— (FR): 1929, *The Function of Reason*, CreateSpace Independent Publishing Platform.（＝1981，藤川吉美・市井三郎訳『理性の機能・象徴作用』〔ホワイトヘッド著作集第 8 巻〕松籟社.）

—— (AI): 1933, *Adventures of Ideas,* The Free Press.（＝1982，山本誠作・菱木正晴訳『観念の冒険』〔ホワイトヘッド著作集第 12 巻〕松籟社.）

〈和文献〉

ADK コミュニケーションチャネルプランニングプロジェクト編著，2014，『MEDIA PLANNING NAVIGATION』宣伝会議.

秋元雄史，2019，『アート思考―ビジネスと芸術で人々の幸福を高める方法―』プレジデント社.

青木貞茂，2020，「イノベーションを生み出すアートの価値と広告（特集　アート思考から広告は何を学ぶべきか？）」『日経広告研究所報』日経広告研究所，310，9-12.

——，2021，「『アート思考』と〈広告知〉―企業コミュニケーションの観点からの考察（特集　広告知を考える）―」『日経広告研究所報』日経広告研究所，316，3-9.

青木貞茂・宮澤正憲，2020，「対談　広告イノベーションにおけるアート思考（特集　アート思考から広告は何を学ぶべきか？）」『日経広告研究所報』日経広告研究所，310，13-

17.
有馬賢治，2006，『マーケティング・ブレンド―戦略手段管理の新視覚―』白桃書房．
粟屋義純，1932，『廣告原論』青山堂書店．
電通，1991，『虹をかける者よ　電通90年史』電通．
電通美術回路編，2019，『アート・イン・ビジネス』有斐閣．
藤崎実・徳力基彦，2015，「アンバサダー顧客活用施策と効果検証の実際」『マーケティングジャーナル』日本マーケティング学会，34(3)，5-26.
藤田英樹，2009，『コア・テキスト　ミクロ組織論』新世社．
藤原将史，2009，「メディアプランニングを考える」『基礎から学べる広告の総合講座2010』日経広告研究所，117-137.
福田浩人，2012，『ビジネスマーケティング分析入門ガイドブック』truestar.
グロービス，2015，『グロービスMBAキーワード　図解　基本フレームワーク50』ダイヤモンド社．
郡谷康士，2021，「『アドバンスドTV』の浸透でメディアの買い方の進化が起きる」『宣伝会議』宣伝会議，953，84.
博報堂DYメディアパートナーズ編，2020，『広告ビジネスに関わる人のメディアガイド2020』宣伝会議．
濱口桂一郎，2013，『若者と労働』（中公新書ラクレ）中央公論新社．
原田裕規，2019，「『広告の時代』のアートとは何か？（特集　80年代★日本のアート―よみがえれ！　未来にかけた越境者たちの挑戦―）」『美術手帖』美術出版社，71(1076)，52-55.
春田英明，2004，「メディアプランニングの理論と実際」『平成16年版　広告に携わる人の総合講座―理論とケース・スタディ――』日経広告研究所，123-139.
――，2005，「メディアプランニング　理論と実践」『平成17年版　広告に携わる人の総合講座―理論とケース・スタディ――』日経広告研究所，55-68.
ハーバード・ビジネス・レビュー編，2020，『ハーバード・ビジネス・レビュー　デザインシンキング論文ベスト10　デザイン思考の教科書』ダイヤモンド社，10月28日号．
長谷川英次，2010，「メディアプランニング」『基礎から学べる広告の総合講座2011』日経広告研究所，89-109.
稗田政憲，2010，『フェアな広告取引実践のすすめ』日本アドバタイザーズ協会．
堀内圭子，2004，『〈快楽消費〉する社会』（中公新書）中央公論新社．
堀田治，2017，「体験消費による新たな関与研究の視点―認知構造と活性状態への分離―」『マーケティングジャーナル』日本マーケティング学会，37(1)，101-123.
放送番組センター，2001，『コマーシャルの20世紀』放送番組センター．
市井三郎，1980，『ホワイトヘッドの哲学』（レグルス文庫）第三文明社．
一文字守，2008，「メディアプランニングの基礎」『基礎から学べる広告の総合講座2009』日経広告研究所，105-124.
今田純雄，2019，「嫌悪感情の機能と役割」『エモーション・スタディーズ』日本感情心理学会，4(Si)，39-46.
石田正人，2014，「ホワイトヘッドの象徴理論―C・S・パースとの比較から―」『理想（特集　ホワイトヘッド）』理想社，693，55-68.
石井淳蔵，2009，『ビジネス・インサイト―創造の知とは何か―』（岩波新書）岩波書店.
――，2014，『寄り添う力―マーケティングをプラグマティズムの視点から―』碩学舎・中央経済社.
石山玲子・黄允一，2016，「“視聴質”尺度による番組評価の試み」『成城文藝』成城大学文芸学部，237 / 238，220-201.
石崎徹，2009，「広告媒体の質的効果の観点によるメディア・エンゲージメント概念の検討」『専修大学経営研究所報』専修大学，178，1-15.
石崎徹編著，2016，『わかりやすいマーケティング・コミュニケーションと広告』八千代出版.
石崎徹・中野香織・松本大吾・五十嵐正毅・朴正洙，2011，「広告効果としてのメディア・エンゲージメントの測定」『広告科学』日本広告学会，54，81-98.
伊藤邦武，2016，『プラグマティズム入門』（ちくま新書）筑摩書房.
伊藤守，2017，『情動の社会学』青土社.
JNN データバンク編，1979，『効果的テレビ CM 打ち方・活かし方―テレビ CM の広告効果―』（ブレーン別冊）誠文堂新光社.
――，1997，『データによる効果的なメディア戦略―マルチメディア時代の広告プラニング―』誠文堂新光社.
金井耕一，2006，「メディアプランニング」『平成 18 年版　広告に携わる人の総合講座―理論とケース・スタディー―』日経広告研究所，51-67.
片山直子，2001，「メディア・プランニングの理論と実際」『平成 13 年版　広告に携わる人の総合講座―理論とケース・スタディー―』日経広告研究所，105-114.
河合健太郎，2017，「戦略的コミュニケーションプランニング」『広告コミュニケーションの総合講座 2018―広告ってすごい！がわかる 19 講―』日経広告研究所，81-100.
木原勝也，2012，「広告代理業黎明期の知られざる記録―『萬年社創業録』の『発掘』とその史的価値―」『広告科学』日本広告学会，57，60-71.
衣笠静夫編，1959，『テレビ放送の広告』四季社.
岸志津江，2008，「広告とは何か」岸志津江・田中洋・嶋村和恵著『新版 現代広告論』（有斐閣アルマ）有斐閣，3-29.
岸志津江・田中洋・嶋村和恵，2017，『現代広告論 第 3 版』（有斐閣アルマ）有斐閣.
北山修，2005，『共視論』（講談社選書メチエ）講談社.
小林大記，2007，「メディアプランニング」『平成 19 年版　広告に携わる人の総合講座―理論とケース・スタディー―』日経広告研究所，63-80.
小林保彦，1998，『広告ビジネスの構造と展開―アカウントプランニング革新―』日経広告研究所.
――，2000，「『コミュニケーションと広告』再考―21 世紀、グローバル経営コミュニケーションを考える前に―」『青山経営論集』青山学院大学経営学会，35(3)，7-24.

――，2001，「解説　今、なぜコンシューマーインサイトなのか」『日経広告研究所報』日経広告研究所，35(3)，35-38.

――，2008，「『エンゲージメント』論から日本の広告・マーケティング実存を探る」『青山経営論集』青山学院大学経営学会，43(1)，67-95.

――，2015，「教養知としてのマーケティング」『青山経営論集』青山学院大学経営学会，50(3)，155-173.

――，2018，「『プラスチック・ワード』化する広告・マーケティング語のゆくえ」『日経広告研究所報』日経広告研究所，52(4)，2-4.

――，2020，「2020 年、『社会情報広告』を読む」『日経広告研究所報』日経広告研究所，310，2-6.

小林保彦編著，2004，『アカウントプランニング思考』日経広告研究所.

小林保彦・野口嘉一，1999，「デジタル、ポストモダン、そしてアカウントプランニング上」『日経広告研究所報』日経広告研究所，33(4)，2-6.

小林保彦・若林覚，2019，「対談　広告とアート（特集　どこへ行く日本の広告論）」『日経広告研究所報』日経広告研究所，53(3)，3-9.

小泉秀昭，1998，「有効フリクエンシーに関する系譜的研究―Jones まで、そして Jones から―」『早稲田大学大学院商経論集』早稲田大学大学院商学研究科，74，59-72.

――，1999，「ブランド構築における有名人広告の戦略的考察―『情報源効果』と『意味移転』のコミュニケーション・モデル―」『日経広告研究所報』日経広告研究所，33(5)，40-45.

――，2006，「広告メディア取引における新基準への方向性―メディア・エンゲージメントに関する考察―」『日本広告学会第 37 回全国大会―大会報告要旨集―』日本広告学会，81-84.

――，2011，「研究ノート　〈広告知〉に関する研究―その定義とホワイトヘッドの教育論との関係―」『青山経営論集』青山学院大学経営学会，46(3)，171-186.

――，2012，「応援イメージ『共視性』を視野にいれたエンゲージメント状態の考察―番組コンテンツと連動した TVCM 表現の可能性―」『日経広告研究所報』日経広告研究所，46(2)，10-17.

――，2016，「世界的スポーツイベントにおける広告効果―2014FIFA ワールドカップブラジル大会の事例から―」浪田陽子・柳澤伸司・福間良明編『メディア・リテラシーの諸相』ミネルヴァ書房，281-305.

――，2018a，「広告論Ⅰ」武井寿・小泉秀昭・広瀬盛一・八ッ橋治郎・畠山仁友編『現代マーケティング論 第 2 版』実教出版，59-67.

――，2018b，「広告論Ⅱ―効果的な広告活動と新しい広告の流れ―」武井寿・小泉秀昭・広瀬盛一・八ッ橋治郎・畠山仁友編『現代マーケティング論 第 2 版』実教出版，128-138.

――，2018c，「『広告会社との取引に関する実態調査（第 5 回）』報告」『月刊 JAA』日本アドバタイザーズ協会，745，12-19.
――，2019，「研究ノート　『有機体的広告論』序説―ホワイトヘッド『有機体の哲学』の広告論への応用―」『立命館産業社会論集』立命館大学産業社会学会，55(2)，71-89.
――，2021，「広告における新たなアート思考の方法論（特集　広告知を考える）」『日経広告研究所報』日経広告研究所，55(2)，18-21.
國分功一郎，2018，『100分de名著　スピノザ「エチカ」』NHK出版.
丸岡吉人，2007，「新しいブランド・コミュニケーション」仁科貞文・田中洋・丸岡吉人『広告心理』電通，247-304.
松波晴人，2014，「行動観察をイノベーションへつなげる5つのステップ」『ハーバード・ビジネス・レビュー（特集　行動観察×ビッグデータ）』ダイヤモンド社，39(8)，56-70.
三戸公，2002，『管理とは何か』文眞堂.
三戸公・榎本世彦，1986，『経営学―人と学説　フォレット―』同文館.
三浦展，2012，『第四の消費―つながりを生み出す社会へ―』（朝日新書）朝日新聞出版.
宮澤正憲，2017，『東大教養学部「考える力」の教室』SBクリエイティブ.
水越康介，2014，『「本質直観」のすすめ。』東洋経済新報社.
水野由多加，2010，「マス広告の公共性 上」『日経広告研究所報』日経広告研究所，44(4)，19-26.
望月裕，2011，「広告計画の基礎知識―トリプルメディア時代のコミュニケーション戦略―」『基礎から学べる広告の総合講座2012』日経広告研究所，99-118.
森元斎，2015，『具体性の哲学』以文社.
村田晴夫，1984，『管理の哲学』（文眞堂現代経営学選集7）文眞堂.
中村博，2000，「媒体計画の理論と実際」『平成12年版　広告に携わる人の総合講座―理論とケース・スタディー―』日経広告研究所，113-124.
中村昇，2007，『ホワイトヘッドの哲学』（講談社選書メチエ）講談社.
中野雅弘，2012，「メディア・プランニングについて」『基礎から学べる広告の総合講座2013』日経広告研究所，71-90.
中野雅之，2003，「メディアプランニングの理論と実践」『平成15年版　広告に携わる人の総合講座―理論とケース・スタディー―』日経広告研究所，105-126.
中瀬寿一，1968，『日本広告産業発達史研究』法律文化社.
中澤壮吉，2016，「メディアプランニング最前線―環境変化にどう立ち向かうか？―」『広告コミュニケーションの総合講座2017―理論とケーススタディー―』日経広告研究所，53-66.
日本アドバタイザーズ協会編，2013，『広告会社との取引に関する実態調査（第4回）報告書』日本アドバタイザーズ協会.
――，2018，『広告会社との取引に関する実態調査（第5回）報告書』日本アドバタイザーズ協会.
日本インタラクティブ広告協会（JIAA）編，2019，『必携インターネット広告　プロが押さえておきたい新常識』インプレス.
日本広告主協会編，日本広告主協会広告取引合理化委員会・小泉秀昭監修，2003，『広告会社への報酬制度―フェアな取引に向けて―』日経広告研究所.
日経広告研究所編，1983，『広告媒体―その機能と選び方―』日経広告研究所.
西田幾多郎，1950，『善の研究』（岩波文庫）岩波書店.
仁科貞文編著，2001，『広告効果論―情報処理パラダイムからのアプローチ―』電通.
野中郁次郎・紺野登，2003，『知識創造の方法論―ナレッジワーカーの作法―』東洋経済新報社.
貫成人，2008，『図説・標準哲学史』新書館.
大橋恭一，1996，「媒体計画の理論と実際」『平成8年版　広告に携わる人の総合講座―理論とケース・スタディ――』日経広告研究所，139-161.
――，1997，「媒体計画の理論と実際」『平成9年版　広告に携わる人の総合講座―理論とケース・スタディ――』日経広告研究所，113-134.
大崎正瑠，2017，「暗黙知を再吟味する」『東京経済大学人文自然科学論集』東京経済大学人文自然科学研究会，140，79-99.
プラート・カロラス，2000，「テレビ広告の日本的特質―有名人起用に関する比較文化的考察―」高嶋克義編著『日本型マーケティング』千倉書房，97-114.
櫻井大，2007，「メディアプランニング」『基礎から学べる広告の総合講座2008』日経広告研究所，77-100.
佐藤郁哉，2002，『実践フィールドワーク入門』有斐閣.
佐藤尚之，2011，『明日のコミュニケーション』アスキー・メディアワークス.
佐藤達郎，2011，「何がソーシャル・クリエイティビティをもたらすのか。―“一回性”と“真正性”のクリエイティブ―」『日本広告学会第42回全国大会―大会報告要旨集―』日本広告学会，12-15.
瀬戸口健三，2002，「メディア・プランニング」『平成14年版　広告に携わる人の総合講座―理論とケース・スタディ――』日経広告研究所，105-126.
柴田庄一・遠山仁美，2005，「『暗黙知』の構造と『創発』のメカニズム―『潜入』と『包括的統合』の論理―」『言語文化論集』名古屋大学大学院国際言語文化研究科，26(2)，73-89.
敷田憲司・室谷良平，2020，『1億人のSNSマーケティング』エムディエヌコーポレーション.
嶋村和恵・石崎徹著，小林太三郎監修，1997，『日本の広告研究の歴史』電通.
清水公一，1998，「媒体計画の理論と実際」『平成10年版　広告に携わる人の総合講座―理論とケース・スタディ――』日経広告研究所，115-129.
――，1999，「媒体計画の理論と実際」『平成11年版　広告に携わる人の総合講座―理論とケース・スタディ――』日経広告研究所，115-126.
菅原正博，2002，「21世紀におけるビジネス・デザイン研究の展望―ブランド・デザインとマーケッティング―」『宝塚大学紀要』宝塚造形芸術大学，16，89-114.

杉山静雄，1989,「媒体計画立案の基本」『平成元年版　広告に携わる人の総合講座―理論とケース・スタディ――』日経広告研究所，225-265.
――，1990,「媒体計画立案の基本」『平成2年版　広告に携わる人の総合講座―理論とケース・スタディ――』日経広告研究所，285-314.
――，1991,「媒体計画の理論と実際」『平成3年版　広告に携わる人の総合講座―理論とケース・スタディ――』日経広告研究所，219-240.
――，1992,「媒体計画の基本」『平成4年版　広告に携わる人の総合講座―理論とケース・スタディ――』日経広告研究所，135-158.
田原三生，1993,「媒体計画の理論と実際」『平成5年版　広告に携わる人の総合講座―理論とケース・スタディ――』日経広告研究所，105-126.
――，1994,「媒体計画の理論と実際」『平成6年版　広告に携わる人の総合講座―理論とケース・スタディ――』日経広告研究所，111-130.
――，1995,「媒体計画の理論と実際」『平成7年版　広告に携わる人の総合講座―理論とケース・スタディ――』日経広告研究所，119-147.
高桑末秀，1981,『広告のルーツ』日本評論社.
田中裕，1998,『ホワイトヘッド―有機体の哲学―』講談社.
田中弦・佐藤康夫・杉原剛・有園雄一，2012,『アトリビューション―広告効果の考え方を根底から覆す新手法―』インプレスジャパン.
照屋華子・岡田恵子，2001,『ロジカル・シンキング』東洋経済新報社.
魚津郁夫，2001,「パースのアブダクションと可謬主義」『現代アメリカ思想―プラグマティズムの展開―』（放送大学教材）放送大学教育振興会.
和田充夫，1999,『関係性マーケティングと演劇消費』ダイヤモンド社.
八重樫文・後藤智・重本祐樹・安藤拓生，2019,「ビジネスにおけるアートの活用に関する研究動向」『立命館経営学』立命館大学経営学会，58(4)，35-59.
山田壮夫，2011,『〈アイデア〉の教科書　電通式ぐるぐる思考』朝日新聞出版.
八巻俊雄著，日本経済社編，1992,『日本広告史』日本経済新聞社.
ヤマモト・キャメル，2007,『鷲の人、龍の人、桜の人―米中日のビジネス行動原理―』（集英社新書）集英社.
山本誠作，2011,『ホワイトヘッド『過程と実在』―生命の躍動的前進を描く「有機体の哲学」―』（哲学書概説シリーズ）晃洋書房.
安田輝男，1997,『あの広告はすごかった』中経出版.
横山隆治，2010,『トリプルメディアマーケティング』インプレスジャパン.
横山隆治・菅原健一・楳田良輝，2012,『DSP / RTB オーディエンスターゲティング入門』インプレス R & D.
横山貞利，1996,『テレビマーケティング入門―広告媒体としてのテレビの効果―』千早書房.
米盛裕二，2007,『アブダクション　仮説と発見の論理』勁草書房.
全日本シーエム放送連盟（ACC），2000,『ACC シーエム向上委員会　2000 座談会報告書

コンペの功罪　理想的なコンペのあり方とは』全日本シーエム放送連盟

〈参考資料〉

『岩波哲学小辞典』，1979，粟田賢三・古在由重編，岩波書店.
『岩波哲学・思想事典』，1998，廣松渉・子安宣邦・三島憲一・宮本久雄・佐々木力・野家啓一・末木文美士編，岩波書店.
『企業と広告』，2004，「いんさいど・れぽーと　2003年扱い争奪戦　効率化へ広告会社の集約・一本化さらに進む」チャネル，30(2)，42-47.
小泉秀昭，2021，「Radioの時代　第4部神戸発ネットで戦う『10分間』」『産経新聞』3月17日大阪朝刊第4社会面.
『広告白書2021年度版』，2021，日経広告研究所編.
『広告・マーケティング会社年鑑2019』，2018，宣伝会議書籍編集部編.
『広告用語辞典』，1997，日経広告研究所編.
『マーケティング・コミュニケーション大辞典』，2006，宣伝会議編.
NHK，2006，「放送記念日特集　テレビとネット　アメリカ最前線リポート」3月20日放送.
NHK，2018，「追跡！ネット広告の闇　不正のカラクリとは」『クローズアップ現代＋』9月4日放送.
『日経新聞』，2019，「『アート思考』どう役立つ　ビジネスの発想を刺激」3月5日朝刊第13面.
『宣伝会議』，2021，「進化するデータと取引プラットフォーム　『テレビ広告』新時代」宣伝会議，953，77-109.
杉本りうこ・緒方欽一・渡辺清治，2017，「ネット広告の闇」『週刊東洋経済』東洋経済新報社，12月23日号，18-35.
『体系マーケティングリサーチ事典』，1993，林英夫・上笹恒・種子田實・加藤五郎，同友館.
『Think!　ゼロから学ぶリベラルアーツ』，2014，東洋経済新報社，50.

〈参考URL〉

American Marketing Association (AMA), Association of National Advertisers (ANA) & Marketing Science Institute (MSI), "Common Language Marketing Dictionary", Common Language Marketing Dictionary,　https://marketing-dictionary.org/m/media-planning/（最終更新日2021年9月1日）.
American Marketing Association (AMA), "Definitions of Marketing" https://www.ama.org/the-definition-of-marketing-what-is-marketing/（最終更新日2021年9月1日）.
BIGLOBEニュース「綾瀬はるか"五輪CM"に視聴者興ざめ…『本気でやめて』『冷めちゃう』」2021年7月21日，https://news.biglobe.ne.jp/entertainment/0729/myj_210729_2662777903.html（最終更新日2021年8月18日）.

CiNii（NII 学術情報ナビゲータ），https://ci.nii.ac.jp/（最終更新日 2021 年 9 月 1 日）.
電通，2021，「2020 年　日本の広告費」『電通ニュースリリース』2 月 25 日，https://www.dentsu.co.jp/news/release/pdf-cms/2021012-0225.pdf（最終更新日 2021 年 9 月 1 日）.
電通公式サイト，https://www.dentsu.co.jp/（最終更新日 2021 年 9 月 1 日）.
インテージ公式サイト，https://www.intage.co.jp/（最終更新日 2021 年 9 月 1 日）.
『十年 Ten Years Japan　美しい国』映画特設サイト，http://tenyearsjapan.com/（最終更新日 2021 年 9 月 1 日）.
公正取引委員会，2010，「広告業界の取引実態に関するフォローアップ調査報告書」，https://www.jftc.go.jp/houdou/pressrelease/cyosa/cyosa-ryutsu/h22/100901.html（最終更新日 2021 年 9 月 1 日）.
LinkedIn, "Lisa Fortini-Campbell", https://www.linkedin.com/in/lisa-fortini-campbell-247283140/（最終更新日 2021 年 9 月 1 日）.
日本コカ・コーラ，2017，「平和、平等、多様性……『コカ・コーラ』の広告が伝えてきた社会へのメッセージ」，https://www.cocacola.co.jp/stories/coke_legacy（最終更新日 2021 年 9 月 1 日）.
日本広告業協会，2012，「インターネット広告における運用型広告取引ガイドライン」日本広告業協会インターネット広告小委員会，https://www.jaaa.ne.jp/wp-content/uploads/2012/09/b07b700bb57256facf1f81871d2a67f3.pdf（最終更新日 2021 年 9 月 1 日）.
日テレ ADPORTAL，https://ad.ntv.co.jp/sas/index.html（最終更新日 2021 年 9 月 2 日）.
ワントゥーテン「1 → 10works」，http://works.1-10.com/promotion/qseye-hanabi/（最終更新日 2021 年 9 月 1 日）.
ProQuest 論文検索，https://www.proquest.com/?accountid＝130155（最終更新日 2021 年 9 月 1 日）.
食品産業新聞ニュース Web，2020，「環境負荷低減へ容器などでの活動進む、安定供給へ向けて『サントリー天然水』に名称統一／サントリー食品インターナショナル〈サステナビリティの取り組み〉」11 月 7 日，https://www.ssnp.co.jp/news/beverage/2020/11/2020-1116-1652-16.html（最終更新日 2021 年 9 月 1 日）.
小学館，2012，『デジタル大辞泉』ジャパンナレッジ，https://japanknowledge.com/library/（最終更新日 2021 年 9 月 1 日）.
集英社，2018，『イミダス 2018』ジャパンナレッジ，https://japanknowledge.com/library/（最終更新日 2021 年 9 月 1 日）.
総務省，2021，「令和 2 年通信利用動向調査の結果」報道資料，https://www.soumu.go.jp/johotsusintokei/statistics/data/210618_1.pdf（最終更新日 2021 年 9 月 1 日）.
東畑幸多，2011，「市民を巻き込み九州新幹線開業を祝ったキャンペーン　JR 九州『THE 250km WAVE（祝！　九州縦断ウエーブ）』」『広告朝日』，https://adv.asahi.com/special/contents160066/11052278.html（最終更新日 2021 年 9 月 1 日）.
TVISION INSIGHTS「視聴質データについて」，https://tvisioninsights.co.jp/quality/（最終更新日 2021 年 9 月 1 日）.

索　引

ア　行

カ　行

サ　行

タ　行

ナ　行

ハ　行

マ　行

ヤ　行

ラ　行

ワ　行

著者略歴

小泉　秀昭（こいずみ・ひであき）

立命館大学産業社会学部教授

1956年　東京生まれ

1979年　明治学院大学経済学部商学科卒業

1992年　École nationale des ponts et chaussées（国際ビジネス）修士課程修了

1999年　早稲田大学大学院商学研究科博士前期課程修了

2003年　青山学院大学大学院経営学研究科博士後期課程満期退学

外資系広告代理店のグループ・アカウント・ディレクター、外資系広告メディアコンサルティング会社のストラテジック・プランニング・ディレクターを経て2005年より現職。広告学会常任理事

『広告会社への報酬制度』（監修）、『アカウントプランニング思考』（分担執筆）、『現代マーケティング論 第2版』（編著）、『メディア・リテラシーの諸相』（分担執筆）など著書多数

有機体的広告論
―デジタル社会に向けてのもうひとつの広告思想―

2022年3月30日　第1版1刷発行

著　者―小泉秀昭
発行者―森口恵美子
印刷所―美研プリンティング（株）
製本所―渡邉製本
発行所―八千代出版株式会社

〒101-0061　東京都千代田区神田三崎町2-2-13

TEL　03-3262-0420
FAX　03-3237-0723
振替　00190-4-168060

＊定価はカバーに表示してあります。
＊落丁・乱丁本はお取替えいたします。

ISBN978-4-8429-1820-4